À **Louis** qui a su m'aiguiller tout au long de la rédaction de ce livre, à **Emma** pour sa disponibilité et ses conseils qui m'ont été d'une grande aide pour l'écriture de cet ouvrage et enfin à **Chloé** pour son soutien sans faille lors de la réalisation de ce projet.

Je remercie également **Laure**, **Karen**, **Anaëlle**, **Victorine**, **Guillaume**, **Mikael**, **Adrien**, **Emma**, **Tinatine**, **Vakhtang**, **Mateo**, **Felix**, **Jiliad**, **Jean-Sébastien** ainsi que beaucoup d'autres pour leur joie de vivre communicative. Ils ont su contribuer à mon bonheur à travers leur présence rayonnante et leur personnalité attachante.

« Quand on ne sait pas, on ne se pose pas trop de questions, mais quand on commence à disposer d'un début d'explication, on veut à tout prix tout savoir, tout comprendre. »
Bernard Werber

« La connaissance est une potion magique qui rend heureux (…) un remède pour aimer le monde dans lequel on vit »
Jamy Gourmaud

Préambule

Partant du constat que les études inculquent un savoir à la fois très orienté et très restreint, j'ai eu l'idée de rédiger un livre très général permettant à quiconque le lira une grande polyvalence dans ses connaissances. L'objectif de cet ouvrage est de vous faire **découvrir des informations intéressantes sur des sujets très larges** et de **rendre compréhensibles certains thèmes complexes**.

Une sorte d'éducation 2.0 permettant de mieux comprendre le monde dans lequel nous vivons, d'avoir un avis réfléchi sur les grands sujets de société et puis, soyons honnête, d'épater ses proches !

Pour faciliter sa lecture, l'ouvrage a été écrit de manière à pouvoir être parcouru sans respecter un ordre prédéfini. Libre à vous de passer d'un sujet à un autre, le sommaire vous donnera le numéro des pages des différents thèmes.

Le style d'écriture est simple et les sujets abordés vont à l'essentiel. Ces caractéristiques ont pour but d'éviter toute lecture indigeste comme ça peut être le cas sur d'autres ouvrages de culture générale.

Débutée en 2017, la rédaction de ce livre a nécessité plusieurs années de travail avant sa publication. Depuis sa première édition, plusieurs dizaines de milliers de personnes l'ont lu et les retours m'ont permis de procéder à de nombreuses améliorations : taille de la police agrandie, nouveaux sujets ajoutés, ajout de correctifs divers etc...

La version que vous avez entre les mains est par conséquent une vraie évolution par rapport à celle initiale. Aussi, je continue à mettre son contenu à jour afin qu'il reste le plus pertinent possible et colle au mieux à l'actualité.

Cet ouvrage a été conçu de façon à vous donner un « minimum » de connaissances sur un maximum de sujets.

Il vous permettra d'intervenir intelligemment sur des sujets de conversation très variés et de mieux comprendre votre environnement, l'histoire de la société et son évolution.

À titre personnel, ce « guide de survie » m'a énormément aidé et continue de le faire au quotidien.

Sommaire

Introduction

I : Les faits insolites (pour susciter l'admiration de ses proches)

19 pages

II : Tout ce qu'il faut savoir (*et même +*) pour briller en société

79 pages

&

80 courtes explications de thèmes multiples

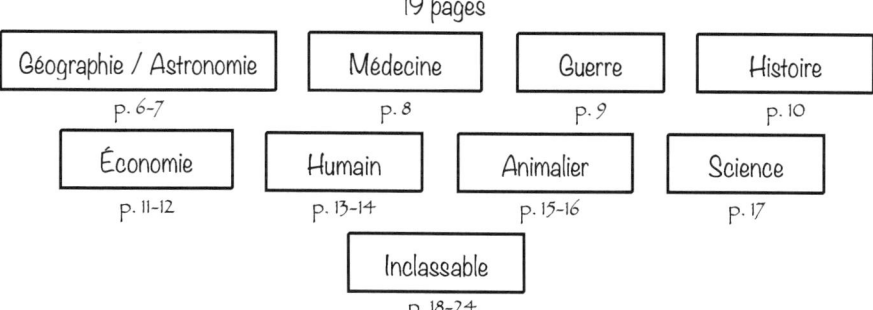

III : Les thèmes plus approfondis (pour comprendre notre monde)
81 pages

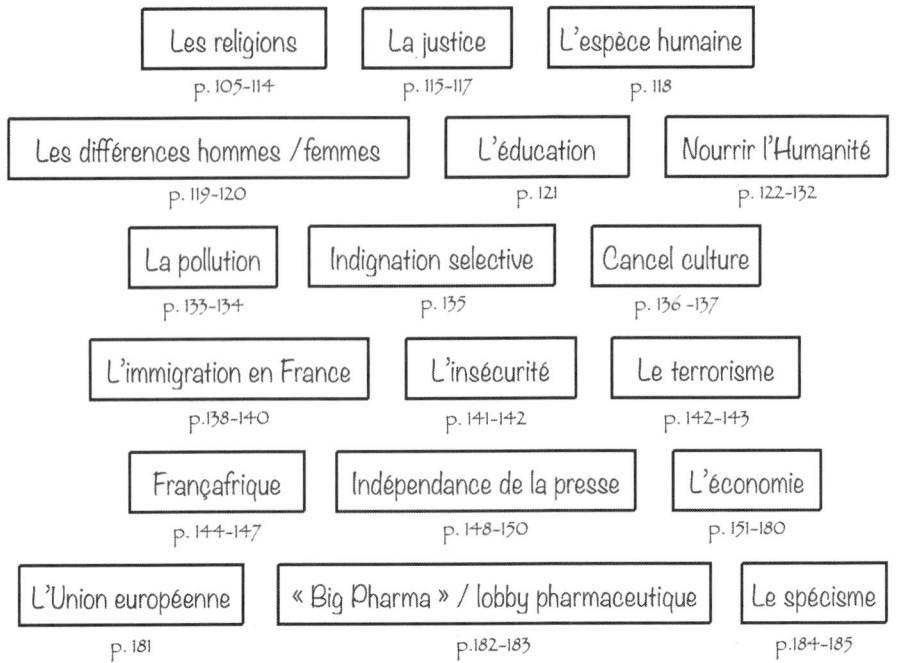
IV : Des mots de vocabulaire (pour enfin gagner au Scrabble)

V : Des citations (pour épater son rendez-vous Tinder)

Introduction

Avec internet, nous passons chaque année des milliers d'heures sur les réseaux sociaux *(Facebook, Linkedin, Instagram, Youtube etc..)* à regarder des articles et vidéos aux titres souvent racoleurs. Ces sources d'information ne sont pas systématiquement inutiles et vides de sens, on peut y trouver des reportages très bien faits, des articles sérieux sur des sujets intéressants, des photos et vidéos amateur permettant de rendre compte de la situation d'un pays bien plus fidèlement qu'un rapport de 50 pages d'une commission d'enquête de l'ONU.

Néanmoins, à cause de leur format par nature très court, nous sommes davantage confrontés à une restitution de l'information brute plutôt qu'à une vraie enquête journalistique avec investigations et explications. Bien souvent, ces articles nous renseignent sur une seule caractéristique du sujet : informer que la dette publique est équivalente à une montagne de billets de 100 euros de la hauteur de l'Arc de Triomphe sans expliquer son origine, relayer un Tweet du président américain sur la Corée du Nord sans revenir sur l'origine de ce conflit etc…

La compréhension et la restitution sont deux choses différentes qu'il faut savoir bien dissocier. Après avoir visionné un reportage sur un sujet quelconque, le thème global sera assimilé mais il n'a que peu de valeur informative *(le trafic de drogue est important au Mexique, il y a de la corruption au sein de la fédération de la FIFA..)*. Ce qui compte réellement, c'est notre capacité à pouvoir ressortir des chiffres et des informations précises. Cela nous conforte dans l'idée que l'on maîtrise vraiment le sujet et que nous sommes capables, dans une discussion, d'apporter une vraie plus-value.

La seule stratégie d'apprentissage sur le long terme consiste donc à mémoriser par cœur les informations importantes et utiles pour ensuite pouvoir défendre vos opinions sur les sujets de société. Ainsi, vous bénéficierez d'une meilleure connaissance du monde qui vous entoure, vous comprendrez mieux les événements futurs et votre avis sur un sujet ne dépendra plus d'un seul article issu d'un seul média *(très probablement orienté et biaisé)*.

Au cours de la rédaction de cet ouvrage, je me suis rendu compte que mes croyances étaient erronées sur de nombreux sujets. Par paresse intellectuelle, j'ai procédé à de nombreux raccourcis qui se sont accumulés avec le temps et j'ai été surpris à plus d'une reprise lors de mes recherches pour cet ouvrage. Je suis certain que vous le serez également !

I : Les faits insolites
(pour susciter l'admiration de ses proches)

Faits insolites sur la géographie / l'astronomie

🍷 **André Brugiroux** est un globe-trotter et écrivain français. Il a visité 251 pays / territoires entre 1955 et 2005 et a parcouru 400 000 km en stop.

🍷 **Le point Nemo** est le pôle maritime d'inaccessibilité, c'est-à-dire le point le plus éloigné de toute terre émergée, il se situe en océan Pacifique.

🍷 Deux points **antipodaux** sont deux points diamétralement opposés. Le point antipodal de la France est proche de la Nouvelle-Zélande.

🍷 **Les pôles magnétiques** *(et non pas pôles géographiques)* de la Terre se déplacent d'environ 50 km chaque année. Certains parlent d'un début d'inversion des pôles Nord et Sud. Les pilotes d'avion ont des outils pour rectifier ces modifications.

🍷 Le record de température enregistrée au sol est de **80,8°C** *(désert de Sonora au Mexique)* et de **54,4°C** pour la température atmosphérique *(vallée de la mort en Californie)*. À l'opposé, les températures vont jusqu'à **-89°C** en **Antarctique** *(la température d'un congélateur est de -20°C)*.

🍷 L'horizon se situe à **4,5 km** *(debout avec l'horizon dégagé)* et un avion de ligne vole à une altitude de **10 km**. Il s'agit de la hauteur minimale pour percevoir la rotondité de la Terre.

🍷 Le trou le plus profond réalisé fait **12,3 km** *(forage de Kola)* et le gouffre naturel le plus profond **2 200 mètres**. Le noyau de la Terre se situe à **3 000 km** sous le sol.

🍷 Il existe une centaine de micro-États dans le monde. La plupart ont un dirigeant, un drapeau et même une monnaie. Bien que la plupart de ces États ne soient pas reconnus, ils proposent néanmoins sous conditions la possibilité à tous de devenir citoyen de ces territoires. Le plus connu étant peut-être le Royaume d'Enclava *(entre la Slovénie et la Croatie)* qui fait 300 mètres carrés.

🍷 Bien que le classement des régions où il fait bon de vivre évolue d'une année à l'autre, on constate que la région des Pays de la Loire, l'Aquitaine et la Bretagne ont tendance à rester sur le podium.

🍷 Une **météorite** s'appelle ainsi seulement lorsqu'elle touche la Terre, dans le ciel on appelle cela une **météoroïde** et la traînée lumineuse se nomme le **météore**.

🍷 Le milieu **astrologique** se base sur le zodiaque *(une partie du ciel comprenant le Soleil, la Lune et certaines planètes)*. Chaque signe est régi par une planète maîtresse censée déterminer la personnalité d'un individu, vous pouvez découvrir la vôtre en regardant sur internet. Ce milieu n'a ni porte-parole, ni école officielle.

🍷 La commune française au nom le plus court est « **Y** » et celle au nom le plus long est « **Saint-Remy-en-Bouzemont-Saint-Genest-et-Isson** ».

🍷 Le plus haut gratte-ciel est la tour *Burj Khalifa* à Dubaï *(828 m)*. La Tour Eiffel fait 330 mètres. Le plus haut sommet de l'Himalaya est le Mont Everest *(8 850 m)* entre la Chine et le Népal.

🍷 Une planète est un objet céleste assez grand et tournant en orbite autour du Soleil. Pluton est un « objet mineur » et la Lune tourne autour de la Terre, donc ce ne sont pas des planètes.

🍷 Notre système solaire comporte huit planètes qui sont en orbite autour du Soleil. En partant du Soleil, il s'agit de **M**ercure, **V**énus, la **T**erre, **M**ars, **J**upiter, **S**aturne, **U**ranus et **N**eptune. Ce sont tous des noms de dieux romains sauf la Terre. Sur Saturne et Jupiter, il pleut des diamants.

=> *Ma Voiture Te Mène Joyeusement Sur Une Nationale.*

🍷 En 2100, le continent africain abritera 5 des 10 pays les plus peuplés au monde avec le **Nigeria**, le **Congo**, la **Tanzanie**, l'**Éthiopie** et le **Niger**. Aujourd'hui la moyenne est de 5 enfants par femme sur ce continent et les trois pays les plus peuplés sont la **Chine** suivie de **l'Inde** et enfin les **États-Unis**.

🍷 Il y a **450 000 ans**, l'Angleterre était collée à l'Europe. C'est le débordement d'un lac suivi d'une chute d'eau large de 30 km qui provoqua une grande inondation créant la **Manche**.

🍷 **Le Nouveau Monde** désigne les continents de l'Amérique et de l'Océanie *(l'Australie)*. Il vient en opposition à l'Ancien Monde : l'Europe, l'Afrique et l'Asie.

🍷 Le Soleil se lève toujours à **l'Est** et se couche toujours à **l'Ouest**. Aussi, on dit **bâbord** pour désigner la partie gauche du bateau et **tribord** pour celle de droite.

🍷 Tous les 15 ans on assèche le canal Saint-Martin pour le nettoyer. C'est un canal de 4,5 km à Paris *(la Seine fait 777 kilomètres de long)*.

🍷 Pendant longtemps, faire Londres - New York nécessitait 5 jours en bateau. Avec l'avion, on est passé à 6h et si le projet d'avion hypersonique de Boeing fonctionne, il ne suffira que de 2h.

Rappel : *Distance Terre-Lune : 384 400 km   Distance Terre-Soleil : 150 millions km*

Faits insolites sur la médecine

⚕ Le médecin **McDougall** a tenté de peser une âme, il l'estime à 21 grammes.

⚕ Le docteur **Delgado** est un neurophysiologiste qui essaya de contrôler les animaux en mettant des électrodes dans leur cerveau. Entre autres, il a réussi à arrêter la charge d'un taureau.

⚕ Le médecin **Egas Moniz** a reçu le prix Nobel de la médecine pour ses travaux sur la lobotomisation. Il « soignait » ses patients en coupant les fibres nerveuses rattachant le lobe frontal du cerveau. Certes, l'opération met fin aux crises de différentes natures mais elle entraîne également des séquelles irréversibles et une perte d'autonomie. La sœur de John Kennedy en a d'ailleurs subi une en 1941.

⚕ **L'hématidrose** est une maladie très rare qui transforme la transpiration en sang. Impressionnante, cette maladie ne présente pas de danger particulier.

⚕ 75% des Français ont des varices. La raison principale est simple, Napoléon 1er ne prenait pas d'hommes avec des varices dans son armée, ces derniers ont donc eu l'occasion de faire davantage d'enfants que les autres, permettant alors la propagation de cette maladie génétique.

⚕ l'Homme n'a éradiqué que la **variole** et la **peste bovine** grâce aux vaccins. Ce qui signifie qu'il existe encore des cas de peste bubonique et de lèpre.

⚕ Le patient zéro est le premier patient diagnostiqué d'une maladie.

⚕ Si certaines personnes s'évanouissent à la vue du sang, c'est qu'elles associent inconsciemment ce sang au leur. Afin de limiter ce saignement, leur rythme cardiaque va ralentir ce qui peut entraîner un malaise. Notre corps se protège donc d'une hémorragie inexistante.

⚕ En France, environ 1 personne sur 3 contracte un cancer dans sa vie.

⚕ On possède aujourd'hui la technique et le savoir pour modifier le génome d'un être humain. Un scientifique chinois a ainsi modifié génétiquement 3 embryons humains. Ces 3 individus ont été « créés » avec la spécificité de résister au VIH, cette pratique est toutefois illégale et le médecin a été condamné à 3 ans de prison. En revanche, certaines cliniques permettent aux parents de choisir la couleur des yeux de leurs futurs enfants.

À savoir
On n'hérite pas du cancer génétiquement. En revanche on peut hériter de la prédisposition au cancer, à l'addiction, ou encore à l'incapacité de maintenir une relation stable. D'autres maladies peuvent se transmettre à travers les gènes *(schizophrénie, troubles bipolaires, dépression…)*.

Faits insolites sur la guerre

Paul Kern est un soldat hongrois qui fut blessé par un tir à la tête, la balle lui enleva une partie de son lobe frontal. Depuis cette blessure, il n'eut plus jamais la sensation de fatigue et vécut 40 ans après cette blessure sans dormir.

Adrian Carton de Wiart est un général britannique qui participa aux deux grandes Guerres mondiales. Durant ces conflits, il perdit un œil, un poumon, une partie de l'oreille et une main. Il fut blessé par balles, survécut à un crash d'avion et s'évada d'un camp de prisonniers en creusant un tunnel. Malgré toutes ces aventures, il écrira dans ses mémoires : « franchement j'ai adoré la guerre ».

Durant la guerre froide, l'opération **Chrome Dome** prévoyait de faire voler des bombardiers américains dotés de bombes nucléaires au-dessus des États-Unis pour être réactifs en cas d'invasion. Une série de crashs mit fin à cette opération.

La bombe **Yersinia pestis** est considérée comme une arme de destruction massive depuis 2001. Il s'agit d'introduire des souches de peste noire *(résistantes aux vaccins)* dans des missiles intercontinentaux. C'est une arme russe.

Les laboratoires destinés à étudier les agents pathogènes sont classés selon 4 niveaux de dangerosité. Le P4 est le plus haut niveau possible, il autorise l'étude des agents pathogènes dangereux comme le virus Ebola. Il y en a trois en France.

Les premiers à avoir été touchés par la peste ont été les Mongols. Cette maladie décima la moitié de l'Europe à partir de **1347**.

L'armée japonaise possédait une unité de recherche en bactériologie « **l'unité 731** » lors de la 2e GM. Elle mena des expériences sur des prisonniers *(vivisections humaines, poisons..)* et largua sur les américains des puces infectées par la peste. Toutefois, les résultats obtenus étaient médiocres et l'impact fut minime.

La zone 51 est une base militaire américaine située au Nevada. Il existe des rumeurs à propos d'extraterrestres qui y seraient présents.

Une majorité de torpilles utilisent la méthode de dislocation. Elles explosent en dessous du navire pour créer une bulle de gaz qui le détruira plus efficacement. Aussi, les missiles sol-air explosent en réalité à proximité de l'aéronef et ce sont les dégâts occasionnés par cette explosion qui causent la destruction de l'avion.

L'armée française a eu 6 fois plus de morts lors de la 1ère Guerre mondiale que lors de la seconde. Ce fut l'inverse pour *(entre autres)* l'île de Sein qui fournit 130 des 400 hommes ayant rejoint le général de Gaulle. En tout *(militaires + civils)* il y a eu 19 millions de morts lors de la 1ère GM et 60 millions de morts lors de la 2ème.

Le piège de Thucydide est lorsqu'une nation dominante a peur d'être dépassée par une autre et lui déclare la guerre *(ex : Sparte avec Athènes)*.

Faits insolites historiques

◻ L'arbre le plus ancien est âgé de 9 500 ans, il s'agit d'un épicéa situé en Suède. À titre de comparaison, sachez que les derniers mammouths se sont éteints il y a « seulement » 5 000 ans sur l'île Wrangel.

◻ L'un des plats préférés de Louis XIV était le « rôti sans pareil ». Ce sont 17 volailles *(de l'outarde au becfigue)* imbriquées les unes dans les autres.

◻ Les Athéniens pensaient que les étoiles étaient des trous dans le ciel. Ils supposaient que les dieux les observaient à travers ces trous.

◻ Jésus serait en réalité né 7 années avant la date officielle.

◻ Ils étaient 13 lors du dernier repas de Jésus et il fut crucifié un vendredi 13. C'est pour cela que le nombre 13 porte malheur dans la culture populaire.

◻ Lors de l'arrestation des templiers par le roi **Philippe IV**, l'un d'eux avoua sous la torture avoir vu partir des chariots vers l'Angleterre la veille de leur arrestation. Voici l'origine de la légende du trésor des templiers.

◻ D'après le site **Vox**, il n'y aurait que 5 pays dans le monde à ne jamais avoir été colonisés : le Japon, les deux Corées, la Thaïlande et le Libéria.

◻ **L'origine de la droite et de la gauche** : en 1789, on demanda aux députés de voter pour ou contre un pouvoir plus important du roi par rapport à celui de l'assemblée populaire afin de l'inscrire dans la future constitution. Ceux étant pour *(les nobles)* se regroupèrent à droite de l'assemblée et ceux étant contre *(le tiers état)* se rassemblèrent à gauche sous l'étiquette de « patriotes ».

◻ Le concept des sites de rencontre existe depuis l'époque du Far West, en 1850. De nombreux hommes des villes reculées de l'Ouest publiaient des annonces dans les journaux pour inciter des femmes à venir les rejoindre. Cette façon de procéder à connu un vrai succès !

◻ En 1880, le député **Benjamin Raspail** proposa la date du 14 juillet pour la fête de la République en référence à la fête de la Fédération de 1790 *(fête entre le roi et le peuple)*. Cependant, le jour du 14 juillet, on pense davantage à la prise de la Bastille *(1789)* qu'à la fête de la Fédération.

◻ En 1902, le président **Theodore Roosevelt** *(surnommé Teddy)* refusa lors d'une chasse de tirer sur un ours préalablement capturé. Cette histoire inspira la création de la peluche Teddy Bear en forme d'ours.

◻ Condamné à mort pour s'être moqué de la maîtresse de **François 1er**, le fou du roi eut la vie sauve en répondant « de vieillesse » à la question de comment il souhaitait mourir.

Faits insolites sur l'économie

🐷 **Bill Gates** possède plus de 100 milliards d'euros. C'est plus élevé que le PIB de plus de la moitié des pays dans le monde *(pas cumulés !)*. Aussi, son vrai prénom est **William Henry Gates**.

🐷 Selon une étude de Panorabanques, en 2022 **47%** des Français ont été à **découvert** au moins une fois, avec en moyenne un découvert estimé à **239 €**.

🐷 La **Banque mondiale** a fixé le seuil d'extrême pauvreté à 1,70 € par jour. Cela concerne environ 700 millions de personnes *(moins de 9% de la population mondiale)*. Il y a 30 ans, cela en concernait deux milliards.

🐷 D'après l'**Observatoire des inégalités**, on devient riche en France à partir de 3 050 € pour une personne seule, 5 950 € pour un couple et 7 800€ pour une famille avec 2 enfants.

🐷 Chaque année, un Français paye en moyenne **3 300 €** pour sa voiture : 900 € de carburant, 800 € d'assurance, 900 € d'entretien *(dépannages, révisions, changements de pneus, contrôles techniques...)*, 700 € de frais annexes *(garage, péages, amendes..)*.

🐷 La loi autorise le fait de faire un chèque sur une feuille blanche, la banque est dans l'obligation de l'accepter.

🐷 6 pays de l'Union européenne n'ont pas de salaire minimum : La Finlande, l'Autriche, la Suède, l'Italie, le Danemark et Chypre. Le montant record est en Suisse avec un SMIC de 3 785 € mensuels *(pour 41h / hebdomadaires)*.

🐷 En France, 700 000 centenaires ont un compte bancaire alors que l'on en compte moins de 30 000 encore en vie. Cela représente 4 milliards d'euros.

🐷 Le billet de banque contenant le plus de 0 est le billet de cent mille milliards de dollars zimbabwéens, avec une inflation de 238 000 000%. Depuis, le pays a changé de monnaie.

🐷 Numériser ou photoshoper un billet de banque est souvent rendu impossible par des logiciels afin de lutter contre la contrefaçon.

🐷 En Finlande, au-delà de 20 km/h de dépassement de la vitesse autorisée, l'amende n'est plus forfaitaire mais devient proportionnelle à vos revenus. Plus vous êtes riche, plus le prix est élevé et ce montant n'a pas de plafond.

🐷 La société de tabac **Philip Morris** présenta un rapport en 2011 à la République tchèque démontrant que le coût du tabagisme *(assurance maladie..)* est inférieur aux économies faites *(réduction sur les retraites grâce à la mort précoce..)*. Ça a fait scandale.

🐷En moyenne, un dirigeant d'une entreprise cotée en bourse gagne **353** fois le salaire moyen aux États-Unis, **147** fois en Allemagne et **104** fois en France.

🐷**GAFA** est l'acronyme de : Google Amazon Facebook Apple *(parfois on rajoute Microsoft)*.

🐷Le **salaire net médian** en France est de 1 850 € mensuels. C'est-à-dire que 50% des salariés gagnent plus et 50% gagnent moins.

🐷Le **seuil de pauvreté** en France est donc de 1 110 € *(60% du salaire mensuel médian)*.

🐷Le **salaire moyen net** en France (public + privé) est de 2 350 € et le **SMIC** net est de 1 353 €. En 2019, les Français estimaient à 1 760 euros net le salaire pour vivre dignement.

🐷En 2019 les français avaient une épargne moyenne de **44 217€**. 90% des français épargnent et 22% ont un livret A *(1er produit d'épargne)*.

🐷Malgré les systèmes d'abonnement, de dons ou encore les revenus publicitaires, très peu de médias sont rentables. Cet écosystème est donc très largement dépendant des aides publiques *(+ de 1 milliard d'euros en 2021)*. Une partie du livre sera consacrée à ce sujet.

🐷On estime qu'un prisonnier coûte 100 € par jour. Certains pays comme les États-Unis, le Danemark ou les Pays-Bas imposent aux détenus de payer chaque jour passé en prison *(au Pays-Bas le montant est de 16 € par jour)*.

🐷**L'effet multiplicateur** de la dépense publique est un théorème simple. En injectant de l'argent dans l'économie, on va générer des emplois, des taxes, des impôts etc.. On va donc gagner plus que ce qu'on a injecté. Néanmoins, cela ne fonctionne que si cet argent est dépensé en France.

🐷**L'euro** n'est pas la seule monnaie officielle de la République française. Il existe également le **franc Pacifique** utilisé dans des territoires comme la Nouvelle-Calédonie.

🐷N'importe qui peut créer une banque, d'ailleurs certaines entreprises l'ont fait *(PSA, RCI, Orange, La Poste..)*. Pour cela, vous devez faire une demande à l'Autorité de Contrôle Prudentiel et de Résolution. Cette institution rattachée à la Banque de France va veiller à ce que les dirigeants de votre banque soient compétents et elle va vous demander un dossier très complet *(business plan, évaluation du besoin de fonds propres, risque de liquidités, contrôle interne…)*.

🐷En 2022, le prix moyen d'un logement en France *(appartement ou maison)* était de 266 800 €. Ça correspond a 23m² à Paris ou 179 m² à Saint-Etienne.

Faits insolites sur l'humain

❄ L'expression « **Apprendre par cœur** » vient du Moyen-Âge. À cette époque, on pensait que le cœur jouait le rôle du cerveau.

❄ L'Homme partage un ancêtre commun avec les plantes *(il y a 1,5 milliard d'années)*. En revanche, contrairement à la rumeur, l'humain ne partage pas 50% de son ADN avec les bananes .

❄ La résolution d'un œil humain en mouvement capte énormément d'informations, on estime cette résolution à environ 570 mégapixels en moyenne. Toutefois, si on ne bouge pas notre regard, ce chiffre tombe à 10 mégapixels.

❄ On estime qu'entre 35% à 40% de notre personnalité est génétique !

❄ Le matin, nous sommes plus grands que le soir. Cette différence dépend de chacun, pour certains elle sera de moins d'un centimètre et pour d'autres ça pourra aller jusqu'à 3 centimètres !

❄ À notre mort, notre corps refroidit de 1 °C par heure pendant les 24 premières heures. C'est grâce à ce phénomène que la police scientifique arrive à estimer l'heure des décès *(avec prise en compte des conditions environnementales)*.

❄ Notre nez et nos oreilles ne cessent jamais de grandir durant notre vie. Nos oreilles grandissent d'un centimètre environ en 50 ans.

❄ On a remarqué que les personnes ont toujours tendance à attribuer des caractères humains aux machines. Par exemple, les soldats américains donnent souvent des noms à leurs drones et robots de toutes sortes. On appelle cela l'effet **ELIZA**.

❄ Les gens perçoivent les autres comme plus chaleureux s'ils ont quelque chose de chaud entre les mains *(tasse de thé par exemple)*.

❄ Si un seul de nos cheveux ne peut pas supporter un poids excédant 100 grammes, l'ensemble de notre chevelure peut soutenir entre 0,5 à 1 tonne.

❄ Environ 60 % du corps humain est composé d'eau, soit 42 litres pour un individu de 70 kg. Aussi, on ingurgite chaque jour environ 1,5 litre d'eau : on en boit 50 cl et nous absorbons le reste via la nourriture.

❄ Aujourd'hui, nos yeux sont plus sensibles au vert parce que nos ancêtres évoluaient dans un environnement où cette couleur était très présente. Ceux qui la distinguaient le mieux survivaient plus longtemps et ils se sont donc reproduits davantage, transmettant de fait cette caractéristique génétique.

On estime qu'il existe 3 types de personnes :
Le **visuel** est celui qui est sensible à ce qu'il voit.
L'auditif est celui qui est sensible surtout à ce qu'il entend.
Le **kinesthésique** est celui qui est sensible aux sens du toucher, du goût et de l'odorat. Il se rappellera davantage des sensations que des images ou des sons.

Les vidéos **ASMR** sont des vidéos censées procurer des « orgasmes cérébraux ». Certains y sont sensibles et d'autres non.

En 1962, il y a eu dans un village de Tanzanie *(pays d'Afrique de l'Est)* une crise de fou rire générale. Rapidement, cette drôle de crise se propagea dans les villes à proximité allant jusqu'à toucher plus d'un millier de personnes. Elle dura environ 6 mois.

Lorsqu'une personne désire acheter un nouveau téléphone *(ou autre chose),* elle va inconsciemment négliger le sien ce qui l'amènera à le casser ou bien à le perdre. Par conséquent, elle aura une bonne raison de le changer. On appelle cela "**l'effet de mise à niveau**" (the « upgrade effect »).
On retrouve ce processus pour d'autres situations : si je ne veux pas voyager, je vais perdre inconsciemment mon billet, si je suis avec une personne que j'aime bien, je vais oublier des affaires sur place ce qui traduit mon désir de prolonger ce moment avec elle etc.. On appelle cela des **actes manqués**.

Le record du monde est de 11 jours sans dormir *(la personne parlait avec des panneaux de signalisation au bout du 4ème jour)*. On ne peut pas mourir du manque de sommeil mais ce manque favorise d'autres problèmes pouvant entraîner la mort comme les problèmes cardio-vasculaires.
Le besoin de sommeil est un besoin biologique qui peut être modifié *(relire l'anecdote sur Paul Kern)*. Récemment, certains scientifiques ont démontré que la mutation « p.Tyr362His » du gène « BHLHE41 » permet de faire passer le besoin de sommeil de 7h30 à 5h.

Les bébés confrontés à des images d'araignées ont une accélération de leur rythme cardiaque. C'est une **peur innée**, elle est inscrite dans notre code génétique et la ressentir témoigne des restes de notre instinct de survie primitif encore ancré dans nos gênes.

Le record du taux d'alcoolémie revient à un Africain du Sud avec 16 grammes d'alcool par litre de sang. En France, le record est de 11 grammes.

Depuis 50 000 ans, il y a eu 108 milliards d'êtres humains qui ont vécu sur cette Terre. En l'an 400, nous étions seulement 200 millions.

On peut créer une relation avec un maximum de 150 personnes *(nombre de Dunbar)*.

Faits insolites animaliers

Les vers de terre ont 5 cœurs et les taureaux sont dichromates *(voient en noir et blanc)*.

En France, il est possible de détenir une roussette, un poisson de la famille des requins. Aussi, nous avons des loups, des ours, des lynx, des phoques et des mygales.

La **méduse nutricula de Turritopsis** est immortelle, pouvant passer d'une phase de vie avancée à une phase de vie plus jeune. Sa multiplication pose d'ailleurs problème. Le second animal à l'espérance de vie la plus élevée est le requin de Groenland (400 ans).

Le **tardigrade** est l'animal le plus résistant au monde. Il peut revenir à la vie après avoir été congelé, vivre sans eau ni nourriture pendant une période de 10 ans, supporter des températures extrêmes et même réparer son ADN !

L'éphémère est un insecte dont la vie est si brève que la nature l'a doté d'une bouche minuscule mais pas d'un tube digestif.

Des singes ont été surpris en 2007 à utiliser des lances pour chasser.

Les poules utilisent leur œil gauche pour percevoir le danger de loin et leur œil droit pour chercher à manger. Elles arrivent donc à dissocier l'utilisation de leurs deux yeux.

Le **biomimétisme** ou bio-inspiration est une ingénierie inspirée du vivant : on observe les animaux et on s'en inspire. C'est surtout utilisé dans l'aéronautique pour la conception d'avions et de drones.

L'**aquaponie** est une culture en circuit fermé qui fait cohabiter l'agriculture et l'élevage de poissons *(les déjections des poissons servent d'engrais naturel pour les plantes)*. C'est utile puisque l'agriculture représente 70% de la consommation d'eau dans le monde.

Il existe des chiens pour aveugles mais également des chiens pour sourds et malentendants qui peuvent dissocier les différentes sonorités et avertir leur propriétaire de la nature de ces sonorités *(réveil, téléphone, alarme etc..)*.

Au Moyen-Âge, l'animal était considéré comme un être responsable de ses actes. C'est pour cette raison que des milliers de procès ont eu lieu afin de juger tous types d'animaux. Ils étaient emprisonnés et souvent exécutés, habillés en hommes, devant d'autres animaux.

Le **test de Gallup** permet de savoir si un animal peut identifier son reflet dans un miroir. Parmi les rares animaux qui le réussissent, nous avons les dauphins, les orques, les éléphants d'Asie, les pies et les pigeons.

🐼La femelle du crapaud est la **crapaude** *(et non la grenouille)*.

🐼Pour rappel, les **mammifères** ont des **poumons** et les femelles des **mamelles**. Les **cétacés** *(dauphins, baleines..)* sont d'ailleurs des mammifères. Aussi, les **insectes** ont 6 pattes.

🐼Le magret de canard et le filet de canard désignent la même chose. Toutefois le magret est vendu plus cher car il provient d'animaux gavés et destinés à la production de foie gras.

🐼Le **kopi luwak** est considéré comme l'un des meilleurs cafés, il est fabriqué avec les excréments du luwak, un petit animal. Le prix est de 150 € le kg, on en trouve sur Amazon.

🐼Il y a 100% de chance qu'un verre d'eau contienne une molécule d'eau ayant été dans le corps d'un dinosaure. Pour mieux comprendre cette anecdote, ayez à l'esprit qu'il y a plus de molécules dans un verre d'eau que de verres d'eau nécessaires pour stocker tous les océans de notre planète.

🐼Voilà comment s'y retrouver avec les œufs des supermarchés : 0 ce sont les œufs de poules élevées en plein air et nourries avec une alimentation bio, 1 les poules sont élevées en plein air, 2 les poules sont élevées au sol et 3 lorsque les œufs viennent de poules élevées en cage en élevage intensif.

🐼Il n'est pas aisé de définir la différence entre hommes et animaux. Si en 1646 Descartes les comparait à des « machines perfectionnées », nous savons aujourd'hui que les animaux ont une conscience, savent communiquer et font preuve d'intelligence. Aucune définition ne fait consensus, il est même difficile de dire quand l'homme est devenu homme. À l'époque de l'homme de Neandertal ? De l'homo sapiens ? Ces deux espèces étant aussi proches entre elles que nous le sommes des singes.

🐼Sachez que les animaux aussi peuvent être atteints de **trisomie** 21. Ce n'est pas une **maladie** mais une malformation congénitale : au lieu d'avoir 46 chromosomes, l'animal en a 47.

Les résultats sont surprenants :

Faits insolites scientifiques

✎Le record de décibels est de **200** *(perte de l'audition, hémorragie interne et la respiration est impossible)*. C'est arrivé lors de l'éruption du volcan de l'île de Krakatoa pas très loin de l'Australie. Il faut savoir qu'une augmentation de 3 décibels fait que le son est perçu 2 fois plus fort. Cette valeur est donc exponentielle. En boîte de nuit le volume est d'environ 100db.

✎Le nombre d'or noté φ est 1,61803398... Cette proportion est considérée comme parfaite par les architectes depuis l'Antiquité et de nombreux monuments ont été construits en respectant ce nombre. $\dfrac{a+b}{a} = \dfrac{a}{b}$ avec $\dfrac{a}{b} = \varphi$

✎La force **centrifuge** est une force qui nous pousse vers l'extérieur. Elle est proportionnelle au poids s'exerçant sur nous, elle peut atteindre 1g dans un TGV et jusqu'à plus de 12g dans un avion de chasse. C'est l'opposé de la force **centripète**.

✎Les effets de l'alcool sont multipliés de 1,5 à 3 fois en avion.

✎Une feuille de papier pliée 42 fois a une épaisseur de 400 000 km *(= distance entre la Terre et la Lune)*. Le record aujourd'hui est de 13 pliages.

✎L'odeur voyage de la même manière que l'air, elle ne peut traverser un mur hermétique. L'air est composé de 21 % d'oxygène, 78% d'azote et 1% d'autres gaz.

✎Paradoxalement, l'eau chaude gèle plus vite que l'eau froide.

✎La première photo date de 1826, elle a été prise par **Joseph Nicéphore**. Aussi, ce sont les frères Lumière qui ont inventé le cinéma avec le cinématographe en 1895, rendant possible la première projection collective.

✎Les **frères Wright** ont réalisé le premier vol piloté en 1903.

✎En 1915, le chercheur **Percy Terry** essaya une crème pare-balles qu'il testa sur lui-même. Après avoir percé ses joues au revolver, il tenta avec un fusil de chasse et mourut.

✎Seulement 20% de notre oxygène provient des arbres. Ce sont les océans qui fournissent l'essentiel de l'oxygène de notre planète *(entre 50 à 80% selon les études)*.

✎La vitesse de la lumière est d'environ 300 000 km/s et la vitesse du son / supersonique est 340 m/s. C'est à partir de cette vitesse que l'on entend le bang supersonique des avions. L'armée américaine a ainsi rendu moins bruyants certains hélicoptères en baissant à 300 m/s la vitesse de leurs pales. Pour les armes, c'est le même principe, il existe des munitions « subsoniques » *(moins de 340 m/s)* peu bruyantes.

Faits insolites inclassables (il y en a beaucoup)

❀ On a proposé à **Albert Einstein** la présidence d'Israël. Dans ce pays, la fonction de président est avant tout honorifique. Il a décidé de la refuser.

❀ L'un des plus grands tueurs en série est **Christman Genipperteinga**. Il vivait en Allemagne et aurait tué 964 personnes en 13 ans. Il avait un carnet où il marquait les noms de ses victimes, souhaitant arriver à 1 000 personnes. *Soyez patient, vous trouverez plus loin une partie dédiée aux tueurs en série.*

❀ L'Américain **William Stanley Milligan** a inspiré le film *Split*. Il avait 24 personnalités, *chacune dotée d'une réelle « compétence »* (peinture, expert en arme à feu, karaté…). Il a été jugé non responsable de ses crimes en raison de son trouble de la personnalité multiple.

❀ En 1896, l'employé ferroviaire américain **William Crush** organisa un spectacle spécial. Il fit heurter 2 locomotives à pleine vitesse, provoquant la mort des spectateurs trop proches.

❀ Dans sa jeunesse, **Staline** était un vrai délinquant *(braquages, déraillement de trains…)*.

❀ **Alexander Bell** est un Écossais, inventeur officiel du téléphone *(vibraphone en 1876)*. Le hasard a voulu qu'un Américain du nom de Gray ait déposé une demande de brevet à l'office américain des brevets exactement le même jour que Bell *(14 février)*. Finalement, c'est Alexandre Bell qui a été reconnu comme l'inventeur du téléphone.

❀ **Phineas Gage** est un Américain dont la tête a été traversée par une barre de fer lors d'un accident. Il a survécu mais ne fut plus du tout le même, passant de quelqu'un de courtois à très grossier suite aux dommages subis par son cerveau.

❀ Pour retenir les philosophes français du XVIIIe siècle, il suffit de chanter :
Je suis tombé par terre, c'est la faute à **Voltaire** ! Le nez dans le ruisseau, c'est la faute à **Rousseau** ! Si souvent j'en dis trop, c'est la faute à **Diderot** ! Mais si je monte aux cieux, c'est grâce à **Montesquieu** !

❀ En Corée du Nord, on encourt des peines sur 3 générations. Une fois condamné, je peux donc passer ma vie en prison, de même pour mon enfant et également mon petit-fils.

❀ Au Brésil, une loi permet aux détenus de réduire leur peine de prison s'ils lisent des livres. Chaque livre permet de gagner 4 jours, avec une limite de 12 livres par an.

✿ En France, nous avons l'immunité familiale : il ne pourra pas nous être reproché de ne pas avoir dénoncé un membre de notre famille ni d'avoir fait un faux témoignage pour protéger un membre de la famille. Aussi, dans certains cas, on ne pourra pas être poursuivi au pénal pour certaines actions commises contre nos ascendants / descendants / conjoints. Toutefois, les nouvelles lois limitent de plus en plus cette immunité.

✿ Il a été prouvé une vraie différence entre canettes et bouteilles en verre. L'aluminium altère en effet l'odeur et le goût d'une boisson.

✿ Nous marchons l'équivalent de 4 fois le tour du monde en une vie, soit environ 160 000 km en tout *(à raison d'un peu moins de 6km par jour et d'une durée de vie de 83 ans).*

✿ Il existe 7 100 langues dans le monde et la Bible a été traduite en 2 527 langues.

✿ La première langue unique de l'Angleterre fut le français. C'est en 1066, sous le règne de Guillaume le Conquérant, que ce pays abandonna ses nombreux dialectes et adopta le français comme langue officielle. Cette langue fut utilisée jusqu'en 1300 environ.

✿ L'objectif de **Ludovik Zamenhof** était de favoriser la paix dans le monde à travers la création d'une langue universelle : l'espéranto. Cependant, ça n'a pas marché à cause de l'antisémitisme *(Zamenhof était juif)* et de la Seconde Guerre mondiale qui éclata.
On estime qu'un Français doit travailler pendant 150h afin de tenir une conversation en espéranto, soit 10 fois moins que pour l'anglais.

✿ Le français est une langue romane. Elle est parlée par 300 millions de personnes dans 56 pays différents *(France, Belgique, Suisse, Luxembourg, pays africains…).*
Il s'agit de la 5ème langue la plus parlée dans le monde après le mandarin, l'anglais, l'espagnol et l'arabe. Par ailleurs, la langue française est la seule avec l'anglais à être présente sur 5 continents.

✿ Nous accordons une valeur monétaire plus importante à un objet / service lorsque nous participons à sa fabrication. On appelle cela l'**effet Ikea**.

✿ En France, le taux de **divortialité** est de 10 environ *(10 couples mariés sur 1000 qui divorcent par an).* En tout, l'Insee estime que 45% des mariages aboutissent à un divorce en France. Les femmes sont à l'origine de près de trois quarts des divorces contentieux, dans 80% des cas elles obtiennent la garde des enfants et l'infidélité est la raison principale des divorces.

Il ne reste qu'une seule des 7 merveilles du monde : la Pyramide de Khéops en Égypte.

Les 7 péchés capitaux sont : la paresse, l'orgueil, la gourmandise, la luxure, l'avarice, la colère et l'envie.

Dans la culture populaire, il y a 7 arts : l'architecture, la sculpture, les arts visuels (peinture…), les arts de la scène (théâtre..) la musique, la littérature et le cinéma. C'est une vieille liste qui ne comprend pas la TV, la radio etc…

Le Rallye Dakar est un rallye organisé par des Français qui a lieu chaque année en janvier. Depuis 2020, cette compétition se déroule en Arabie Saoudite, elle réunit environ 400 participants pour une course de plusieurs jours et longue de 5000 km.

Le 4L Trophy est un raid humanitaire de 6 000 km. L'objectif est d'apporter des fournitures scolaires à l'association Enfant du Désert. 2 400 étudiants de 1 000 établissements d'Europe participent à cet événement. Ils partent de France, à Biarritz, traversent l'Espagne puis utilisent des ferries pour passer le détroit de Gibraltar et ainsi atteindre le Maroc.

En France, l'orthographe des noms de famille n'a été contrôlée que fin du XIXe siècle. De ce fait, la particule n'a aucune signification de noblesse puisque de nombreuses familles de paysans ont « triché » en ajoutant un patronyme avec une particule sans descendre de la noblesse.

Selon les estimations d'historiens et de généalogistes, 9 <u>Français de souche</u> sur 10 descendent de Charlemagne.
Cette estimation est basée sur un simple calcul arithmétique : il faut environ 43 générations d'ancêtres pour remonter à Charlemagne et le nombre de nos ancêtres est exponentiel *(deux parents / quatre grand-parents /huit arrière-grands-parents…)*. En parallèle, le nombre d'habitants en France ne dépassait pas 8 millions à cette époque.
Si vous faites le calcul, vous allez vous trouver plusieurs milliers de milliards d'ancêtres, ce sont en réalité les mariages consanguins qui comptent en double plusieurs personnes)

Aux États-Unis *(Houston)* les autorités ont décidé de créer la plus large autoroute du monde (26 voies) afin de réduire les embouteillages. On s'est alors aperçu que plus il y a de voies et plus elles sont empruntées, créant de ce fait des embouteillages supplémentaires *(paradoxe de Braess)*.

En Albanie, un non de la tête signifie oui et en Irak / Iran un pouce en l'air a une connotation péjorative. C'est d'ailleurs ce qui fit échouer une infiltration militaire des SAS *(forces spéciales britanniques)* durant la Guerre du Golfe de

1991. Un membre du commando s'est fait remarquer en saluant de son pouce des soldats irakiens. Le soldat **Chris Ryan** a été le seul à avoir pu s'échapper, pour cela il a dû fuir à pied sur une distance de 300 km.

Un milliard de Chinois se partagent une centaine de noms de famille. Les 3 noms les plus répandus sont : **Wang** (100 millions), **Li** (100 millions), **Zhang** (100 millions).

Au Vanuatu *(une île dans l'océan Pacifique),* 100 000 Américains ont débarqué et ont utilisé des radios pour se faire larguer des marchandises par avion. Les indigènes ont alors instauré un culte des radios en espérant voir tomber des objets du ciel.

La France est première d'Europe en termes de consommation de cannabis. On estime que 40% de la population a déjà essayé la marijuana alors qu'aux Pays-Bas *(où c'est autorisé)* ils ne sont que 20%.

En France, on peut envoyer une lettre au Père Noël et il nous répondra. Les lettres sont envoyées dans la ville de Libourne où des employés payés par la Poste prennent le temps de répondre. Aucun timbre n'est requis.

Le 28 décembre 1973 il y a 3 astronautes d'une station spatiale américaine qui ont arrêté d'émettre toute une journée pour protester contre leurs conditions de travail *(ils travaillaient 16h par jour !)*.

15% de l'utilisation mondiale d'internet sert à visionner du contenu pornographique. Ces sites représentent 12% de tous les sites internet !

La plus jeune maman l'a été à 5 ans et demi. C'est une Péruvienne du nom de **Lina Medina**. Elle a eu ses règles dès 3 ans, on ignore qui est le père.

L'or est un matériau très lourd, un kg tient seulement dans un œuf de poule ! Un lingot d'or pèse 12,4 kg et vaut environ 420 000€. De l'or à 10 carats signifie que dans 24 g il y a 10 g d'or pur. L'or pur est donc à 24 carats.

Le Figaro fait référence à la pièce de théâtre « Le Mariage de Figaro » de Beaumarchais.

Contrairement à ce que beaucoup pensent : Hamburger vient d'Allemagne et Ray Ban vient d'Italie. Et non pas des États-Unis.

Les sapeurs-pompiers n'ont pas l'autorisation de fumer avec leur casque, cette règle a été imaginée pour témoigner du respect aux pompiers tués en combattant le feu.

L'Église catholique a une procédure très stricte pour reconnaître les miracles. Aussi, le nombre d'exorcismes (50 annuel) a été multiplié par 3 depuis ces 10 dernières années en France.

🐫 Un **acronyme** se lit comme un mot *(par exemple l'ONU)* alors que pour un **sigle** on prononce chaque lettre *(par exemple la SNCF)*.

🐫 Le degré de brûlure comprend 4 niveaux. Le 4ème étant le plus important.

🐫 Les rois mages sont Balthazar, Gaspard et Melchior *(ça peut être utile de le savoir !)*.

🐫 Il existe des édulcorants en poudre apportant un « faux goût sucré » avec l'avantage d'être très peu caloriques. Par exemple l'aspartame, le sucralose, le sirop d'agave ou encore la stévia.

🐫 Dans les aéroports, certains scanners sont dotés d'un système TIP qui ajoute aléatoirement de fausses images de menaces pour stimuler la vigilance des employés qui sont alors soumis plus souvent à des objets dangereux.

🐫 D'après **la loi de Godwin**, plus une discussion dure longtemps et plus grande sera la probabilité d'aborder le sujet d'Hitler ou celui des nazis. On atteint alors le **point Godwin**.

🐫 **Le marathon de Barkley** est l'une des épreuves sportives les plus difficiles au monde, seulement 1% des participants ont pu la terminer. Il faut parcourir 160 km en 60 heures avec des dénivelés très forts, des obstacles et un sentier non balisé. Pour s'inscrire, il faut envoyer une lettre de motivation.

🐫 Afin que vous soyez toujours satisfait des propositions de Google, ce moteur de recherche va chercher à comprendre de quel bord politique vous êtes afin de ne vous proposer que des médias en adéquation avec vos convictions. On tombe alors dans un biais de confirmation dangereux.
D'autres moteurs de recherche veillent à ne pas le faire, comme **Duckduckgo**.

🐫 Une **ZAD** est une Zone d'Aménagement Différé. Un terrain sur lequel sera construite une infrastructure (aéroport, barrage..). Beaucoup se battent contre ces projets et les appellent des **Zones À Défendre**.

🐫 **Le plan social** est un plan de sauvegarde de l'emploi. L'entreprise va essayer de licencier un minimum de personnes et va proposer son aide à celles qu'elle licencie *(payer des formations, proposer des emplois dans d'autres entreprises..)*.

🐫 La **trêve hivernale** se déroule du 1er novembre au 31 mars. Cette période rend illégale l'expulsion d'une personne de son logement. Il y a plus de 150 000 expulsions par an en France.

🐫 Dans le monde, il existe une soixantaine de Sudbury schools : des écoles dans lesquelles les élèves choisissent eux-mêmes leur apprentissage. Ce modèle d'enseignement a par la suite inspiré de nombreux autres établissements :

- Summerhill school : les étudiants sont en liberté totale, ils gèrent eux-mêmes la vie de l'école.
- Lycée Edgar Morin : créé en France, ce lycée propose d'apprendre à travers la pédagogie des projets *(monter des pièces de théâtre etc..)*.
- École Domaine du Possible : créée en France, elle se situe dans une ferme. Cette école a été fondée par l'ex-ministre de la culture **Françoise Nyssen**.

🐾 L'entreprise **Rolls-Royce** propose des options sur mesure. On peut ainsi concevoir la planche de bord de sa limousine avec un arbre de son jardin.

🐾 Le sol est constitué de plaques tectoniques qui bougent un peu. Parfois, il arrive que la pression exercée entre deux plaques finisse par briser les roches les séparant, provoquant de ce fait les fameuses vibrations au sol. On mesure la force des séismes avec les magnitudes, le record est 9,5 *(1960 au Chili)*.

🐾 **En Thaïlande,** certains pensent acquérir des compétences via des tatouages *(ex : invincibilité)* réalisés par des moines bouddhistes. Les excès de confiance se soldent par de nombreux morts chaque année.

🐾 **La méthode Coué** est de la psychologie positive. Elle repose sur le pouvoir de l'autosuggestion positive *(répéter des phrases pour améliorer son quotidien)*. Aussi, d'après plusieurs études, les personnes les plus optimistes vivent en moyenne entre dix et vingt ans de plus que les autres.

🐾 La drogue appelée **héroïne** vient du mot « héroïque » parce que l'on espérait qu'elle puisse combattre héroïquement l'addiction à la morphine. C'est un échec puisque aujourd'hui c'est l'une des drogues les plus addictives au monde.

🐾 Le secteur du textile est la deuxième industrie la plus polluante *(derrière le secteur pétrolier)*. Depuis ces 15 dernières années, on achète 60% de vêtements en plus et on les garde 2 fois moins longtemps. 80% des vêtements achetés en Occident finissent à la poubelle.

🐾 Les 5 doigts de la main sont : le **p**ouce, l'**i**ndex, le **m**ajeur, l'**a**nnulaire et l'**a**uriculaire => **PIMAO**

🐾 Le **bitrex** *(benzoate de denatonium)* est l'une des substances les plus amères au monde, on l'utilise notamment sur des produits dangereux pour éviter que ceux-ci soient léchés.

🐾 **L'Ouzbékistan** et **l'Irak** coupent l'accès à internet dans leur pays durant les examens d'entrée de l'université. Ça a été le cas en 2014 et 2015, je n'ai pas trouvé d'informations plus récentes. **L'Algérie** fait de même depuis au moins 2016 avec une coupure du réseau de 8 heures à 17 heures pendant 5 jours chaque année.

🐾 La « **sagesse des foules** » est une théorie de Francis Galton. Plus le nombre de personnes à qui on va poser une question est important et plus la moyenne se rapprochera de la vérité malgré des réponses individuelles quasiment toutes inexactes *(ex : demander à une foule de deviner le poids d'un bœuf)*.

🐾 Les 6 sens : la vision, l'ouïe, le toucher, le goût, l'odorat, la perception extra-sensorielle
=> « *C'est extra ! La vision de Louis touche le goût de l'eau Dora !* »

🐾 **Le design sonore,** c'est l'étude des sons pour améliorer le produit. Un vrai travail a été mené sur les « poc » lors de l'ouverture des pots de confiture ou encore sur la sonorité des portières de voiture lors de leur fermeture. Le son peut être inconsciemment synonyme de « sécurité » et de « confort » pour les utilisateurs. C'est en quelque sorte du marketing.

🐾 Le record du plus grand nombre d'enfants est attribué à une Russe avec **69 enfants** *(seize jumeaux, sept triplés et quatre quadruplés)*. Une Autrichienne a également atteint le nombre de 69 enfants. Du côté des hommes, c'est le sultan marocain **Moulay Ismail** qui détient le record avec pas moins de 1 171 enfants ! Il aurait eu environ 500 concubines.

🐾 Le pays à l'espérance de vie la plus faible est le **Sierra Leone** *(pays africain)* avec une moyenne de 51,8 ans en 2016 et de seulement 30 ans en 1960 ! L'espérance de vie *en bonne santé* y est de 44,4 ans.

🐾 L'espérance de vie la plus haute est de 83,7 ans au **Japon**. En **France**, elle est fixée à 83 ans *(79 ans pour les hommes et 85 ans pour les femmes)* avec une espérance de vie en bonne santé à 72,6 ans.

🐾 Aujourd'hui, l'un des plus longs vols en avion possible sans escale affiche une durée de 17h. Il permet d'aller à Perth (Australie) en partant de Londres.

🐾 **Les tests d'associations implicites** font ressortir la spontanéité, à l'inverse de ceux explicites qui laissent le temps de la réflexion. Ces tests ont démontré que 70% des personnes blanches sont racistes dans le sens où leur cerveau associe les Noirs à quelque chose de négatif. Vous pouvez trouver des tests sur internet.

🐾 **La loi de Brandolini** *(ou principe d'asymétrie des idioties)* énonce que la quantité d'énergie nécessaire pour réfuter des idioties est supérieure à celle nécessaire pour les produire. Cette loi permet de comprendre à quel point les fake news et les techniques de propagandes sont difficiles à contrer. On peut créer et diffuser très rapidement une fausse information alors qu'il faut beaucoup plus de temps pour démontrer que celle-ci est fausse.

II : Tout ce qu'il faut savoir (et même +) pour briller en société

La gastronomie

Quelques spécialités françaises

Magret de canard / foie gras / soufflé au fromage / bœuf bourguignon / raclette / aligot / crème brûlée / mousse au chocolat / galette des rois...

Depuis 2013, la France est le premier pays consommateur de sushis en Europe. Néanmoins nos sushis sont différents de ceux que l'on trouve au Japon. Le California roll par exemple a été imaginé pour séduire le public américain.

Quelques spécialités étrangères

Espagne => *tapas, tortilla de patatas (omelette), paella, chorizo, sangria...*
Chine => *canard laqué, nems, porc au caramel, riz cantonais, nouilles...*
Angleterre => *Fish and Chips (poissons frits dans de la pâte / chapelure)...*

Le **ikizukuri** est une méthode de cuisine asiatique consistant à servir un animal cuit et coupé de façon à ce qu'il soit encore vivant lorsqu'il est servi au client.

Quelques restaurants insolites dans le monde

Dragons Elysées......... Restaurant thaïlandais à Paris, le sol est un aquarium.
Le Disaster Cafe.......... Bar en Espagne qui simule des tremblements de terre.
Le Casa Pocho........... Bar en Espagne où il faut insulter le patron pour être servi.
La Taverne Kayabukiya.... Bar au Japon où les serveurs sont des singes.
Le Lock Up............... Bar au Japon où on est enfermé dans une prison.
Cannibalistic Sushi........ Restaurant au Japon où l'on mange sur des femmes nues.
Sublimotion.............. Restaurant à Ibiza où chaque plat est associé à un décor projeté sur les murs et sur la table. Le menu est à 2 000€

(?) La loi n'oblige pas les restaurants à offrir de l'eau, ils y sont obligés seulement si la personne a commandé un repas avant. Toutefois la loi punit toute non-assistance à personne en danger.
(?) Au Texas, le condamné à mort avait le droit de choisir son dernier repas. Cependant suite à un abus d'un prisonnier, cette tradition s'est finie en 2011.
(?) Le guide Michelin, aussi appelé guide rouge, est un célèbre guide gastronomique établi par l'entreprise des pneumatiques Michelin. Chaque année, plus de 600 étoiles sont décernées aux meilleurs hôtels et restaurants.

> La gastronomie française, la cuisine traditionnelle mexicaine et le régime méditerranéen sont inscrits au patrimoine culturel immatériel de l'Humanité de l'Unesco

Les alcools

La boisson spiritueuse

Il s'agit d'une boisson alcoolisée obtenue par distillation. C'est différent des boissons alcoolisées produites par fermentation comme la bière, le vin ou le cidre.

Distillation : procédé de séparation de mélanges de substances liquides dont les températures d'ébullition sont différentes.

Fermentation : transformation du sucre *(glucide)* en alcool *(éthanol)* dans un milieu liquide, privé d'air. Pour faire du vin, on transforme le sucre des raisins en alcool.

Eau de vie : boisson spiritueuse qui a un degré d'alcool de 37,5 degrés au minimum. *Exemple : Tequila / Vodka / Absinthe / Pastis / Rhum / whisky…*

Le champagne

Le champagne fait partie des Appellations d'Origine Contrôlée liant un produit à son origine géographique. Au même titre que le roquefort ou la noix de Grenoble. Cependant, des pays utilisent le terme « Champagne » pour désigner toutes sortes de vins à bulles. En 2021, Poutine a même signé un amendement exigeant que seuls les vins russes bénéficient de l'appellation « Champagne ».

On distingue le brut, l'extra-brut, le brut nature, le sec, le doux ou encore le demi-sec. La différence se joue au niveau de la quantité de sucre de canne, un champagne « brut » est très peu sucré et se dégustera plutôt en apéritif alors qu'un champagne « doux » ou « demi-sec », plus sucré, se consommera davantage lors du dessert.

Le champagne le plus cher coûte 1,8 million d'euros, il s'agit de « goût de diamants » avec une étiquette en or et en diamant.

La bière

Parfois décrite comme du « pain liquide », ses ingrédients sont très similaires : du malt *(une céréale germée que l'on mélange ensuite avec l'eau)*, de la levure et du houblon. Sachez aussi que les bières sont composées à 90% d'eau.
On distingue la bière blonde *(avec du malt très clair)*, la blanche *(avec du froment et non de l'orge)*, la bière ambrée *(avec du malt brun)* ou encore la bière brune *(avec du malt très brun)*. Le degré d'alcool ne dépend pas de la couleur mais du temps de fermentation. Aussi, cette couleur n'est pas indicatif d'un goût particulier, la meilleure façon est de vous décider sur une saveur *(caramélisée, fruitée, amère, forte, légère…)* et d'essayer des marques différentes.

Certaines sont très originales : à la crème brûlée, au lait *(Bilk)*, au champagne *(Krait)*, à l'eau de mer *(mor Braz)* etc..

Le vin

On oppose souvent les vins de Bordeaux aux vins de Bourgogne, ce débat déchaîne les passions depuis longtemps ! Sachez néanmoins que même les experts se font avoir. D'après une étude de 2005 menée par l'INRA, un vin avec l'appellation « vin de table » obtient une note moyenne de 8/20 contre 13,3 lorsque ce même vin est servi dans une bouteille avec l'appellation « grand cru ».

Le vin blanc accompagne normalement le poisson et le rouge la viande. Aussi, le vin blanc s'assombrit avec le temps et se conserve au frigo pour le rendre moins agressif alors que le vin rouge s'éclaircit en vieillissant et ne se conserve pas au frigo *(ou bien juste avant d'être servi)*.
Pour que le bouchon reste humide et ne perde pas en herméticité, il est conseillé de stocker les bouteilles couchées. Tout comme il est conseillé de vider l'air d'une bouteille de vin avant de la re-boucher pour ne pas qu'elle s'oxyde.

Le **millésime** est l'année au cours de laquelle a eu lieu la récolte du raisin.

La couleur des vins *(blanc, rouge, rosé)* est due à la macération des peaux de raisin dans le jus en fermentation. On peut donc obtenir du vin blanc avec des raisins rouges. Il existe du vin rouge, rosé, blanc et mousseux.

Dans le commerce, la bouteille la plus chère que l'on puisse trouver est une bouteille à 14 000 € du Bourguignon Henri Jayer : _Le Richebourg Grand Cru_. C'est du vin rouge de Bourgogne.

Petit fait surprenant, une entreprise française commercialise un « vin de merde ». À travers cette appellation, le producteur **Jean Marc Speziale** nous incite à dépasser nos préjugés. Autre fait surprenant, l'acteur **Gérard Depardieu** a déclaré aux médias boire 14 bouteilles de vin par jour !

Les alcools insolites

Vous devez vous en douter, il existe de l'alcool à tous les goûts *(confiture, saumon, chocolat, tomate, guimauve…)*, néanmoins certains producteurs sont allés encore plus loin et proposent des vins encore plus originaux :

Le **vin de serpent** : c'est une bouteille d'alcool *(vin ou eau-de-vie)* contenant un serpent inséré vivant. L'animal va se noyer dans l'alcool ce qui donne un goût particulier à la boisson. Sa vente est interdite en France, néanmoins cet alcool est consommé en Asie du Sud comme un aphrodisiaque.

En Serbie, il existe la **šljivovica** pouvant aller jusqu'à une teneur d'alcool de 80%. Aussi, à 55% de teneur en alcool, la bière **The End of History** est l'une des plus fortes au monde. La bouteille est vendue recouverte d'un animal empaillé.

En Amérique latine, on peut acheter une bière **chicha**, sa conception est traditionnelle, une personne va mâcher des grains de maïs puis les recracher. Les enzymes de la salive permettent à la boisson de fermenter.

Naga Chilli signifie vodka de feu liquide. Cette boisson contient des piments indiens durant sa distillation et atteint 500 000 capsaïcines sur l'échelle de Scoville. Cet alcool se classe ainsi dans la catégorie « explosive », soit la pire catégorie de brûlure. Même l'entreprise déconseille l'achat de son produit, elle garantit une douleur intense similaire à celle d'absorber « de la lave volcanique ».

«Tezhi Sanbian Jiu»
La boisson Tezhi Sanbian Jiu contient du pénis de phoque, de chien cantonais et de cerf. Elle a des vertus aphrodisiaques.

D'autres alcools

Le **kir** (vin blanc + crème de fruit)
Le **cidre** (spécialité de Normandie)
L'**embuscade** (spécialité de Caen : mélange de sirop de cassis, vin blanc, calvados et bière)
Chartreuse (spécialité de Grenoble : liqueur composée de nombreuses plantes / fleurs)

La **vodka martini** (cocktail préféré de James Bond)
Le **malibu** (liqueur à base de rhum)
Le **mojito** (à base de rhum, vient de Cuba)
Le **porto** (vin portugais auquel on rajoute de l'alcool)

Le **vin** est la boisson alcoolisée la plus consommée en France suivie de la **bière** puis des **alcools forts** *(le whisky représente 40% de la consommation globale de spiritueux en France !).* Tous alcools confondus, ce sont les Biélorusses et les Lituaniens qui boivent le plus avec une moyenne supérieure à 17 litres par an *(chiffre de 2018).*

L'alcool en poudre

En 2015, les autorités américaines ont autorisé la commercialisation du Palcohol, une sorte de poudre d'alcool lyophilisé mise au point par la société américaine Lipsmark. Il s'agit d'un sachet de poudre à diluer dans un liquide pour obtenir différents types de boissons alcoolisées.
60 grammes de cette poudre permettent de ressentir les effets d'un verre d'alcool.

Les drogues

Les drogues stimulantes

Cocaïne : 2ème drogue la plus consommée dans le monde après le cannabis. Extraite des feuilles de coca, elle peut être fumée, sniffée ou injectée. Chauffée avec du bicarbonate de soude, ça devient du crack et on l'aspire. Le marché de lacocaïne représente 80 milliards d'euros. 1g se vend environ à 75€

Méthamphétamine : C'est du crystal meth, fabriqué dans des laboratoires avec des substances présentes dans certains médicaments.

Amphétamine : C'est un « speed », ça stimule les fonctions de l'organisme.

Nicotine : 1,3 milliard de fumeurs et 6 millions de morts par an dans le monde.

Ecstasy : Également appelée MDMA / MD, les effets peuvent être permanents. Son nom scientifique est *methylenedioxymethamphetamine*.

Les dépresseurs

GHB : Appelée aussi « drogue du violeur », elle entraîne une vraie dépendance.

Alcool : Ça tue 3,3 millions de personnes chaque année dans le monde.

Opium : C'est extrait du pavot somnifère. La morphine, l'héroïne et la codéine sont des dérivés de l'opium. Il a les mêmes effets que les drogues « dures » mais certains écrivains l'ont idéalisé comme Charles Baudelaire.

Héroïne : Fabriquée à partir de la morphine *qui est un dérivé de l'opium*, elle crée une dépendance et modifie la structure physique / physiologique du cerveau. C'est la drogue la plus mortelle, elle représente 80% des morts par overdose.

Codéine : Présente dans les pharmacies *(depuis 2017 avec ordonnance)* avec les médicaments de type codoliprane ou klipal. Plusieurs cas de morts.

Les drogues hallucinogènes

Cannabis : Marijuana-weed-joint. Le Haschich est la résine de la plante, souvent coupée avec d'autres choses. Pas d'overdose recensée mais des morts au volant. Il est plus cancérigène que la cigarette mais moins nocif pour les poumons.

LSD : On mâche / avale un bout de papier buvard imprégné d'une goutte, le LSD contient les composants d'un champignon parasite.

Champignon hallucinogène : Le principe actif de ces champignons est la psilocybine. Il n'y a pas de dépendance physique et il y en existe de toutes sortes.

Le marché de la drogue représente 380 milliards € dans le monde et 2,7 milliards en France. Il est donc similaire au commerce des armes mais inférieur au marché pharmaceutique. Chaque année, la drogue tue 200 000 personnes dans le monde et les États payent 900 milliards € pour lutter contre. Sur les 10 millions de prisonniers dans le monde, 40% le sont à cause des drogues.

La London School of Economics préconise de sensibiliser les populations et d'aider les addicts plutôt que de faire usage de la force. Arguant que la répression ne peut, au mieux, que déplacer le problème.

Parmi les drogues insolites nous avons les bières au carburant, l'ingestion de la peau de crapaud toxique ou encore inhalation du plastique brûlé.

Le monde du crime
(4% du PIB mondial correspond au crime)

Sur les 491 fugitifs ayant figuré sur la liste des individus les plus recherchés, 460 ont été capturés ou localisés. Aujourd'hui, le FBI offre 90 000€ pour tout renseignement sur chacun des 10 plus grands criminels actuels.

> **L'hybristophilie** : est le fait d'être attiré par l'auteur d'un crime.

Les cartels

Colombie : Cartel de Medellin (Pablo Escobar) et Cartel de Cali n'existent plus. Maintenant, des petits groupes contrôlent chacun une petite partie de la chaîne.

Mexique :   Cartel de Juarez   Cartel de Sinaloa   Cartel de la Familia

La mafia

Italie : Cosa Nostra *(Sicile)*, Camorra *(Naples)*, Sacra corona unita *(Pouilles)*, N'drangheta *(Calabre)*
États-Unis : Surtout des clans issus de la mafia italo-américaine *(Bonanno, Colombo, Gambino..)*.
Chine : Triades chinoises *(il y en a une dizaine)*, 250 000 membres dans le monde.

Crime organisé

France : plutôt que de « *mafia française* », on emploie le terme « *grand banditisme* ». D'après le **Sirasco** *(service de renseignement criminel)*, ce milieu est composé en grande partie de réseaux étrangers implantés en France *(albanophones, géorgiens, italiens..)* et la drogue et les réseaux de prostitution sont au centre des activités illégales.
Japon : les Yakuzas appartiennent à une organisation légale avec des activités illégales. Ils ont un journal, un site internet, des bureaux…

Les plus grands criminels (liste non exhaustive…)

Thug Behram : membre des **thugs**, il a tué 931 personnes par strangulation.
Élisabeth Báthory : comtesse hongroise qui a torturé et tué 650 jeunes femmes.
Peter Niers : tueur en série au Moyen-Âge qui a tué 544 personnes.
Amelia Elizabeth Dyer : une nourrice ayant tué 300 bébés.
Pedro Alonso Lopez : lui-même violé dès son enfance par plusieurs personnes, il violera et tuera à son tour 310 filles en seulement 2 ans.
Richard Kuklinski : tueur à gages pour la mafia et connu sous le nom de « Ice Man ». Il a tué environ 250 personnes.
Harold Frederick Shipman : médecin généraliste, il a tué plus de 250 personnes.
Luis Alfredo Garavito : un Colombien ayant tué au moins 139 personnes.
Pedro Rodrigues Filho : né le crâne fracturé suite à des coups reçus par sa mère. Il tua un total de 70 personnes, parmi lesquelles son père dont il mangea le cœur.

Personnalités à connaître
Quelques acteurs français à connaître

 Jean Lefebvre

 Louis de Funès

 Alain Delon

 Gérard Depardieu

 Christian Clavier

 Kad Merad

 Gilles Lellouche

 Jean Dujardin

 Vincent Cassel

 Sophie Marceau

 Pierre Niney

 Audrey Tautou

 Thierry Lhermitte

 François Cluzet

 Omar Sy

 Marion Cotillard

 Édouard Baer

 Dany Boon

 Gérard Jugnot

 Jean Reno

 François Civil

 Romain Duris

 Eva Green

 Isabelle Huppert

Quelques acteurs étrangers à connaître

Dwayne Johnson   **Ben Affleck**   **Brad Pitt**   **Leonardo DiCaprio**

Jennifer Aniston   **Bruce Willis**   **Angelina Jolie**   **Morgan Freeman**

Will Smith   **Tom Cruise**   **Johnny Depp**   **Bradley Cooper**

Matt Damon   **Cameron Diaz**   **Tom Hanks**   **Robert Downey**

Van Diesel   **Nicolas Cage**   **Robin Williams**   **Scarlett Johansson**

Daniel Craig   **Christian Bale**   **Charlie Chaplin**   **Hugh Jackman**
Britannique   *Britannique*   *Britannique*   *Australien*

Les américains

Quelques réalisateurs à connaître

Clint Eastwood
(Gran Torino..)
américain

James Cameron
(Avatar..)
canadien

Al Pacino
(Chinese coffee..)
américain

Quentin Tarantino
(Les Huit Salopards..)
américain

Francis Ford Coppola
(Le Parrain..)
américain

Ridley Scott
(La Chute du faucon noir..)
britannico-américain

Alfred Hitchcock
(Les oiseaux..)
britannique

Steven Spielberg
(Les Dents de la mer..)
américain

David Fincher
(Fight Club..)
américain

Christopher Nolan
(Inception..)
britannico-américain

Guy Ritchie
(Sherlock Holmes..)
britannique

Fisher Stevens
(Les derniers affranchis..)
américain

Plus gros succès du box-office *(prise en compte inflation)*

Autant en emporte le vent

1

Avatar

2

Titanic

3

Star Wars IV : Un nouvel espoir

4

Quelques chefs d'État

Sergio Mattarella
Président de la
République **d'Italie**

Pedro Sánchez
Président du
gouvernement
d'Espagne

Steinmeier
Président fédéral
d'Allemagne

Naruhito
Empereur du
Japon

Xi Jinping
Président de la
République de
Chine

Halimah Yacob
Présidente de la
République
de **Singapour**

Rishi Sunak
Premier ministre
du **Royaume Uni**

Tamim ben Hamad
*Les Émirs viennent tous
de la famille Al Thani*
Émir du **Qatar**

Quelques écrivains étrangers à connaître

J.R Tolkien
Britannique
(Le *Seigneur
des anneaux..*)

Erika Leonard
Britannique
(50 nuances de Grey..)

Miguel de Cervantes
Espagnol
(Don Quichotte..)

Lewis Carroll
Américain
*(Alice au pays des
merveilles..)*

Joanne Rowling
Britannique
(Harry Potter..)

Ian Fleming
Britannique
(James Bond..)

Agatha Christie
Britannique
(10 petits nègres..)

Pierre Bottero
Britannique
(Le monde d'Ewilan..)

Elle a le record mondial du nombre
de livres vendus

Quelques écrivains français à connaître

Gérald de Villiers *(SAS..)*   **Alexandre Ourgaud** *(Livre de culture générale) (oui oui !)*   **Albert Camus** *(L'étranger..)*   **Antoine de Saint-Exupéry** *(Le Petit Prince..)* Livre français le + vendu

Guillaume Musso *(La Jeune Fille et la Nuit..)*   **Beaumarchais** *(Eugénie..) (espion/trafic d'armes)*   **Rousseau** *(Du contrat social..) (avec Diderot)*   **Alexandre Dumas** *(Les 3 Mousquetaires..)*

Rabelais *(Gargantua..)*   **Montesquieu** *(Histoire Véritable..)*   **Voltaire** *(Candide..)*   **Boris Vian** *(L'Herbe rouge..)*

Jules Verne *(Le Chancellor..)*   **Stendhal** *(Le rouge et le noir..)*   **Molière** *(Malade imaginaire..)*   **Maupassant** *(Bel-Ami..)*

Victor Hugo *(Les Misérables..)*   **Baudelaire** *(Les Fleurs du mal..)*   **Jean de la Fontaine** *(Les Fables..)*   **Émile Zola** *(Au Bonheur des Dames..)*

Quelques humoristes français à connaître

| Florence | Franck Dubosc | Anne Roumanoff | Gad Elmaleh |

| Thomas Ngijol | Jamel Debbouze | Coluche | Seb Mellia |

Des groupes / chanteurs à connaître

Les Beatles
Britanniques
« Yesterday »
Groupe composé de John Lennon, Paul McCartney, George Harrison et Ringo Starr. Les Beatles sont considérés comme le groupe le plus populaire et influent de l'histoire du rock.

Nirvana
Britannique
« Smells like teen Spirit »
Groupe composé de Dave Grohl, Krist Novoselic et de son meneur Kurt Cobain.

John Lennon
Britannique
« Imagine »
Il a créé Les Beatles
Assassiné

Kurt Cobain
Américain
« Smells like teen spirit »
Il a créé le groupe Nirvana
Suicide

Bob Dylan
Américain
« Hurricane »
Figure majeure de la musique populaire occidentale

Queen
Britannique
« I want it all »
Groupe composé de
Freddie Mercury, Brian May,
Roger Taylor et John
Deacon

AC/DC
Australien
« Thunderstruck »
Groupe composé de Angus
Young, Stevie Young, Chris
Slade et Brian Johnson

Freddie Mercury
Britannique
« I want to break free »
Il a créé le groupe Queen
Mort du sida

Jimi Hendrix
Américain
« Freedom »
(woodstock)
Étouffé par son vomi

Elvis Presley
Américain
« Burning love »
2nd artiste a avoir vendu le plus de
disque dans l'histoire de la musique.
1er = les Beatles et 3ème = Michael
Jackson.
Crise cardiaque

Bob Marley
Jamaïcain
« No woman no cry »
Mort d'une maladie

Michael Jackson
Américain
« Beat it »
Bon, je pense que lui vous
le connaissez déjà lui
Arrêt cardiaque

Tupac Amaru Shakur
Américain
« Hit Em Up »
Assassiné

Booba (*Élie Yaffa*)
Français
« Boulbi »

Kanye West
Américain
« I Love it »
En couple avec Kim
Kardashian

**Drake (Aubrey Drake
Graham)**
Canadien
« God's Plan »
Un des artistes les plus
écoutés en ce moment.
Rivalité avec Kanye West

Claude François
Français
« *Cette année-là* »
Électrocuté

On peut également citer Madonna, Eminem, Britney Spears, Whitney Houston, Elton John, Céline Dion, le groupe Coldplay, Rihanna, Beyoncé, Taylor Swift, Adele, Pink Floyd sans oublier Jul bien sûr ;)

Ces listes basées sur la popularité des acteurs / écrivains / chanteurs permettent également de réaliser à quel point le nombre de femme dans ces milieux est faible.

Ray Charles
Américain
« *Hit the road Jack* »
Aveugle à 7 ans
Mort d'une maladie du foie

Autres personnalités à connaître

Vous trouverez la date de naissance et la nationalité pour chaque personne

 Socrate *(Grec -470 avant J-C)* : né à Athènes, Socrate est un soldat et un penseur qui diffusa son savoir gratuitement, notamment à Platon. Accusé de corruption et de non-respect des divinités, il sera condamné à mort. Il n'a rien écrit et on ne sait que peu de choses de lui avec certitude. « Mieux vaut subir l'injustice que la commettre ».

 Johannes Gutenberg *(Allemand 1400)* : inventeur de la presse typographique, l'ancêtre de l'imprimante.

 Michael-Ange *(Italien 1475)* : peintre, poète et sculpteur, il a notamment peint le Jugement dernier, la Création d'Adam et le plafond de la chapelle Sixtine au Vatican.

 Galilée *(Italien 1564)* : il était contre la théorie du géocentrisme *(Terre au centre de l'Univers)* et soutenait la théorie de l'héliocentrisme *(la Terre tourne autour du Soleil)*.

 William Shakespeare *(Anglais 1564)* : l'écrivain anglais le plus connu ! Il a notamment écrit Roméo et Juliette ou encore Hamlet.

 René Descartes *(Français 1596)* : mathématicien, philosophe et physicien français. Précurseur des études sur la conscience, il est l'auteur du fameux « Je pense donc je suis ». Descartes est aussi une commune française et une très grande université à Paris.

 D'Artagnan *(Français 1613)* : Alexandre Dumas s'est inspiré de lui pour son roman « *Les 3 Mousquetaires* ». Sous le commandement de Louis XIV, il a arrêté Fouquet et s'occupa de sa détention pendant 3 ans. Il sera plus tard gouverneur de Lille et mourra en 1673 lors du siège de Maastricht *(guerre France vs Pays-bas)*.

Newton *(Anglais 1643)* : l'homme à l'initiative de la loi sur la gravité avec la fameuse pomme qui tombe de l'arbre.

Adam Smith *(Écossais 1723)* : philosophe et économiste, souvent surnommé « le père de l'économie politique ». il est notamment connu pour ses travaux sur :
La division du travail : chacun se spécialise dans une tâche pour accélérer la productivité. En parallèle, il militait pour un système éducatif spécialisé à destination des ouvriers condamnés à répéter des gestes très simples.
La « main invisible » : métaphore par laquelle Smith signifierait que les marchés sont autorégulateurs et conduiraient à l'harmonie sociale. Il était néanmoins pour une intervention de l'État concernant la sphère financière avec la mise en place d'un cadre réglementaire strict.

Napoléon Bonaparte *(Français 1769)* **:** né à Ajaccio en 1769, il a fait ses études à Paris avant de devenir Premier Consul puis Empereur *(coup d'État de 1799)*. Après plusieurs campagnes victorieuses, il doit abdiquer une première fois à Fontainebleau. Il tente d'ailleurs de se suicider avec du poison mais survit et est envoyé en exil sur l'île d'Elbe.
Le roi Louis XVIII récupère le trône de France, mais Napoléon réussit à s'échapper et à reprendre le pouvoir. Il fait de nouveau campagne mais perd la guerre en 1815 à Waterloo et doit abdiquer une seconde fois. Il est mort sur l'île Sainte-Hélène en 1821, son corps se trouve actuellement aux Invalides à Paris.
- Il a fait construire l'Arc de Triomphe, a réorganisé le système éducatif avec les lycées, le baccalauréat et les universités et il fut à l'origine de la création des écoles de Saint-Cyr.
- Il a instauré le conseil de prud'hommes, la cour des comptes, le Code pénal / civil, les Cours d'appel / de cassation, les chambres de commerce et la légion d'honneur.

Victor Hugo *(Français 1802)* : l'un de nos plus célèbres poètes et écrivains. Déjà à 14 ans, ses ambitions sont immenses : « Je veux être Chateaubriand ou rien ».
Il commencera par gagner quelques prix en littérature avant de devenir maire puis député. Lors des émeutes ouvrières de juin 1848, il devint commissaire chargé de rétablir l'ordre et participa à la répression sanglante en commandant des troupes face aux barricades. Il s'opposa au coup d'État de Napoléon III et s'exila jusqu'à la fin de son règne (20 ans). À son retour, il sera sénateur et bénéficiera d'une forte notoriété.
Durant son existence, il a écrit des poèmes engagés contre Napoléon III *(les Châtiments)*, des romans *(les Misérables)*, et des pièces de théâtre *(Cromwell)*. Il a également fait des discours politiques sur la peine de mort, sur l'école ou encore sur l'Europe.
Il s'est marié avec une femme *(qui d'ailleurs le trompa avec un ami à lui)* que son frère aimait en secret, ce dernier deviendra d'ailleurs fou et sera enfermé jusqu'à sa mort.
À son enterrement au Panthéon, il y a eu plus de 2 millions de Français.

Charles Darwin *(Anglais 1809)* : il est à l'origine de la théorie sur l'évolution des espèces *(l'espèce évolue pour survivre)*. Cette théorie vient en opposition avec l'Église qui considère la vie sur Terre et son évolution comme d'origine divine, donc « parfait ». C'est la confrontation entre évolutionnistes et créationnistes.
Darwin a fait un long travail de classification des espèces qu'il présente dans son livre « *l'origine des espèces* ». Sa théorie veut que les individus avec des caractéristiques procurant un avantage vont vivre plus longtemps et auront donc plus de descendants, transmettant de ce fait ces caractéristiques. Suivant cette logique, les caractères amenant à un désavantage seront éliminés et un caractère « neutre » n'a aucune raison de disparaître. C'est la sélection naturelle. Cette sélection repose sur 3 principes : le **principe de variation** *les individus ne sont pas tous identiques,* le **principe d'adaptation** *plus on s'adapte, plus on survit et plus on peut se reproduire* et le **principe d'hérédité** *on hérite d'une grosse partie de la génétique de nos ascendants.*
Si les individus peuvent naître avec des caractéristiques différentes c'est à cause de la mutation dans l'ADN lors de la création d'un individu. Cette mutation se fait totalement par hasard, ce sont des erreurs dans la reconstitution de l'ADN (albinos, nain etc..). Aussi, Darwin s'est marié avec sa cousine et avait peur que cela nuise à la santé de ses enfants.
En 2003, on a réussi à déchiffrer notre ADN et on a découvert que l'Homme avait seulement 30 000 gènes *(nombre similaire à celui d'un poulet)*. Néanmoins, nous n'avons pas encore fini de décoder l'ensemble des gènes.

Karl Marx *(Allemand 1818)* : il considère que toutes les sociétés sont composées de classes en opposition constante *(homme libre/esclave, patricien/plébéien, seigneur/serf, patrons/ouvriers)*. Aujourd'hui, cette opposition de classe concerne surtout les prolétaires *(ouvriers)* qui offrent leur force de travail aux bourgeois *(patrons, hauts cadres..)* pour que ceux ci s'enrichissent. L'ouvrier rapportant toujours plus à son patron qu'il ne coûte. C'est pour combattre cette injustice que **Karl Marx** s'oppose au capitalisme, il trouve ce système bien trop inégalitaire.

Ainsi, il considère que le prolétariat doit s'organiser à l'échelle internationale pour s'emparer du pouvoir afin de réussir, après une période de transition *(dictature du prolétariat)*, à l'abolition des classes et à l'apparition du communisme. Il prédit que le capitalisme se détruira de lui-même et donnera naissance à un État ouvrier. Avec **Friedrich Engels**, il publia en 1848 le « Manifeste du parti communiste ».

Louis Pasteur *(Français 1822)* : scientifique, chimiste et physicien de formation. Il est notamment connu pour avoir trouvé un vaccin contre la rage.

Jules Ferry *(Français 1832)* : il instaura l'instruction obligatoire et gratuite sous la IIIe République. Bien que considéré comme un promoteur de l'école laïque et l'un des pères fondateurs de l'identité républicaine, il était néanmoins pour l'expansion coloniale française et défendait le concept de race supérieure *(comme Voltaire d'ailleurs)*.

Léon Gambetta *(Français 1838)* : homme politique, il a été ministre des affaires étrangères et l'un des pères fondateurs de la 3e République.

Jean Jaurès *(Français 1859)* : fondateur du quotidien l'Humanité. Il a participé à la loi de séparation entre l'Église et l'État et lutta pour l'indépendance de la presse.

Pierre Curie *(Français 1859)* : physicien, il est connu pour ses travaux sur la radioactivité. Sa femme, Marie Curie, reçut 2 prix Nobel et découvrit le radium et le polonium.

Gandhi *(Indien 1869)* : né en Inde, il se maria à l'âge de 14 ans. Il mena un combat de résistance non violente et de non-coopération face aux Britanniques *(boycott, manifestations silencieuses, grèves de la faim…)*. Il encouragea à la désobéissance civile de masse et il obtint une indépendance partielle de l'Inde après avoir été emprisonné 3 fois. Il essaya par la suite de supprimer les castes en Inde sans succès et échoua également à aboutir à une entente entre musulmans et hindous. Ces tensions aboutiront à la création de deux États : le Pakistan et l'Inde. Il sera assassiné par un fanatique nationaliste. Gandhi considérait les Indiens comme étant « infiniment supérieurs » aux Africains, ce qui pousse des militants à demander le retrait des statues le représentant.

Albert Einstein *(Allemand 1879)* : physicien théoricien, il est notamment connu pour son travail sur la relativité avec la fameuse formule ($E = mc^2$).

Jack l'éventreur *(Anglais 1888)* : c'était un célèbre tueur de prostituées opérant en Angleterre. En tout, il a tué et mutilé 5 femmes sans être identifié par la police. En 2019, un test génétique identifia finalement le tueur comme étant un certain **Aaron Kosminski**.

Lawrence d'Arabie *(Anglais 1888)* : c'était un homme passionné d'archéologie, il s'engagea dans l'armée pendant la 1ère Guerre mondiale ce qui l'emmena à Damas (Syrie) sous tutelle turque. Il fut alors sollicité par la Grande-Bretagne pour organiser une révolution avec les Bédouins du désert afin de combattre l'occupation turque. Il participa à la libération de Jérusalem et organisa de nombreuses actions de guérilla.

À la fin de la guerre, la Grande-Bretagne ne respecta néanmoins pas sa promesse de laisser le territoire aux Bédouins et elle prit la région sous sa tutelle.

Adolf Hitler *(Autriche-Hongrie 1889)* : baptisé, il fut enfant de chœur dans un monastère. Il redoubla une fois à l'école puis désira devenir peintre mais rata deux fois l'examen d'entrée en école d'art à Vienne. Lors de la 1ère GM, il s'engagea dans l'armée et fut blessé à deux reprises *(1/5ème de son bataillon survécu)*. Néanmoins, il resta caporal à cause de son caractère difficile.

C'est à l'hôpital que lui vint l'envie de faire de la politique, sans toutefois qu'il ose se lancer. Un jour, l'armée lui confia la tâche de surveiller une réunion d'un groupuscule politique ultra-nationaliste, le **Parti Ouvrier Allemand**. Ce jour-là, Hitler prit la parole et se fit remarquer positivement. On lui proposa alors d'intégrer le parti et très vite il en devint le chef. Il le transforma en **Parti national-socialiste des travailleurs allemands** puis tenta un coup d'État mais ce fut un échec. Condamné à 5 ans de prison, il sera finalement libéré au bout de 9 mois et bénéficiera d'une grande notoriété à sa sortie grâce à la médiatisation de son procès. Il fut menacé d'être renvoyé en Autriche mais cette dernière  refusa et Hitler devint alors un apatride. Il continua à développer son parti, notamment avec les jeunesses hitlériennes et le salut nazi. Lors de la crise de 1929, le Parti nazi était le deuxième plus important parti en Allemagne avec 20% de voix. Et 37% en 193 !

> *Né d'un groupuscule, le culte d'Hitler est devenu en moins de deux ans un phénomène de masse capable de toucher plus du tiers des Allemands.*

En janvier 1933, le chancelier **Kurt von Schleicher** persuade le président **Paul von Hindenburg** de nommer **Hitler** chancelier. Une fois au pouvoir, ce dernier met en place le Troisième Reich et dès 1934 il procéda à une purge *(nuit des Longs Couteaux)* pour se débarrasser de ses opposants et rivaux *(dont Schleicher)*.

À la fin des années 1950, la République Fédérale Allemande est devenue la seconde puissance économique mondiale. On appela ce succès le miracle économique parce que personne ne s'attendait à ce que l'Allemagne se redresse aussi rapidement !

Charles de Gaulle *(Français 1890)* : aussi appelé le général de Gaulle, il fut l'instigateur de la Ve République fondée en 1958 et donc le 1er président de la 5ème République.

Pendant la Seconde Guerre mondiale, il rejeta l'armistice demandé par Pétain et fit un appel à la résistance à partir de Londres, le 18 juin 1940. Il arriva en France quelques jours  après le débarquement en Normandie et en assura le gouvernement. Cependant, il ne parvint pas à s'entendre avec les autres partis politiques sur la création de la 4ème République et démissionnera en 1946. 10 ans plus tard, il sera sollicité pour résoudre la crise liée à la guerre d'Algérie. Il en profitera pour reprendre le pouvoir et fondera la Ve République après avoir réalisé un référendum avec la population. Il décolonisa l'Afrique noire et l'Algérie, développa la force de dissuasion nucléaire française et prôna une « Europe des nations ». Il proposa aux Français de supprimer le Sénat à travers un référendum mais c'est le « non » qui l'emporta, le poussant à la démission.

« La France ne peut être la France sans la grandeur »

Ernest Hemingway *(Américain 1899)* : écrivain, journaliste et correspondant de guerre.

Le Commandant Cousteau *(Français 1910)* : Jacques-Yves Cousteau a perfectionné le  scaphandre autonome, il est surtout connu pour ses films sur ses explorations sous-marines en tant que commandant du bateau Calypso. C'était un grand aventurier puis par la suite un grand défenseur des océans.

Abbé Pierre *(Français 1912)* : une des personnalités préférées des Français. C'était un prêtre catholique français qui a été résistant puis député. Il a créé de nombreuses  associations / fondations et participa activement à l'économie sociale en France. Entre autres, il a créé le mouvement Emmaüs *(organisation laïque contre l'exclusion qui fonctionne généralement avec la récupération d'objets et leur revente)* mais aussi la fondation Abbé-Pierre pour permettre à toute personne démunie d'accéder à un logement décent et à une vie digne.

Nelson Mandela *(Sud Africain 1918)* : il s'est battu contre l'apartheid en Afrique du Sud et a été condamné en 1964 à la prison à vie. Il refusa sa libération contre un renoncement public à sa lutte mais sera finalement libéré après 27 ans et demi en prison. Il deviendra président de la République d'Afrique du Sud en 1994. Il a eu le prix Nobel de la paix.

Malcolm X *(Américain 1925)* : orateur, prêcheur, militant politique et défenseur des droits de l'homme afro-américain. Il a été porte-parole de la Nation of Islam, un mouvement musulman sectaire, marqué par un nationalisme noir et le rejet de l'homme blanc. Il milita pour le séparatisme noir et défenda l'idée de la création d'une république noire indépendante au sein des États-Unis. Plus tard, il fondera sa propre organisation religieuse, The Muslim mosque, et refusera de condamner toute forme de violence commise par les personnes noires. Il meurt assassiné lors de l'un de ses discours.

Marilyn Monroe *(Américaine 1926)* : actrice, mannequin et chanteuse, c'est une icône majeure de la culture populaire.

Fidel Castro *(Cubain 1926)* : leader de la Révolution cubaine (1953-1959) et président de Cuba avant de laisser le pouvoir à son frère Raul Castro.

Ennio Morricone *(Italien 1928)* : célèbre musicien qui composa plus de 500 musiques de film *(dont de nombreux westerns)*.

Anne Frank *(Allemande 1929)* : adolescente allemande connue pour son journal intime pendant la Seconde Guerre mondiale. Juive, elle sera arrêtée et mourra en détention.

Martin Luther King *(Américain 1929)* : célèbre militant pour les droits civiques des Noirs. Après avoir pris la tête du mouvement de soutien à **Rosa Park** *(arrêtée pour avoir refusé de céder sa place à un blanc dans un bus)*, il lança un appel au boycott de la compagnie de bus de la ville. Face à l'emballement médiatique, il décida de créer le SCLC *(conférence des leaders chrétiens du sud)* et en devint le président. Partisan de la non-violence, il est à l'initiative de plusieurs grandes campagnes dans l'ensemble des États-Unis avec des revendications telles que la fin de la ségrégation, une meilleure éducation et l'autorisation du droit de vote des Noirs. Ce militantisme lui coûtera quelques jours en prison. Il s'engagea également dans la lutte contre la pauvreté et organisa la "campagne des pauvres" visant à lutter contre la pauvreté, d'où qu'elle vienne. En 1963, il prononcera le très connu discours « I have a dream ». Il a reçu le prix Nobel de la Paix et a été assassiné par un ségrégationniste blanc.

Jean-Pierre Petit *(Français 1937)* : scientifique spécialiste en mécanique des fluides, physique des plasmas, magnétohydrodynamique et en physique théorique. C'est une personne brillante qui fut directeur de recherche au Centre national de la recherche scientifique. En parallèle, il est aussi connu pour son adhésion aux théories du complot.

Mohamed Ali *(Américain 1942)* : probablement le boxeur le plus connu du grand public, il est aujourd'hui considéré comme une icône culturelle.
Dès ses 18 ans, le boxeur gagna une médaille d'or aux Jeux olympiques de Rome. Il utilisa alors cette notoriété internationale pour militer en faveur de la cause des Noirs. Il intégra  l'organisation Nation of Islam à l'instar de Malcolm X et refusa d'être enrôlé dans l'armée américaine pour protester contre la guerre du Vietnam en disant : « *aucun Vietcong ne m'a jamais traité de nègre* » ce qui lui vaudra d'être dépossédé de sa licence de boxe pendant 4 ans. Il enchaîna ensuite les victoires tout en continuant de profiter de sa notoriété pour lutter contre la ségrégation et pour l'émancipation culturelle des Noirs à l'échelle mondiale. Atteint de Parkinson, il meurt à l'âge de 74 ans, à la suite de problèmes respiratoires.

Coluche *(Français 1944)* : Michel Colucci est un humoriste et acteur français, fils d'un immigré italien et d'une Française.

Après s'être engagé dans l'armée où il fera de la prison pour insubordination, il travailla comme fleuriste puis décida de rejoindre une troupe de théâtre. Néanmoins, à cause de son addiction à l'alcool, il fut exclu du groupe et décida de continuer seul. Malgré que ses sketches aient beaucoup de succès, on lui reprocha souvent sa vulgarité au point ou il fut interdit de diffusion sur les radios. L'humoriste est également connu pour avoir créé « les restos du coeur » et pour avoir voulu se présenter aux élections présidentielles, suite à des menaces de mort il préféra abandonner. Il meurt d'un accident de moto.

Stephen King *(Américain 1947)* : écrivain très célèbre, notamment pour ses livres qui font peur *(par exemple : « ça »).*

Bernard-Henri Lévy *(Français 1948)* : écrivain, philosophe, cinéaste, homme d'affaires et chroniqueur. Il est souvent critiqué pour son côté va-t-en-guerre.

Benjamin Brafman *(Américain 1948)* : célèbre avocat très compétent. C'est lui qui défendit DSK ainsi que Harvey Weinstein.

Jean-Charles Naouri *(Français 1949)* : PDG de Casino et 111ème Français le plus riche avec environ 770 millions d'euros.

Son parcours est plus qu'excellent. Il rentra à 15 ans à l'École Normale Supérieure et se classa 1er au concours d'entrée. Il termina ensuite un doctorat de mathématiques en 1 an *(alors qu'il faut 3 ans normalement),* décida d'aller étudier à Harvard puis se rendit ensuite à l'ENA où il finit dans les 15 premiers.

Comme tous les gens se situant au sommet de la pyramide scolaire, il commença sa vie à l'Inspection générale des finances, au service de l'État. Ce parcours permet de passer par l'administration, d'évaluer les organismes / dispositifs publics et de se constituer un réseau très important *(les directeurs, les banquiers etc..).* Il devint ensuite chef de cabinet du ministre socialiste de l'économie et des finances et entreprit de réduire le contrôle de l'État sur la finance tout en modernisant l'économie française. Il ira ensuite à la banque Rothschild qui récupère beaucoup de hauts fonctionnaires appartenant au PS *(beaucoup ont déclaré qu'un parti politique c'est avant tout un réseau).*

Il a créé le fonds d'investissement Euris qui détient 91% de la société Foncière Euris, celle-ci détient à son tour 62% de Rallye qui détient à son tour 50% de Casino. À travers ce système de holding, Jean-Charles Naouri est donc actionnaire majoritaire de Casino avec une faible mise.

Michel Houellebecq *(Français 1956)* : écrivain, poète et essayiste. Il a eu de très nombreux prix dont le prix Goncourt.

Michel Cymes *(Français 1957)* : médecin et chirurgien spécialisé dans l'ORL. *(L'oto-rhino-laryngologie c'est une branche de la médecine spécialisée dans le diagnostic / traitement des troubles du nez, de la gorge, de l'oreille, de la tête et du cou).* Il participe également à des émissions TV.

Michel Onfray *(Français 1959)* : philosophe avec une vision du monde hédoniste, épicurienne et athée. Il a par ailleurs écrit plus de cent livres !

Laurent Alexandre *(Français 1960)* : chirurgien et urologue, il est le fondateur de Doctissimo *(depuis revendu)*. Voici deux de ses citations :
« *L'homme qui vivra 1 000 ans est déjà né* ».
« *L'argent ne vaudra rien plus tard, on sera tous remplacés par des robots, on augmentera nos capacités grâce au transhumanisme* ». Le transhumanisme c'est l'usage des sciences pour améliorer les capacités du corps humain.

Éric Dupond-Moretti *(Français 1961)* : célèbre avocat devenu en 2020 ministre de la justice. Il a défendu plusieurs hommes politiques comme l'ex-ministre Cahuzac ou encore l'ex-maire Balkany. C'est le premier ministre de la Justice en exercice à être mis en examen !

Geoffroy Roux de Bézieux *(Français 1962)* : patron du MEDEF *(Mouvement des entreprises de France)*.

Stéphane Bern *(Français 1963)* : un passionné d'histoire qui a fait des émissions TV.

Cristina Cordula *(Française 1964)* : présentatrice dans une émission TV sur les tenues vestimentaires.

Marc Trévidic *(Français 1965)* : juge d'instruction au pôle antiterrorisme du tribunal de grande instance de Paris. Il est aujourd'hui vice-président au tribunal de grande instance de Lille du fait que le statut de la magistrature limite à dix ans la durée d'exercice dans certaines fonctions spécialisées. Il a critiqué la loi sur le renseignement, jugeant qu'elle donnait trop de libertés aux forces de l'ordre *(plus besoin d'autorisation d'un juge pour poser un micro chez quelqu'un)* et qu'elle ne concerne pas uniquement le terrorisme mais 6 autres cas, comme l'intelligence économique. Depuis 2020, il a créé une chaîne YouTube *(très intéressante)* dans laquelle il parle de son métier.

Philippe Etchebest *(Français 1966)* : chef cuisinier et animateur de télévision *(juré de Top Chef, anime Objectif Top Chef, Cauchemar en cuisine, Cauchemar à l'hôtel)*.

Benoît Collombat *(Français 1970)* : journaliste, rédigeant des articles *(que je trouve très bien écrits)*. Il est connu pour ses articles contre Bolloré, ce qui lui a valu d'aller au tribunal.

Gaël Giraud *(Français 1970)* : économiste et prêtre jésuite français. Spécialiste en économie mathématique, il a été le chef économiste de l'Agence française de développement de 2015 à 2019. Il donne aujourd'hui de nombreuses conférences très ludiques pour mieux comprendre la finance.

Éric Zemmour *(Français 1958)* : journaliste, écrivain, politique et polémiste français, il est connu pour ses positions fortes sur le sujet de l'immigration. Il est issu d'une famille d'origine juive algérienne de nationalité française, arrivée en métropole durant la guerre d'Algérie. Il a été condamné 2 fois par la justice et s'est lancé dans la politique en 2022 sans succès.

Elon Musk *(Sud Africain 1971)* **:** chef d'entreprise et ingénieur d'origine sud-africaine, naturalisé canadien puis américain. Il a pour projet d'aller sur Mars et de révolutionner le transport sur Terre. Bien que beaucoup de ses projets soient un succès *(Paypal, SpaceX, Tesla...)* il est devenu controversé depuis son achat de Twitter et sa politique très stricte avec les employés *(licenciement massif, interdiction de télétravailler...)*.

Julian Assange *(Australien 1971)* **:** fondateur, rédacteur en chef et porte-parole de WikiLeaks, une organisation non gouvernementale qui révéla plusieurs scandales - *dont des bavures de l'armée américaine* - via une fuite de documents confidentiels. Recherché par les États-Unis, il s'est réfugié de 2012 à 2019 dans l'ambassade d'Équateur à Londres avant d'en être délogé par la police britannique. Il risque une extradition vers les USA.

Alexandre Bompard (Français 1972) : président-directeur général de Carrefour. Son parcours est remarquable, il intégra l'ENA et finit 4ème ce qui lui permit de choisir l'inspection des finances. Puis il occupa le poste de conseiller technique au ministère des Affaires sociales et du Travail *(dirigé alors par Fillon)* avant de devenir président-directeur général de la radio Europe 1. Il a fait du très bon travail avec une hausse des recettes publicitaires et de la fréquentation du site internet *(2 records d'audience en 2010)*.
Il prit ensuite la présidence de la Fnac et proposa un plan stratégique de transformation de l'enseigne baptisé « Fnac 2015 » (+d'offres +de relations clients +de magasins +de réseaux multicanaux entre les magasins et le site). En 2013, il pilota l'introduction en bourse de la Fnac puis l'achat des titres de Darty. Sa rémunération annuelle était alors de 1,8 million d'euros.
Il est, depuis 2017, Président-Directeur Général du Groupe Carrefour. Une des grandes décisions qu'il a prise à ce poste a été de fermer de nombreux magasins jugés pas assez rentables, provoquant la colère des syndicats.

François Ruffin *(Français 1975)* **:** journaliste, essayiste, réalisateur et homme politique français. Il est le fondateur et le rédacteur en chef du journal Fakir. Actuellement député chez La France Insoumise, il est connu pour sa simplicité de vie. Il est le seul député à avoir décidé de gagner uniquement le SMIC, reversant le reste de son salaire à des associations. Aussi, il donne la possibilité aux citoyens de le renvoyer avec un système de vote. Son profil atypique lui permet d'avoir sa place dans ce classement

Snowden *(Américain 1983)* **:** ancien employé de la Central Intelligence Agency et de la National Security Agency, c'est un lanceur d'alerte qui a révélé l'existence de plusieurs programmes de surveillance de masse américains et britanniques.

Mark Zuckerberg *(Americain 1984)* **:** informaticien et chef d'entreprise américain. Il est le cofondateur du site web de réseau social Facebook dont il est l'actionnaire majoritaire et le président-directeur général.

Teddy Riner *(Français 1989)* **:** judoka français, il détient neuf titres de champion du monde. Il a été champion olympique à Londres en 2012 et à Rio de Janeiro en 2016.

Bien évidemment, toutes ces personnes représentent une infime partie des personnalités à connaître, il m'est impossible de toutes les faire figurer dans cet ouvrage. Je vous encourage cependant à me contacter par mail (alexandre97@hotmail.fr) si vous avez des idées de personnes à rajouter à cette liste. J'ajouterai peut-être, dans une future mise à jour, une nouvelle liste à part avec toutes les personnes que vous me conseillerez.

L' Art

Voici une définition que j'affectionne particulièrement : « *volonté à vouloir partager une sensation, une vision ou encore vouloir passer un message à travers une œuvre quelconque* ». Plus que la finalité, c'est le ressenti qui prime ce qui signifie que l'Art est omniprésent. En 2019, une tribune affirmait d'ailleurs que « *la corrida est un art* » sans avoir tort sémantiquement parlant.

Il faut bien différencier l'Art de la technique : une personne douée en dessin est technique mais si ça ne va pas au-delà du « beau » alors ce n'est pas de l'Art.

L'histoire a démontré que pour être pris au sérieux, il faut avoir prouvé au préalable sa maîtrise de la technique. À gauche la peinture « Olga» réalisée par Picasso et à droite « Le Rêve » du même peintre.

Beaucoup sont sensibles au mouvement artistique du Réalisme arrivé en France en 1850 avec Courbet. La technique est admirable, mais les peintres ont vite réalisé que pour gagner en expression il faut sacrifier en réalisme. On a donné le nom « d'Art naïf » à ce nouveau style de peinture apparu au XIXème siècle.

Le tableau « Le Cri » d'Edvard Munch est un bel exemple de l'Art naïf. Cette célèbre peinture n'est pas réaliste mais très expressive. Elle véhicule des émotions fortes dès le premier regard.

Le prix des tableaux peut paraître élevé mais c'est un marché qui obéit à la loi de l'offre et de la demande. Étant donné son côté intemporel, l'Art attire surtout les grosses fortunes qui savent qu'il s'agit d'un véritable investissement pour l'avenir. Comme le nombre d'œuvres est limité *(Johannes Vermeer n'a peint que 36 peintures par exemple)*, les prix ont tendance à augmenté.

Voici le tableau le plus cher au monde : **406 millions €**
Il s'agit du tableau S*alvator Mundi* réalisé par Léonard de Vinci.

Voici un tableau de **Melissa McCracken.**
C'est une artiste atteinte de la **synesthésie** *(maladie neurologique)*.
Elle peut voir des formes et des couleurs à travers l'écoute de la musique, elle peint donc des morceaux de musique.
Ce tableau fait référence à la musique « Imagine » de John Lennon.

La sculpture « *Le Penseur* » du français **Auguste Rodin** est très connue à l'étranger. Elle se trouve au musée Rodin de Paris.

Les œuvres du sculpteur français **Richard Orlinski** bénéficient d'une forte notoriété. Il cherche à transformer le négatif en émotion positive.

Quelques peintres connus

Van Gogh *1880*   **Claude Monet** *1900*   **Léonard de Vinci** *1500*   **Auguste Renoir** *1900*
Néerlandais   Français   Italien, mort en France   Français

La Cène
& la Joconde

La Nuit étoilée   *Impression, soleil levant*   *Les Deux Soeurs*

Pablo Picasso *1900*   **Johannes Vermeer** *1650*   **Michel-Ange** *1500*   **Rembrandt** *1650*
Espagnol   Néerlandais   Italien   Néerlandais

Les Demoiselles d'Avignon   *La Laitière*   *La Création d'Adam*   *La Ronde de nuit*

Pierre Paul Rubens *1600*   **Jacques-Louis David** *1814*   **Eugène Delacroix** *1800*
Allemand   Français *(peintre officiel de Napoléon)*   Français

La Chasse aux tigres   *Léonidas aux Thermopyles*   *La Liberté guidant le peuple*

Les cérémonie / organisations / clubs

Les cérémonies dans le monde

Le Prix Goncourt est le prix littéraire français le plus ancien et le plus prestigieux. Il existe aussi le Grand prix du roman de l'Académie française, le prix Femina, le prix Renaudot, le prix Interallié et le prix Médicis.

Les Césars du cinéma sont des récompenses cinématographiques créées en 1976. Elles sont remises annuellement à Paris à des professionnels du 7e art dans 21 catégories pour saluer les meilleures productions françaises.

Le Festival de Cannes est le festival de cinéma le plus médiatisé au monde. À son ouverture, il y a la montée des 24 marches sur un tapis rouge. Ce festival récompense « le meilleur film », « le meilleur réalisateur », « le meilleur acteur », « la meilleure actrice », le « prix du Jury », le « Grand prix » et la « Palme d'or ». Cette dernière est la récompense suprême décernée au meilleur film.

Les Oscars du cinéma (*Academy Awards*) sont des récompenses cinématographiques décernées chaque année à Los Angeles. Cette compétition est ouverte à tous les films à condition qu'ils aient été projetés dans la ville de Los Angeles l'année précédant la cérémonie.

Les Oscars de la musique (Grammy Awards) sont des récompenses décernées chaque année aux États-Unis. Il existe différentes catégories : l'album de l'année, la chanson de l'année, le meilleur nouvel artiste etc…
300 « remplisseurs de siège » sont recrutés chaque année pour qu'il n'y ait à aucun moment des sièges vides lors de la cérémonie. Ainsi, dès qu'un acteur se lève, une personne est chargée d'occuper sa place.

Les Oscars de la télévision (Emmy Awards) sont des récompenses de télévision américaine remises aux meilleurs acteurs et émissions de la télévision.

Les Oscars du théâtre (Tony Awards) sont des récompenses théâtrales américaines décernées aux meilleures pièces, comédies etc…

Les NRJ Music Awards ont été créés en 2000 par la station de radio NRJ en partenariat avec la chaîne de télévision TF1. Ils ont lieu tous les ans au Palais des Festivals et des Congrès de Cannes.

Le Prix Nobel est une récompense pour ceux ayant apporté « le plus grand bénéfice à l'Humanité ». Les catégories sont : la physique, la chimie, la médecine, la littérature et la paix. La cérémonie de remise des prix a lieu le 10 décembre, jour de l'anniversaire de la mort d'Alfred Nobel *(inventeur de la dynamite)*.

La Médaille Fields est l'une des plus prestigieuses récompenses en mathématiques avec le **Prix Abel**. C'est l'équivalent d'un prix Nobel.

Les Molières récompensent les meilleurs artistes et les théâtres les plus remarquables. Cette compétition a lieu chaque année et les prix à gagner sont des Molières. Cette compétition est l'équivalent des Tony Awards aux États-Unis.

Eurovision est l'un des plus anciens programmes télévisés et le plus important concours musical jamais organisé. C'est un événement annuel organisé par l'Union européenne de Radio-télévision et réunissant 43 pays participants.

Les jeux olympiques sont composés d'un peu moins de 400 épreuves réparties dans 35 disciplines. Nous avons les jeux d'été et les jeux d'hiver qui ont chacun lieu tous les 4 ans *(2 ans entre chaque jeu)*. Au total, cela fait environ 14 000 athlètes qui représentent en tout 206 CNO *(Comités Nationaux Olympiques)*. Un CNO n'est pas forcément un pays *(ex : équipe olympique des réfugiés)*.

Parmi nos sportifs français, environ 150 appartiennent à « l'Armée de Champions ». Ce sont des fonctionnaires du ministère des Armées, sur nos 33 médailles gagnées aux jeux de 2020, ils en ont eu **13**. Aussi, les médailles d'or sont en argent massif avec uniquement 6 grammes d'or.

Les **cinq anneaux** représentent les cinq continents : l'Océanie, l'Afrique, l'Asie, l'Europe et l'Amérique. Les **six couleurs** *(ne pas oublier le blanc de l'arrière-plan)* représentent les nations car au moins l'une de ces couleurs était présente dans le drapeau d'un pays participant à l'édition de 1913. Ce drapeau est donc le symbole de l'universalité de l'esprit olympique.
La devise est : « **Citius, Altius, Fortius** » *(« plus vite, plus haut, plus fort »)*.

Les organisations officielles

▓ L'Union européenne
C'est une association politico-économique avec 27 États membres, la déclaration du ministre français des Affaires étrangères **Robert Schuman** est considérée comme le texte fondateur de cette construction européenne. Trois grands traités définissent son rôle et ses objectifs : le traité de **Rome** *(1957 : création de la Communauté Économique Européenne)*, de **Maastricht** *(traité fondateur de l'UE)*, et de **Lisbonne** *(donne à l'UE une personnalité juridique propre)*.

Ses organes judiciaires sont basés au Luxembourg, ils sont séparés des institutions politiques basées à Bruxelles et Strasbourg. Aussi, la journée de l'Europe est le 9 mai et son hymne est « Ode à la joie », avec la 9ème symphonie de Beethoven.

L'Union européenne est composée de 7 institutions que nous allons voir en détail.

■ *Commission européenne*

Elle est composée d'un commissaire par État *(donc 27)* et d'un président. Ce dernier est choisi par le Conseil européen et doit être approuvé par le Parlement. Cette institution est assistée par une administration centrale de 27 000 membres qui veille à l'application des traités. Elle seule peut proposer des lois *(c'est l'initiative législative)*. Elle peut être dissoute par un vote des 2/3 des membres du Parlement européen. Son siège est à Bruxelles.

■ *Parlement européen*

Il est composé de 705 députés européens élus par le peuple. Cette institution a un pouvoir inférieur à celui de la Commission européenne mais elle participe néanmoins au vote du budget de l'UE *(et non pas celui des recettes)*, à l'élaboration de certaines directives, elle lance des enquêtes et elle examine les pétitions des citoyens. Son siège est à Strasbourg.

■ *Conseil de l'UE (Conseil ou Conseil des ministres de l'Union européenne).*

Il représente les gouvernements des États membres et coordonne leurs politiques. Par exemple, sur le thème de l'éducation, les ministres de l'éducation des 27 États se réunissent de façon régulière. Avec le Parlement européen, ce conseil négocie et adopte la **législation** et le **budget** annuel proposés par la Commission européenne. Il décide seul des recettes de l'UE et son siège est à Bruxelles.

■ *Conseil européen*

Ce sont des réunions entre les chefs d'État des 27 pays qui servent à définir les grands axes de la politique de l'Union européenne. Il y a au minimum 4 conseils européens chaque année. Ce conseil se déroule à Bruxelles

■ *La Cour de justice de l'UE*

Elle veille à la légalité des actes des institutions de l'UE et à son application. Elle dispose de deux juridictions : la **Cour de justice** et le **Tribunal** (au Luxembourg).

■ *La Banque centrale européenne*

Il s'agit de la banque centrale des 19 pays de l'UE qui utilisent l'euro. Son objectif est de maintenir la stabilité des prix et environ 2% d'inflation *(sans succès, en France le taux a longtemps été de 1,5 % avec un risque de déflation avant de s'envoler à plus de 5,6% en 2023)*. Elle est en Allemagne, à Francfort-sur-le-Main.

■ *La Cour des comptes européenne*

Elle veille à la bonne gestion financière des fonds de l'UE et contrôle la régularité des comptes publics. Elle publie des rapports sur les pays membres, pointant les défaillances et listant ses recommandations. Son siège est à Luxembourg.

ⓔ Le Conseil de l'Europe *(Il n'a rien à voir avec l'Union européenne).*

Organisation inter-gouvernementale créée par le traité de Londres, elle est reconnue dans le droit international public par 47 États qui l'ont ratifiée *(dont la Russie et la Turquie)*. Ce conseil est à l'origine de la **Convention européenne des droits de l'homme** et de la **Cour européenne des droits de l'homme** (la CEDH).

La CEDH *(La Cour européenne des droits de l'homme)*
C'est une juridiction du Conseil de l'Europe chargée de veiller au respect de la Convention européenne de sauvegarde des droits de l'homme et des libertés fondamentales *(interdiction de la peine de mort, interdiction à la discrimination etc..)*. Cette cour siège à Strasbourg.

Organisation des Nations Unies
L'ONU a été créée en 1945, elle remplace la Société des Nations. Cette organisation regroupe presque toutes les nations de la Terre. Sa finalité est la paix internationale. Elle promeut plus de coopération dans le droit international, l'aide au développement économique, au progrès social, l'importance des droits de l'homme etc…
L'ONU possède un Conseil de sécurité et une Cour internationale de Justice. Elle contrôle également beaucoup d'institutions comme l'UNESCO -UNICEF- l'OIT…

Banque mondiale
C'est une agence spécialisée de l'ONU, créée pour aider les pays à se reconstruire. Elle permet d'accéder à des prêts et à des programmes de développement *(santé, éducation..)*.

Cour internationale de Justice *(principal organe judiciaire de l'ONU)*
Elle est située à La Haye (Pays-Bas) et a pour but de punir les crimes les plus graves selon le droit international humanitaire : crime contre l'humanité, génocide, crime de guerre…
Il faut que le crime ait été commis sur le territoire d'un État ayant signé la convention et que cet État n'ait pas la capacité de juger ce crime lui-même.

Organisation du Traité de l'Atlantique nord
L'OTAN est une organisation politico-militaire réunissant 30 pays membres afin de pouvoir remplir leurs obligations de sécurité et de défense collectives.

Organisation mondiale du commerce
L'OMC est une organisation internationale qui s'occupe des règles régissant le commerce international. Avec plus de 160 membres, l'OMC représente 98% du commerce mondial.

Fonds monétaire international
Le FMI a été créé en 1944, cette institution internationale regroupe 189 pays. Elle a pour objectifs de garantir une stabilité financière, faciliter les échanges internationaux, faire reculer la pauvreté… Elle apporte son aide aux pays en difficulté en échange de la mise en place de réformes économiques fortes.

G8 (même principe que le G7 ou le G20)
Créé à l'initiative de la France, le G8 rassemble 8 pays qui se réunissent une fois par an lors d'un sommet entre chefs d'État. Il a un rôle d'orientation et d'impulsion politique.

Les COP *(21, 22 etc..)*

Il s'agit des conférences des Nations Unies sur les changements climatiques. Les chefs d'État réfléchissent aux solutions permettant de protéger l'environnement.

ONG (Organisations Non Gouvernementales)

Croix-Rouge : Plus vieille organisation humanitaire, créée en Suisse en 1864. Plus qu'une ONG, c'est une entité souveraine non gouvernementale du droit international public comme le Vatican. L'argent récolté lors des donations est redistribué au niveau national dans les Croix-Rouge locales, néanmoins cette ONG est parfois victime d'importantes fraudes. Ainsi, ce sont 6 millions d'euros qui ont été détournés entre 2014 et 2016.

Médecins sans Frontières : Organisation française pour soigner les personnes. Créée par d'anciens membres de la Croix Rouge qui en avaient marre de la neutralité de la Croix-Rouge.

Médecins du Monde : Organisation française pour soigner les personnes. Créée par d'anciens membres de Médecins sans Frontières qui en avaient marre de Médecins Sans Frontières.

Greenpeace : Organisation pour la préservation de l'environnement, se battant entre autres contre le nucléaire et les pesticides.

Sea Shepherd : Organisation vouée à la protection des écosystèmes marins et de la biodiversité. Elle gêne notamment les bateaux de pêche à la baleine.

Wikipedia : Il s'agit de l'ONG Wikipedia fondation, pour rendre plus accessible la connaissance.

Transparency international : Créée en Allemagne, cette organisation combat la corruption. Elle publie des indices sur l'évolution de la corruption *(des classements, des rapports, des avis..).*

WWF : Organisation pour la protection de l'environnement et le développement durable.

Action contre la faim : ONG qui lutte contre la famine.

Amnesty International : L'objectif de cette organisation est la défense des droits de l'homme *(libération des prisonniers d'opinion, droit à la liberté d'expression, abolition de la peine de mort / torture..).* 3 millions d'adhérents dans plus de 150 pays différents, beaucoup de ses membres sont des juristes, diplomates, spécialistes. Ils ont permis la libération de dizaines de milliers de prisonniers. Son siège est à Londres.

Bien sûr, plein d'autres ONG existent !

MEDEF (Mouvement des Entreprises de France)

C'est une organisation patronale fondée en 1998, représentant les entreprises françaises. Ce mouvement comporte 300 000 membres.

CGT (Confédération générale du travail)

C'est un syndicat français pour les salariés créé en 1895. En 2023, il compte 640 000 salariés adhérents. Cette organisation est divisée en 22 000 syndicats regroupés en 33 fédérations professionnelles dont les plus importantes sont celles des cheminots, des transports et des activités postales.

UNEF (Union Nationale des Étudiants de France)

Beaucoup d'hommes politiques ont commencé en s'engageant à l'UNEF *(Manuel Valls, Jean-Yves Le Drian, François Hollande, Benoît Hamon...)*. C'est un syndicat étudiant.

La Cour des comptes

La Cour des comptes est une juridiction financière française, créée en 1807. Elle siège au Palais Cambon à Paris.

Elle **contrôle** les comptes publics *(États, entreprises publiques, sécurité sociale, organismes privés demandant des aides de l'État / publiques)* et **publie** des rapports **non contraignants** pour informer le Parlement, le gouvernement et l'opinion publique. Son rôle est similaire à celui de la Cour des comptes européenne, mais son domaine de compétence se limite à la France.

Conseil constitutionnel (9 membres pour 9 ans + les anciens présidents)

Ce conseil n'a aucune autorité sur les tribunaux. Les seuls à en avoir sont la **Cour de cassation** pour le droit privé et le **Conseil d'État** pour le droit administratif. En revanche, ses décisions s'imposent aux pouvoirs publics et aux autorités administratives et juridictionnelles. Le Conseil constitutionnel se prononce sur la conformité à la Constitution des lois / règlements et veille à la régularité des élections nationales et référendums. *(Ex : Le conseil a innocenté des députés accusés de tricherie, il a validé l'application du pass sanitaire etc...).*

Ce conseil est régulièrement critiqué pour faire annuler des lois luttant contre l'évasion fiscale ou visant une augmentation des taxes pour les multinationales, prétextant qu'elles heurteraient "la liberté d'entreprendre". Dans les médias, il est parfois appelé « Conseil des Sages ».

L'Académie française

Fondée par Richelieu en 1634, elle constitue la première des cinq académies de l'Institut de France. Les autres sont l'académie des beaux-arts, des sciences, des sciences morales et politiques et des inscriptions et belles-lettres.

La fonction officielle de l'Académie française est de normaliser et de perfectionner la langue française. Elle est à l'initiative du « Dictionnaire de l'Académie française » et attribue des prix littéraires *(dont le Grand prix de littérature de l'Académie française)*. Aussi, elle prend parfois position sur des sujets d'actualité *(féminisation des noms de métiers, écriture inclusive...).*

Elle se compose de quarante membres élus par leurs pairs. Ils sont surnommés les immortels car ils ne peuvent être remplacés *(en théorie)* qu'après leur mort. Les possibilités de candidater sont donc très rares et ça participe à rendre cette académie si prestigieuse / élitiste. La seule condition pour candidater est d'avoir moins de 75 ans. L'élection requiert la majorité absolue des suffrages exprimés et ne devient définitive qu'après l'approbation du président de la République.

Les organisations / clubs très privés

Le Groupe Bilderberg et le G30
C'est un rassemblement annuel d'environ 130 membres, la plupart étant des personnalités de la diplomatie, des affaires, de la politique et des médias. Ils débattent sur des problèmes de la société, les rapports sont confidentiels.

Le Groupe de la Rotonde
C'est un cercle de réflexion dont est membre Macron. Il est composé d'intellectuels / chercheurs et porte le nom d'une brasserie de Paris où ils aiment se retrouver. Bien sûr, d'autres réseaux similaires existent.

Le Siècle *(Place de la Concorde à Paris, l'automobile Club de France)*.
Créé en 1944, Le Siècle est un club d'influence regroupant des personnalités politiques, culturelles et médiatiques françaises. Ils organisent des dîners un mercredi par mois.

Skulls and Bones
Créé en 1832, cette fraternité étudiante réunit des membres de prestige *(John Kerry, George Bush etc..)* appelés Bonesmen. Son but est de favoriser la réussite de ses membres dans le monde post-universitaire

Bohemian Club (ou Grove)
Créé en Californie par des journalistes, il réunit 2 000 membres d'influence cherchant à échapper à la « culture de frontière ». Les participants affirment être là pour des raisons sociales, la planification pour le projet Manhattan - *nom de code du projet de recherche de la première bombe atomique* - a eu lieu là-bas.

Franc-maçonnerie *(Manuel Valls, Jean-Luc Mélenchon, François Hollande...)*
Créée à Londres, cette organisation a été fondée par les bâtisseurs des cathédrales médiévales qui se considéraient comme les descendants des constructeurs des temples égyptiens, grecs et romains. Elle évolua jusqu'à enseigner la connaissance de soi à travers des cérémonies.
La franc-maçonnerie est divisée en différentes loges regroupant chacune quelques dizaines de francs-maçons. Il y a 6 millions de membres dans le monde, dont 150 000 en France *(à peu près)*.
Parfois, l'appartenance à une telle organisation pose un problème de démagogie. Ainsi, il y a par exemple un **problème de compatibilité** entre le serment prononcé par un magistrat lors de sa nomination et le serment de la franc-maçonnerie.

Illuminati
Ils existent depuis 1776. À l'époque, il s'agissait d'une société secrète allemande appelée les **illuminés de Bavière**, créée par **Adam Weishaupt**, un ancien Jésuite. L'objectif était de supprimer les régimes monarchiques qui empêchent le progrès

de la société afin de changer le monde. D'après la légende, ils ont contribué à déclencher la Révolution française et l'indépendance des États-Unis. Pour les illuminatis, le peuple est par nature ignorant, stupide, et potentiellement violent. Le monde doit donc être gouverné par une élite éclairée tout en ayant l'apparence d'être gouverné par le peuple grâce à l'illusion de la démocratie.

Lions Clubs (très similaire au Rotary, un autre club)

Il s'agit du plus grand club philanthropique du monde avec un million quatre cent mille membres répartis dans 197 pays ! En France, le nombre est de 28 000 membres. Il y a tout un système de parrainage, de cérémonie et d'élection. Les soirées y sont assez coûteuses et sont prétextes à « réseauter ». Néanmoins, le club reste efficace dans sa volonté d'aider son prochain : chaque année, plusieurs millions d'euros sont récoltés.

Les festivals de musique

- Nevada : Burning Man
- Brésil : Rock in Rio (+ *de 1 million de personnes*)
- Royaume Uni : Festival de Glastonbury
- Espagne : Festival de Benicássim et de Sonar
- Hongrie : Sziget
- Belgique : Tomorrowland
- Allemagne : Festival de Melt!
- Californie : Coachella Festival

Kazantip est un festival créé par le Russe **Nikita**. À la base une simple compétition de planche à voile, cet événement est devenu ensuite un festival se définissant comme un État souverain avec un président, un slogan et une constitution… Le billet d'entrée est appelé ViZa, ce festival se situe en Géorgie.

La plaine du festival hippie **Woodstock** (1969) a été classée au « Registre national des lieux historiques ». Aussi, il n'y a eu que 3 morts malgré la mauvaise organisation de l'évènement (*500 000 participants contre 50 000 de prévus*).

En Belgique, pour le festival de Dour, les policiers ont surpris des individus utilisant une catapulte pour faire rentrer des substances illicites.

Au Japon, il y a le festival de Suwa Onbashira. Les personnes montent à califourchon sur des troncs d'arbre et descendent ainsi d'une colline. Chaque année, il y a de nombreux blessés.

Communication des arbres entre eux

Si les arbres peuvent communiquer entre eux, c'est parce qu'il existe des filaments de champignons reliés à leurs racines. C'est grâce à ce réseau souterrain que l'information peut circuler entre les arbres, à la vitesse d'un cm par seconde. Ainsi, en cas d'attaque d'insectes, un arbre peuvent prévenir les autres afin que ces derniers sécrètent du suc amer à travers leurs feuilles pour faire fuir les nuisibles.

Les principales races de chien

Shih Tzu	 Cavalier King	 Beagle	 Terrier Teckel
 Yorkshire	 Chihuahua	 Epagneul breton	 Bouledogue français
 Cocker anglais	 Jack Russel	 Setter anglais	 Berger australien
 Labrador Retriever	 Golden retriever	 Berger de Beauce	 Colley
 Belge malinois	 Berger allemand	 Bouvier	 Border colley
 Lévrier (jusqu'à 70 km/h)	 Saint-Bernard	 Patou Il protège les troupeaux	 Husky

En France, il y a environ 350 000 chiens dits « dangereux ».

Catégorie 1 : Les chiens dits d'attaque. Ce sont les chiens qui ne sont pas de pure race *(type pitbulls, mastiff, tosa…)* Il est impossible d'en acheter, il faut qu'ils soient stérilisés, accès interdit aux transports en commun, évaluation comportementale etc..

Catégorie 2 : les chiens dits de défense. Plusieurs races concernées *(rottweiler, staffordshire..)* on peut en acheter mais il faut un casier judiciaire vierge, une formation, un permis de détention etc…

doberman, dogue allemand, bull-terrier ne sont pas dans ces catégories

Staffordshire Terrier Américain

Les principales races de chat

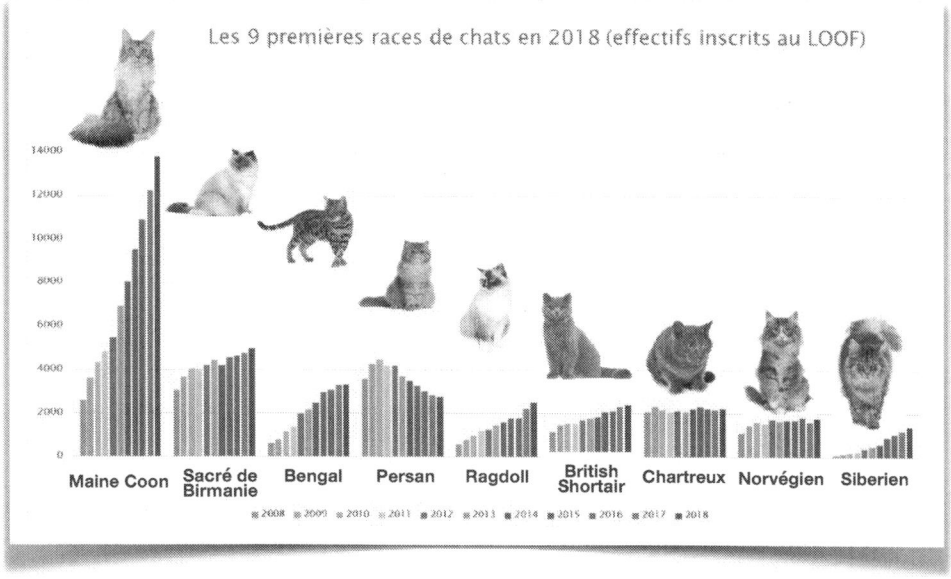

Les 9 premières races de chats en 2018 (effectifs inscrits au LOOF)

Maine Coon — Sacré de Birmanie — Bengal — Persan — Ragdoll — British Shortair — Chartreux — Norvégien — Siberien

2008 · 2009 · 2010 · 2011 · 2012 · 2013 · 2014 · 2015 · 2016 · 2017 · 2018

En France, la 3ème race de chat la plus populaire est le **Bengal** : un croisement d'un chat domestique avec un chat léopard asiatique. Pour obtenir le statut de « chat de race » il faut que l'animal ait un **pedigree LOOF**. Il doit donc être inscrit sur un livre généalogique reconnu par le ministère chargé de l'Agriculture.

Voici d'autres chats populaires :

Bobtail américain — Le chat Bleu — Siamois — Persan

L'oriental — Savannah — Peterbald — Somali

Les chats sont responsables de la disparition de 63 espèces (*principalement des oiseaux*). En parallèle, on lui donne un vrai pouvoir thérapeutique (*apaisement, anti-stress, renfort de l'immunité…*) au point que l'on parle de **Ronronthérapie**.

Les Français ont 63 millions d'animaux : 55% de poissons, 20% de chats, 12% de chiens, 8% d'oiseaux, 5% de petits mammifères. En 2021, 100 000 de ces animaux ont été abandonnés.

La géographie

Les océans et les mers

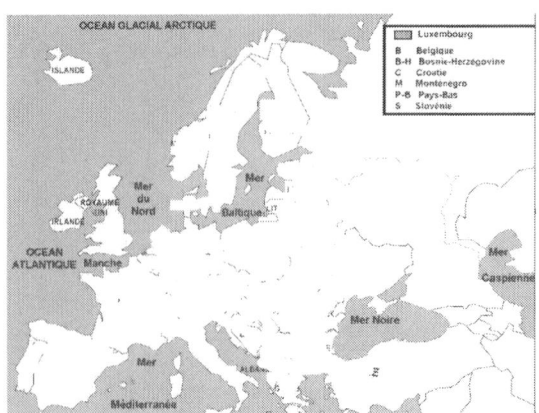

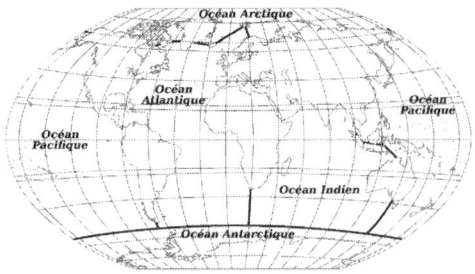

L'eau de la mer Morte est tellement salée que le corps humain flotte à la surface.

Plus de 72 % de la surface de la terre est recouverte d'eau.

Quelques villes / pays à connaître

Royaume-Uni : La Grande-Bretagne *(Angleterre, Pays de Galles et Écosse)* + Irlande du Nord.

Les pays nordiques : Scandinavie *(Norvège, Suède et le Danemark)* + la Finlande.

Pays basque : Territoire entre la France et l'Espagne, beaucoup parlent le basque.

Le Cap d'Agde : Station balnéaire située dans la commune française d'Agde *(l'Hérault)*. Il y a de nombreuses plages, campings et villages naturistes.

Lourdes : Ville au pied des Pyrénées, c'est un lieu de pèlerinage suite à la légendaire apparition de la Vierge Marie qu'une jeune fille aurait vue.

Pays-Bas : Capitale: *Amsterdam* / Population: *Néerlandais*. La Hollande est une région de ce pays.

Bali : Une île en Indonésie.

Bora-Bora : Une île de la Polynésie française, à proximité de Tahiti.

Costa Brava & **Costa Blanca** : Ce sont des plages en Espagne.

La plage de Copacabana : Au Brésil, à Rio de Janeiro.

Costa Nova : Une station balnéaire avec des plages au Portugal.

Washington DC : À ne pas confondre avec l'État « Washington ». Cet État a été créé pour abriter la capitale fédérale (Maison-Blanche…).

La **Havane** est la capitale et le centre économique de Cuba.

Les **Maldives :** Composé de plusieurs îles au Sud de l'Inde, dans l'océan Indien.

Le **Bronx :** L'un des quartiers de New York, situé au nord de la ville.

Les **Seychelles** : Archipel d'îles situées au large de la Somalie.

Quelques lieux à connaître

Panthéon : Ce monument situé à Paris honore les grands personnages ayant marqué l'Histoire de France autres que les militaires enterrés aux Invalides. Il y a notamment **Voltaire**, **Rousseau**, **Victor Hugo**, **Émile Zola**, **Jean Jaurès**, **Jean Moulin**, **Jean Monnet**, ou encore **Alexandre Dumas** et **Simone Veil**.

Quai d'Orsay : C'est un quai dans le 7ème arrondissement de Paris, le nom désigne également le ministère de l'Europe et des Affaires étrangères.

Quai des Orfèvres : Ancien siège de la police judiciaire à Paris.

Place Beauvau : Place à Paris, le nom désigne aussi le ministère de l'Intérieur.

Quartier de Bercy : Quartier avec les ministères de l'Économie, des Finances, de l'Industrie. Il se situe à Paris

Matignon : L'hôtel de Matignon, à Paris, est le lieu de travail du chef du gouvernement et de son équipe. C'est le principal centre de décision et d'arbitrage de notre vie politique.

Palais Bourbon : Bâtiment qui abrite l'Assemblée nationale française, situé sur le quai d'Orsay, dans le 7e arrondissement de Paris.

L'Aiguille du Midi : Elle se situe dans le massif du Mont Blanc (4800 mètres), proche de la frontière avec la Suisse. Elle est haute de 3 842 mètres.

La Suisse Normande : se trouve dans le Calvados, en Normandie. Elle doit son nom à ses paysages verdoyants et son relief accidenté.

La Petite France : le nom d'un quartier historique de Strasbourg *(ville française à la frontière avec l'Allemagne, c'est dans cette ville que se trouve le siège officiel du Parlement européen).*

Rodina : ce serait le nom du premier supercontinent rassemblant toutes les terres émergées. Par la suite, il se disloqua en 8 continents avant de se reformer une nouvelle fois formant alors le supercontinent nommé la Pangée.

Petit rappel de vocabulaire

Indigène : lorsque l'on vit dans le pays où on est né.
Autochtone : lorsque nos ancêtres vivaient dans le même pays que celui où on est né et où on vit.
Aborigène : le tout premier peuple d'un territoire.

La France et ses territoires d'Outre-mer

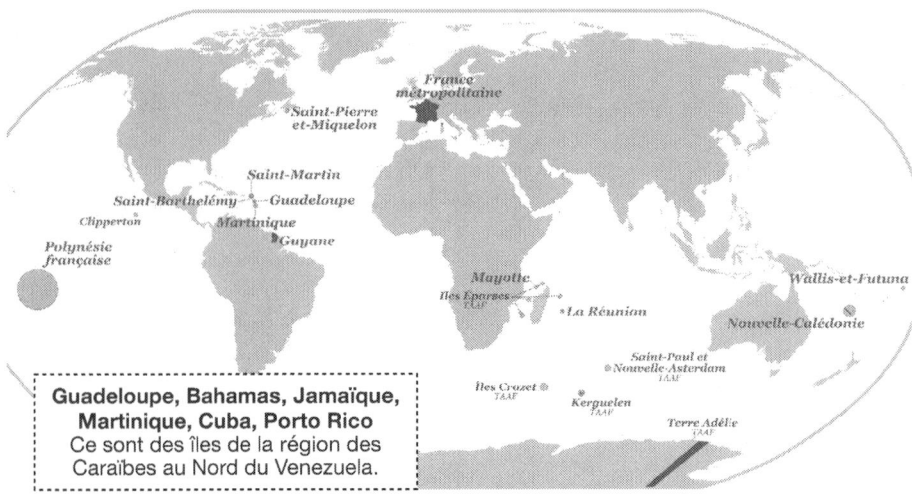

Guadeloupe, Bahamas, Jamaïque, Martinique, Cuba, Porto Rico
Ce sont des îles de la région des Caraïbes au Nord du Venezuela.

Les nouvelles régions métropolitaines

Zoom sur le Canada et l'Afrique francophone

Le Canada est un pays de 40 millions de personnes composé de 10 provinces *(le Québec, la Terre-Neuve-et-Labrador, la Nouvelle-Écosse, l'Ontario...)*. La capitale se situe dans la province de l'Ontario, à **Ottawa**.
Les langues officielles du Canada sont l'anglais et le français. Toutefois, l'anglais y est majoritaire, exception faite pour la province du Québec. La plus grosse ville de cette province est Montréal.

L'Afrique francophone désigne les États d'Afrique ayant la langue française comme première ou seconde langue, 31 pays sont concernés sur les 54 du continent. On estime à 116 millions le nombre d'Africains parlant français, soit un Africain sur 9. Ils représentent + de 35% des francophones dans le monde *(300 millions de francophones en tout)*. Bien qu'il soit difficile d'établir des prévisions, on estime qu'en 2050 ces africains représenteront 85% des 715 millions de francophones. Certains pensent néanmoins que cette transition démographique est éphémère et s'achèvera entre 2050 et 2100. De plus, ce continent est relativement peu peuplé par rapport à son étendue géographique, la densité y est de 40 habitants par km contre 73 en Europe.

> En noir les pays africains considérés comme francophones

Les fleuves / montagnes

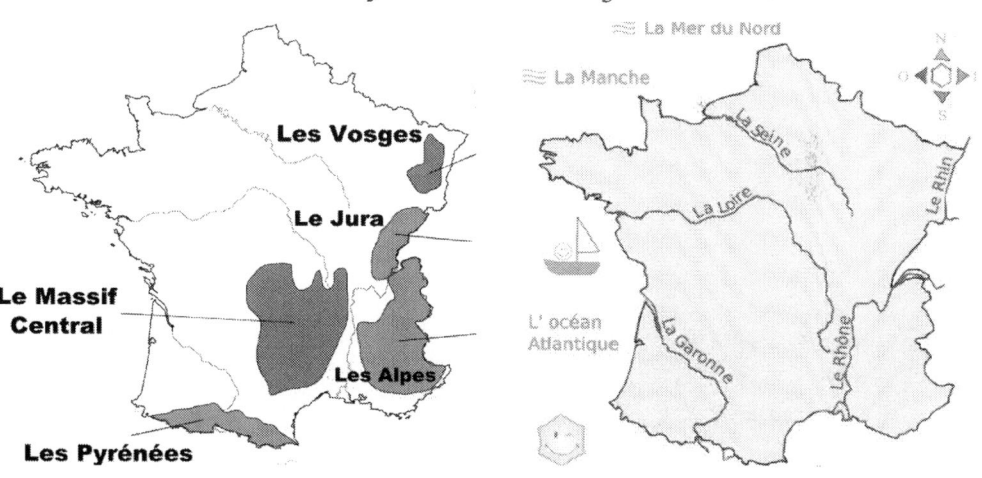

Les Vosges

Le Jura

Le Massif Central

Les Alpes

Les Pyrénées

La Mer du Nord

La Manche

La Seine

La Loire

Le Rhin

L' océan Atlantique

La Garonne

Le Rhône

Plusieurs pays et leur capitale

Europe

Suisse	Portugal	Irlande	Belgique	Hongrie	Pologne	Pays-Bas
Bern	Lisbonne	Dublin	Bruxelles	Budapest	Varsovie	Amsterdam

Roumanie	Ukraine	Danemark	Autriche	Macédoine	Écosse
Bucarest	Kiev	Copenhague	Vienne	Skopje	Édimbourg

Norvège	Grèce	Turquie
Oslo	Athènes	Ankara

Afrique

Congo	Somalie	Cameroun	Mali	Nigeria	Sénégal
Brazzaville	Mogadiscio	Yaoundé	Bamako	Abuja	Dakar

Kenya	Tchad	Égypte	Tunisie	Gabon	Niger	Algérie
Nairobi	N'djamena	Le Caire	Tunis	Libreville	Niamey	Alger

Asie

Thailand	Vietnam	Chine	Philippines	Inde	Singapour
Bangkok	Hanoi	Pékin	Manille	New Delhi	Singapour

Japon	Corée du Sud	Taiwan	Corée du Nord	Laos	Syrie
Tokyo	Séoul	Taipei	Pyongyang	Vientiane	Damas

Émirats arabes unis	Afghanistan
Abou Dabi	Kaboul

États-Unis (quelques États avec leur ville phare)

Géorgie	Washington	Oregon	Texas	Arizona	Mississippi	Virginie
Atlanta	Seattle	Portland	Houston	Phoenix	État et fleuve	Virginia

Nevada	New York	Colorado	Indiana	Massachusetts	Californie
Las Vegas		Columbine	Indianapolis	Boston	

New York (Manhattan est l'un de ses arrondissements)
Statue de la Liberté offerte par la France
Les fameux gratte-ciels dont l'Empire State (building à Manhattan avec 102 étages)

San Francisco / Los Angeles
Pont du Golden Gate
Ce célèbre pont est proche de l'île d'Alcatraz

Zoom sur la géographie de la France

En France nous avons 18 régions, 101 départements et 35 000 communes *(villes)*. 5 de nos régions sont situées hors métropole : La Corse, la Réunion, Mayotte, la Guyane, la Martinique, la Guadeloupe

Ce sont les départements de la région *(les numéros sur les plaques d'immatriculation)*

Entre parenthèses les principales villes de cette région, en **gras** la **région**.

En *italique* les spécialités de cette région.

1-3-7-15-26-38-42-43-63-69-73-74
Auvergne - Rhône-Alpes (Lyon 69, Grenoble 38, Clermont-Ferrand 63) *fondue savoyarde - gratin dauphinois - raclette - tartiflette - chartreuse- grenouille*

4-5-6-13-83-84
Provence-Alpes-Côte d'Azur (Marseille 13) *miel - galette des rois*

09-11-12-30-31-32-34-46-48-65-66-69–81-82
Occitanie (Montpellier 34, Toulouse 31) *L'aligot - le roquefort - foie gras-cassoulet*

16-17-19-23-24-33-40-47-64-79-86-87
Nouvelle-Aquitaine (Bordeaux 33, Limoges 87) *cèpe - confit de canard - clafoutis*

44-49-53-72-85
Pays de la Loire (Nantes 44) *moules - rillettes - biscuits*

22-29-35-56
Bretagne (Rennes 35) *caramel au beurre salé - crêpes*

14-27-50-61-76
Normandie (Caen 14, Rouen 76) *le cidre - le calvados - les tripes - le pâté*

2-59-60-62-80
Hauts-de-France (Amiens 80, Lille 59) *la crème chantilly- la bière- moules-frites*

8-10-51-52-54-55-57-88-67-68
Grand Est (Metz 57, Strasbourg 67) *quiche lorraine - pain d'épices*

21-25-39-58-70-71-89-90
Bourgogne-Franche-Comté (Besançon 25, Dijon 21) *escargot - bœuf bourguignon*

18-28-36-37-41-45
Centre-Val-de-Loire (Orléans 45) *le crottin de chavignol - tarte Tatin*

75-77-78-91-92-93-94-95
Île de France (75 Paris) *les chouquettes - champignon de Paris*

Les monuments célèbres

L'Acropole d'Athènes
plateau au centre d'Athènes
avec le Parthénon (temple)

Le Colisée en Italie
Amphithéâtre romain
du 1er siècle

La tour de Pise
Italie, à Pise

La Cité interdite
En Chine
c'est un musée

**La cathédrale
Saint-Basile**
Russie, Moscou
Place Rouge

La basilique Saint-Pierre
Vatican

Le Taj Mahal *(tombeau)*
Inde

Le Christ de Rio
Brésil (Rio)

L'opéra de Sydney
Australie (Sydney)

Les 7 merveilles du monde

La **Py**ramide de Khéops
Égypte

Les **J**ardins Suspendus de Babylone
Irak

Le **M**ausolée d'Halicarnasse
Turquie

Le **Te**mple d'Artémis
Turquie

La **Sta**tue de Zeus
Grèce

Le **Ph**are d'Alexandrie
Égypte

Le **Co**losse de Rhodes`
Grèce

Pour s'en souvenir petit moyen mnémotechnique => Mou**Sta**-**Pha** **J**'at**Te**nds ta **Co**-**Pi**e

En 2007, un vote ouvert à tous a permis d'élire les 7 nouvelles merveilles du monde : la **Muraille de Chine**, le **Colisée** à Rome, le **Christ** au Brésil, le **Machu Picchu** au Pérou, le **Taj Mahal** en Inde, **Chichén Itzá** au Mexique, **Pétra** en Jordanie.

Frise chronologique de l'Histoire

4,5 milliards d'années création de la planète, la vie arrive 700 millions d'années après
500 millions d'années l'ère cambrienne avec l'apparition de nombreux animaux
250 millions d'années extinction permien-trias => destruction de 90% des animaux
230 - 65 millions d'années => l'ère des dinosaures *C'est la 3ème extinction massive*

Extinction Crétacé-Tertiaire => une météorite met fin à l'ère des dinosaures

Aujourd'hui on parle d'une sixième extinction, l'extinction de l'Holocène
changement climatique - pollution - surexploitation des ressources - surpopulation..

7 millions d'années l'ancêtre commun entre l'Homme et le gorille : « Toumaï »

Préhistoire (3 millions d'années => -3500)

3 millions d'années apparition du genre Homo, notre premier vrai ancêtre
-400 000 maîtrise du feu

-200 000 apparition de l'espèce humaine Homo sapiens *(la nôtre)*

-3500 apparition de l'écriture fin de la Préhistoire, début de l'Antiquité

Antiquité (-3500 => 500)

-3000 jusqu'à **-500** apogée de l'Empire égyptien (pyramides, pharaons)

-500 apogée de la civilisation grecque (Athènes, Sparte)
-480 bataille des Thermopyles Léonidas vs Xerxès

-330 Alexandre le Grand, roi de Macédoine

-52 prise d'Alésia par Jules César

— — — — — — — — — — —0— — — — — — — — — — — —

> Cléopâtre est née en -69. Son existence est donc plus proche de l'invention de l'iPhone (2007) que de la construction des pyramides (-2500)

476 invasions barbares
Abdication du dernier empereur de l'Empire romain Romulus Auguste

Moyen-Âge (476 => 1492)

Création de la France après la chute de l'Empire romain et l'apparition des Francs

500 époque de Clovis (chef des Francs)

800 époque de Charlemagne qui succède à Pépin le Bref

800 - 1050 l'ère des Vikings

1027 - 1087 Guillaume le Conquérant roi d'Angleterre et duc de Normandie
1099 première croisade sur les 8 *(Godefroy de Bouillon)*

1310 fin des Templiers après 2 siècles

1337-1453 la guerre de 100 ans qui a duré en réalité 116 ans
France vs Pays-Bas bourguignons (provinces des Pays-Bas)
1431 Jeanne d'Arc est brûlée

> **Fun fact :**
> L'Université d'Oxford a été fondée vers 1095, elle est donc plus ancienne que l'empire aztèque qui débute en 1200.

1453 chute de Constantinople *(Istanbul)*
L'Empire byzantin (romain) perd face aux Ottomans (musulmans)

1492 découverte de l'Amérique par Christophe Colomb

Époque Moderne (1492 => 1789)

1504 Léonard de Vinci peint la Joconde

1572 massacre de la Saint-Barthélemy *(les protestants se font tuer)*
Guerres de religion entre catholiques et protestants en Europe avec Henri III

1661 début du règne de Louis XIV *(époque de d'Artagnan)*

4 juillet 1776 déclaration d'indépendance des États-Unis
Ils ne font plus partie de l'Empire britannique, aide de la France avec entre autres La Fayette

14 juillet 1789 Révolution française : prise de la Bastille / droits de l'Homme
Puis réconciliation Louis XVI / peuple avant son exécution en 1793 suite à sa fuite

Époque Contemporaine (1789 => 2017)

1799 coup d'État de Napoléon 1er

1822 Jean-François Champollion déchiffre les hiéroglyphes *(écriture égyptienne)*
il réussit grâce à la pierre de Rosette

1850 Far West (États-Unis - Canada - Mexique)

1861-1865 guerre de Sécession aux États-Unis
Victoire de l'Union (Abraham Lincoln) sur la Confédération (Jefferson Davis)

1886 premières voitures motorisées

1903 - 1908 le début des avions motorisés

1914 - 1918 Première Guerre mondiale

1919 - 1932 Al Capone *(Chicago)*
Pendant la période de la prohibition => trafic d'alcool

1929 crise économique aux États-Unis

1939 - 1945 Seconde Guerre mondiale
Débarquement 6 juin 1944 / Appel du général de Gaulle 18 juin 1940
Jean Moulin (préfet, résistant) / Pétain veut collaborer (prison à vie)

1955 - 1975 guerre du Vietnam

1957 traité de Rome et création de l'Europe
Les pères fondateurs : Jean Monnet, Robert Schuman...

1957 lancement du second satellite Spoutnik avec cette fois-ci la chienne Laïka
Premier être vivant à avoir été envoyé dans l'espace, le chien meurt après quelques heures
Nikita Khrouchtchev voulait montrer au monde la puissance de l'URSS

1958 on entre dans la 5ème République avec Charles de Gaulle

1962 crise de Cuba

Mai 1968 nombreuses grèves en France

1969 on marche sur la Lune *(Neil Armstrong & Buzz Aldrin)*

1975 mise en place de l'interruption volontaire de grossesse en France *(IVG)*
Simone Veil ministre de la Santé avec la loi Veil

1979 création du 1er McDonald *(75 burgers par seconde en moyenne dans le monde)*

1989 chute du mur de Berlin

1991 implosion de l'URSS fin de la guerre froide

2001 invasion de l'Afghanistan après les attentats aux États-Unis
Pour attraper Ben Laden - Détruire Al-Qaïda - Mettre un nouveau gouvernement

2003 invasion de l'Irak en prévention des « armes de destruction massive »
Exécution de Saddam Hussein - Nouveau gouvernement

2007 premier iPhone d'Apple lancé par Steve Jobs

13 novembre 2015 attentat au Bataclan 130 morts et 413 blessés

14 juillet 2016 attentat à Nice 86 morts 434 blessés

Notre civilisation est née en **Mésopotamie** au début de l'Antiquité.
L'écriture y a vu le jour tout comme la notion des heures et des minutes, la justice avec
les lois ainsi que l'agriculture et les premières monnaies.
La Mésopotamie était sur le territoire de l'Irak, elle comprenait la ville de Babylone.

La politique

L'histoire de nos cinq Républiques

La **1ère République** commence en 1792 et se finit en 1804.
On quitte alors la monarchie constitutionnelle suite à la trahison de Louis XVI et la France connaît trois formes de gouvernement : la Convention nationale, le Directoire et le Consulat.

Vient ensuite le 1er empire de Napoléon 1er *(1804)* ainsi qu'une tentative des nobles de reprendre le pouvoir *(période appelée la Restauration)*. La **2nde République** est proclamée en 1848 par le député Lamartine, date à laquelle Louis-Napoléon *(Napoléon III)* devient président de la République. Ce dernier fera un coup d'État en 1851 pour élargir son pouvoir via la proclamation du Second Empire en 1852.

Lors de la défaite de la France face à la Prusse en 1870, Napoléon III est fait prisonnier et les républicains parisiens en profitent pour proclamer la **3ème République** le 4 septembre 1870. Notamment Gambetta, considéré comme étant le père fondateur de celle-ci. Elle durera jusqu'au 10 juillet 1940.

À partir du 10 juillet 1940, la France est sous occupation allemande et la troisième République laisse place au **régime de Vichy** dirigé par le maréchal Pétain. Ce régime durera 4 ans et sera suivi d'un gouvernement provisoire de la République Française de 1944 à 1946. En 1945, 96% des électeurs français décident de faire disparaître la 3ème République. Le Général de Gaulle, en désaccord avec les autres acteurs politiques, démissionne et la deuxième tentative d'un projet de constitution est acceptée par 53% des Français.La **4ème République** est alors créée en 1946 et durera jusqu'en 1958.

En 1958, le président de la République **René Coty** demande de l'aide au **général de Gaulle** sur le dossier de la guerre d'Algérie, le pays étant au bord de la guerre civile. Très vite, de Gaulle va obtenir les pleins pouvoirs ainsi que le droit de réviser la constitution de la Quatrième République. La **5ème République** sera alors créée en 1958, il s'agit de notre régime politique actuel.

> Il faut un casier judiciaire n°2 vierge pour environ 400 métiers *(pompier, policier, ambulancier, éducateur…)* mais pas pour être élu. Mesure promise par Macron, elle est combattue par le Conseil constitutionnel pour des raisons juridiques.

En France, les trois pouvoirs de l'État sont :

▶ *Le pouvoir législatif* qui discute et vote les lois (c'est le **Parlement**)

Le Parlement est constitué de <u>deux assemblées</u> qui valident les lois. Toutefois le gouvernement peut faire du forcing en utilisant par exemple l'article 49.3

- **L'Assemblée nationale**, composée de 577 députés élus par les citoyens tous les 5 ans. Salaire mensuel 7 200 €. Coût en 2020 : 570 millions d'euros. Le président peut renvoyer les députés, l'Assemblée nationale peut dissoudre le gouvernement.

- **Le Sénat**, composé de 348 sénateurs élus pour 6 ans au suffrage universel indirect. Il peut retarder voire annuler le processus de création d'une loi *(pas de 49.3 au Sénat)*. Salaire mensuel 7 200 €. Coût en 2020 : 336 millions €. Le président du Sénat remplace le président s'il meurt.

▶ *Le pouvoir exécutif* qui applique les lois (ce pouvoir est partagé entre le président et le gouvernement <u>(Premier ministre + ministres)</u>)

Le président est élu au suffrage universel direct tous les 5 ans. Il désigne le Premier ministre et ensemble ils choisissent les ministres. En cas de désaccord, le président peut renvoyer le Premier ministre. Salaire mensuel du président / 1er ministre 15 000 € et 10 000 € pour les ministres.

Au niveau régional, le pouvoir exécutif est exercé par :
• Les conseillers municipaux qui sont élus au suffrage universel direct pour 6 ans *(élections municipales des maires dans les communes)*.
• Les conseillers départementaux qui sont élus au suffrage universel direct pour 6 ans *(élections cantonales pour les départements)*.
• Les conseillers régionaux qui sont élus au suffrage universel direct pour 6 ans *(élections régionales pour les régions)*.

▶ *Le pouvoir judiciaire* qui rend la justice (tribunaux)

▶ **Les tribunaux civils :** les tribunaux d'instance *(litiges mineurs)* et de grande instance *(litiges importants)*, de commerce *(litiges commerciaux)* et les conseils de prud'hommes pour les conflits entre employés et employeurs.

▶ **Les tribunaux pénaux :** Les infractions sont traitées par les tribunaux de police, les délits par les tribunaux correctionnels, les crimes par les cours d'assises et les affaires avec enfants, militaires, ministres… par les tribunaux spécialisés.

> On peut contester deux fois une décision : faire appel et se pourvoir en cassation.

C'est le **Général de Gaulle** qui a demandé à la population de valider ces institutions via référendum, c'est la « **Constitution de la cinquième République** ». Il y a le principe de la séparation des pouvoirs, le président de la République veille au bon fonctionnement des 3 organes de l'État mais il ne dirige que l'exécutif.

Les présidents français de la Ve République

Charles de Gaulle (1959- 1969) *(pour + d'informations allez voir sa fiche au début du livre)*
Après le débarquement, il devint chef du gouvernement provisoire et mit en place la sécurité sociale, la nationalisation des banques / compagnies d'électricité et le droit de vote pour les femmes en 1944 avant de démissionner. Il revint en tant que président de la République française et créa la cinquième République (1958). Il accorda l'indépendance aux colonies françaises basées en Afrique avec le célèbre discours « je vous ai compris » et proposa un référendum sur le Sénat qui échoua, le poussant à démissionner. Un de ses 1ers ministres était Georges Pompidou.

Georges Pompidou (1969-1974)
Le seul président de la 5ème république à venir d'un milieu modeste. Il débute chez Rothschild avant de devenir ministre puis ensuite président. Il développa l'industrie *(TGV, construction d'autoroutes...)* et bénéficia des 30 Glorieuses avant que le choc pétrolier de 1973 ne les interrompt. Il est mort d'un cancer.

Valéry Giscard d'Estaing (1974-1981)
Il obtient le bac à 15 ans puis fit Polytechnique et l'ENA avant d'intégrer l'Inspection générale des finances. En tant que président, il légalisa l'interruption volontaire de grossesse (loi Veil) et le divorce par consentement mutuel. Il a fait passer la majorité de 21 à 18 ans et a suspendu l'entrée en France de travailleurs étrangers *(politique de « préférence nationale »)* tout en favorisant l'immigration familiale *(primes et d'aides à l'installation)*. Un de ses ministres fut Jacques Chirac.

François Mitterrand (1981-1995) *+550 milliards € de dette publique*
Il a aboli la peine de mort, fixé la retraite à 60 ans et lancé la construction de la Pyramide du Louvre. Plusieurs scandales marquent son second mandat *(ex : organisation d'un faux attentat contre lui pour gagner en popularité)*. Durant son mandat, il a nommé Jacques Chirac chef de son gouvernement.

Jacques Chirac (1995-2007) *+500 milliards € de dette publique*
Populaire chez les jeunes, il a connu une cohabitation très longue avec un 1er ministre de gauche *(Lionel Jospin)*. Il proposa un référendum aux Français pour faire rentrer la Turquie mais c'est le non qui l'emporta. En octobre 2005, il y a eu la crise des banlieues qui secoua la France. Son ministre de l'Intérieur était Dominique de Villepin qu'il remplaça ensuite par Sarkozy.

Nicolas Sarkozy (2007-2012) *+622 milliards € de dette publique*
Plus d'autonomie des universités, services de transport meilleurs *(les grévistes doivent prévenir 48h à l'avance)*, la présidence de la commission des finances de l'Assemblée nationale est confiée à l'opposition, mais plusieurs scandales *(ex : Liban avec Kadhafi)*. Politique de rigueur.

François Hollande (2012-2017) *+168 milliards € de dette publique*
Droit au mariage et à l'adoption pour tous les couples, retrait de nos troupes d'Afghanistan, plafonnement des salaires des PDG d'entreprises publiques à 450 000 €. Il est jugé peu charismatique et méprisant avec son expression « sans-dents ». Politique de relance.

Emmanuel Macron (2017-2027)

Douce patrie gauloise où miaulent les chats solitaires hargneux et mélancoliques
=> De Gaulle, Pompidou, Giscard d'Estaing, Mitterrand, Chirac, Sarkozy, Hollande, Macron

La politique en France

Il y a 5 grandes familles politiques : **l'extrême droite** *(Rassemblement national, Debout la France, Reconquête, Les Patriotes...)*, **la droite** *(Les Républicains, Soyons libres, Agir...)*, **le centre** *(La République en marche, Mouvement démocrate...)*, **la gauche** *(Parti socialiste, Europe Écologie Les Verts...)*, **l'extrême gauche** *(La France insoumise, Parti communiste français, Lutte ouvrière...)*

En France, l'abstention aux élections législatives est d'environ 50% et de 23% pour chaque tour à la présidentielle. Chaque vote reçu permet au parti politique d'obtenir environ 1,70 € et les dons *(maximum 7 500 € annuels par personne)* aux partis sont défiscalisés à hauteur de 66% pour ceux qui payent un impôt sur le revenu *(seulement 50% des ménages)*.

Zoom sur le programme des 2 partis extrêmes :

La France insoumise :
- Protéger la France de la concurrence en limitant la libre circulation des capitaux.
- Supprimer partiellement notre dette publique et baisser son taux d'intérêt.
- Développer la démocratie participative en donnant plus de pouvoir aux citoyens.
- Augmenter le SMIC et réduire l'écart des salaires de 1 à 500 *(le PDG ne peut gagner + de 500 fois le salaire d'un salarié de son entreprise)*.

Le Rassemblement National :
- Diminuer le nombre d'entrées sur le territoire. Objectif compliqué car il va à l'encontre de la *Convention européenne de sauvegarde des droits de l'Homme*, des *libertés fondamentales* et de la *Cour européenne des droits de l'Homme* qui sont des sources du droit français.
- Mettre en place un patriotisme économique *(hausse des droits de douane, taxe de 3% sur les importations, étiquetage obligatoire « fabriqués en France » etc..)*.
- Renégocier les traités européens / proposer un référendum pour sortir de l'euro.

Note : Jean-Marie Le Pen est devenu riche grâce à **Hubert Lambert**, propriétaire sans héritier d'une société de ciment qui lui légua des millions d'euros.

En parallèle de ces partis classiques, il existe une liste de prétendants royalistes. Nous avons **Louis de Bourbon** le « duc d'Anjou », appelé Louis XX par ses partisans et chef de la maison de **Bourbon**. Il y a également **Jean d'Orléans**, le descendant direct de Louis XIII et **Jean-Christophe Napoléon,** héritier dynastique de l'empereur Napoléon. D'après une interprétation stricte des lois de l'ancien régime, l'héritier du trône de France est **Louis de Bourbon**. Néanmoins, sa légitimité est remise en cause par sa double nationalité franco-espagnole.

Créer un parti en France est simple, il faut le déclarer en préfecture et désigner un mandataire. En 2015, il y avait 338 partis politiques actifs ! Chaque parti reçoit une rémunération par rapport au nombre de votes reçus et de parlementaires élus.

Les principaux régimes politiques

Communisme : ce régime s'oppose au capitalisme et souhaite la fin des classes (*plus de prolétaires exploités*). L'idée est que tout appartienne à tout le monde.

L'application d'un régime communiste au cours de l'histoire a provoqué la mort d'au moins 85 millions de personnes : 15 millions de tués par le régime soviétique, environ 50 millions par la Chine de Mao (*politique du « grand bond en avant » se soldant par de grandes famines*), 2 millions par les Khmers rouges etc..
Ces échecs ont parfois été accentués par la mise en place d'embargos de la part des États-Unis (*comme à Cuba*), néanmoins leur politique envers les manifestants laissent peu de doutes sur leur réelle volonté à laisser les peuples s'émanciper.

Aujourd'hui, la Chine, Cuba, le Laos ou encore le Vietnam se sont ouverts à l'économie du marché et connaissent des croissances importantes. Plus aucun pays n'est réellement communiste.

Capitalisme : Le système le plus créateur de richesses mais aussi d'inégalités. Ses caractéristiques sont la liberté des échanges, l'entreprise, la propriété privée, et la recherche de profits. Les moyens de production sont privatisés par des individus qui s'enrichissent grâce au travail d'employés. Cependant, le capitalisme a beaucoup évolué depuis les années 1900 et les conditions de travail sont garanties par des lois et des syndicats. Nous sommes très loin des conditions de l'époque.

Aristocratie : Régime politique où le pouvoir est détenu par une élite.

Anarchie : Une société où il n'existe pas de chef ni de pouvoir politique pouvant dominer et contraindre. Personne n'a de pouvoir sur personne.

Socialisme : Étape préalable au communisme, l'URSS considérait d'ailleurs qu'elle en était à ce stade. En France, le PS se rapproche du social-libéralisme.

Autocratie : L'autocratie est un régime politique dans lequel le souverain tire ses pouvoirs et sa légitimité de lui-même. Son autorité ne connaît aucune limitation. L'autocratie est une forme de totalitarisme avec un pouvoir absolu et personnel.

L'orientation politique d'Hitler (*extrême droite ou gauche*) fait encore débat.
Si Hitler prend bien la tête du parti national-socialiste, il va faire accuser le parti communiste de l'incendie du Reichstag en 1933 et fera interdire le parti socialiste dès ses pleins pouvoirs (*obtenus grâce au vote de l'extrême droite, de droite et du centre*) en 1933. Si dans ses discours, il se revendique socialiste « *Nous sommes socialistes, nous sommes les ennemis du système capitaliste actuel* » (…) « *Nous devons trouver et suivre la route menant de l'individualisme au socialisme* » dans les faits, il supprimera les syndicats et enrôlera de force ouvriers, employés et employeurs dans le « Front allemand du Travail ». Toutefois, il mena quelques actions de gauche, comme rendre accessible à tous la « voiture du peuple ».

Petites infos insolites

En Suisse, on peut voter pour le parti Anti-Powerpoint qui sensibilise sur l'utilisation souvent ennuyeuse des présentations powerpoint.

Au Canada, on peut voter pour le Parti Rhinocéros qui est un parti politique satirique canadien créé en 1963. Il propose d'abolir la loi de la gravité, de réduire la vitesse de la lumière, d'offrir une grenade à l'île de la Grenade etc…

En Pologne, le parti politique « Les amis de la bière » tire son origine d'une blague entre amis. Toutefois, il a eu 3% des suffrages correspondant à 16 places de député siégeant au Parlement ! À cause de tensions internes, il a depuis disparu.

Le pouvoir du président américain

Sur les 3 500 milliards de dollars du budget fédéral annuel, le président des États-Unis n'a de pouvoir que sur 1/3. Même ce montant doit être validé par les parlementaires républicains et démocrates, c'est pour cela que Trump n'a pas pu faire financer son mur à la frontière avec le Mexique. Le reste du budget est attribué automatiquement au fonctionnement de l'administration.

Les présidents américains (les plus importants)

George Washington (1789)	premier président américain
Abraham Lincoln (1860)	il gagna la guerre de Sécession
Franklin D. Roosevelt (1933)	président de la 2e Guerre Mondiale
Truman (1945)	fin de la 2e GM / début guerre froide
John F. Kennedy (1961)	celui qui géra la crise de Cuba
Ronald W. Reagan (1981)	personnalité préférée des Américains
George H.W. Bush (1989)	il s'engagea dans la guerre du Golfe
Bill Clinton (1993)	ratification de l'ALENA, guerre du Kosovo, l'affaire Lewinsky *(relation qu'il a eue avec une employée)*
George W.Bush (2001)	guerres Afghanistan / Irak, attentats du 11/09, crise économique de 2008

Le deuxième amendement de la Constitution fait partie des dix amendements passés le 15 décembre 1791, couramment appelés « Déclaration des Droits » (*Bill of Rights*). C'est le plus connu car c'est celui qui garantit pour tout citoyen américain le droit du port d'armes. Ce droit a été imaginé pour empêcher le gouvernement fédéral de désarmer le peuple et d'imposer des règles que l'armée ou une milice ferait respecter. Effectivement, l'histoire a montré que les tyrans rendaient illégales les armes afin de limiter la résistance du peuple. En parallèle, en 2008, la Cour suprême des États-Unis a considéré que l'autodéfense était un élément central du droit américain.

Malgré les tueries régulières qui ont lieu aux États-Unis, chaque État a sa propre interprétation du 2nd amendement et certains imposent un permis avec des conditions strictes pour le droit du port d'arme. D'autres interdisent même la vente d'éléments pourtant légales en France *(ex : réducteur de son)*.

Les armes en France

Dans cet ouvrage je n'ai pas de partie dédiée au survivalisme. Je profite donc de celle-ci pour mentionner cette philosophie. Beaucoup de survivalistes estiment qu'acquérir une arme à feu est compatible, voire même complémentaire, à la démarche qu'entamerait une personne souhaitant se prémunir de toute situation de danger à travers l'anticipation et la préparation. La base de cet argumentaire est qu'aucune loi ni aucune constitution ne permet de se protéger de façon certaine contre la violation du domicile et autres infractions pénales.

Ces personnes se rattachent à quelques faits pour mieux justifier leur idéologie :

- Le 29 avril 1992, il y a eu des émeutes à Los Angeles après qu'un Noir ait été passé à tabac par des policiers *(événement similaire en 2020)*. Durant ces émeutes, la police était totalement dépassée par les événements et les habitants ont dû se défendre seuls. On dénombra une cinquantaine de morts. Le quartier de Koreatown est l'un des seuls à ne pas avoir brûlé, principalement parce que les habitants étaient pour la plupart armés et ont pu défendre leurs commerces.

- En septembre 2017, lors du passage de la tempête Irma dans les îles françaises de Saint-Martin et Saint-Barthélémy, des bandes armées ont organisé des raids dans les magasins et chez des particuliers. Des dizaines de procédures pour possession d'armes illégales ont eu lieu après le passage de la tempête.

- Après les attentats en France, le nombre de tireurs licenciés en France est passé de 150 000 à 200 000 en l'espace de 2 ans. On peut donc supposer que certains s'inscrivent dans ces stands pour acquérir une arme afin de pouvoir se défendre.

- **Johann Rupert**, le fondateur de Richemont, a déclaré lors d'un sommet du Financial Times à Monaco, être terrifié à l'idée qu'une révolution mondiale survienne un jour. Faisant des riches la cible des révoltés de la pauvreté. Cette peur de révolte / révolution n'est pas irrationnelle : entre 2000 et 2020, il y a eu plus de 61 révolutions / rébellions dans le monde. 29 morts durant les protestations consécutives à la mort de **George Floyd**, 338 morts lors de la révolution tunisienne, plus de 1 000 pendant la révolution égyptienne de 2011…

On estime que 22% des Français ont une arme *(de façon légale ou illégale)*. Le nombre d'homicide par arme est de 0,2 pour 100 000 habitants en France contre 4 pour les USA *(2/3 sont en réalité des suicides et non des homicides aux US)* et 83 pour le Salvador *(la Banque Mondiale indique seulement 52)*. Les chiffres sont très différents d'une source à une autre, il semblerai néanmoins que les États-Unis soient 90ème dans la liste des pays par taux d'homicide volontaire et le Salvador premier alors que ce pays a pourtant une réglementation sur les armes à feu classée comme étant restrictive.

En France, la légitime défense doit être **proportionnelle**, **nécessaire** et **simultanée** à l'agression. Il ne faut pas la confondre avec la vengeance. En cas de violation de domicile la nuit, l'article 122-6 nous dispense d'avoir à prouver que les conditions de la légitime défense étaient réunies, ce sera à la partie adverse de le démontrer. Fait amusant, en droit français l'acte doit être volontaire, si vous tuez votre agresseur par accident il y a homicide involontaire et vous risquez la prison.

Plus de 90 % des affaires de légitime défense finissent au tribunal en France, ce qui veut dire que les auteurs n'ont pas été reconnus par les juges comme ayant agi en état de légitime défense. Dans la plupart des cas, c'est le critère de la **proportionnalité** qui fait défaut. En parallèle, les jurés *(citoyens tirés au sort sur les listes électorales pour siéger à la cour d'assises)* sont très souvent cléments avec ceux accusés d'avoir abusé de la légitime défense. La maître de conférences **Vanessa Codaccioni** parle de cela dans son ouvrage « *La légitime défense* ».

En France, les armes sont rangées dans 4 catégories :
Catégorie A : Les armes réservées à l'armée *(char d'assaut, fusil automatique...)*.
Catégorie B : Armes soumises à autorisation, il faut avoir des autorisations de la préfecture. Ce sont les armes de poing et les fusils semi-automatiques.
Catégorie C : Les armes soumises à déclaration. On y retrouve toutes les armes de chasse, les carabines à verrou, les fameux fusils calibre 12 *(entre autres)*, les carabines automatiques limitées à 3 coups.
Catégorie D : Le reste : les couteaux, les armes à feu d'avant 1900 *(poudre noire)*, les armes historiques etc... Certains tirent avec des canons miniatures de l'époque napoléonienne, c'est impressionnant à regarder !

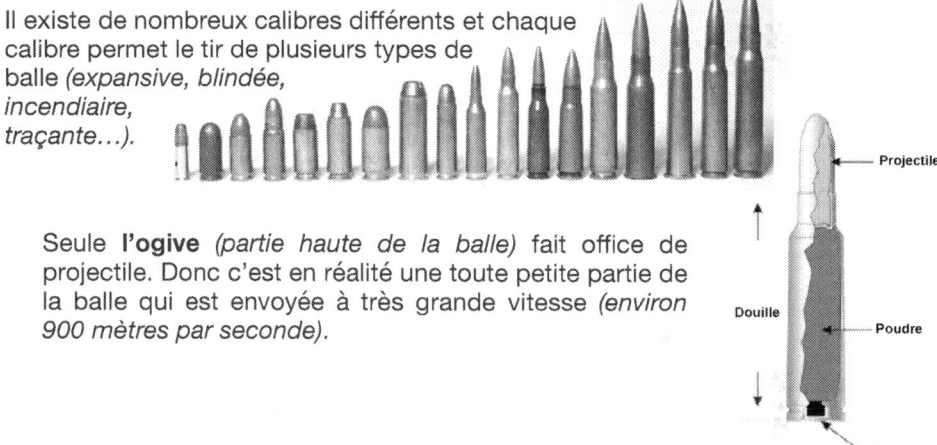

Il existe de nombreux calibres différents et chaque calibre permet le tir de plusieurs types de balle *(expansive, blindée, incendiaire, traçante...).*

Seule **l'ogive** *(partie haute de la balle)* fait office de projectile. Donc c'est en réalité une toute petite partie de la balle qui est envoyée à très grande vitesse *(environ 900 mètres par seconde).*

Projectile

Douille

Poudre

Amorce

Aujourd'hui, les ventes d'armes dans le monde représentent **400 milliards de dollars** par an *(c'est similaire au marché de la drogue)*, soit 10 000€ chaque seconde. Les principales entreprises sont **Lockheed Martin**, **DCNS**, **Dassault Aviation**, **Thales** ou encore **Safran**. Aussi, la France est le 3ème plus gros exportateur d'armes avec 8,3 milliards d'euros de matériels vendus en 2019.

9 pays possèdent officiellement l'arme nucléaire *(en tout, cela fait 15 000 têtes nucléaires)* : France - Royaume-Uni - États-Unis - Chine - Russie - Inde - Pakistan - Israël + Corée du Nord

La bombe atomique la plus puissante au monde a été créée en 1961 par la Russie : la **Tsar Bombe**. Sa puissance théorique est de 100 000 kilotonnes mais lors de l'essai elle a été baissée de moitié. L'onde de choc a tout de même parcouru 3 fois le tour de la Terre !
Malgré cette puissance, il faudrait plus de 100 000 de ces bombes pour détruire la Terre. Néanmoins, quelques unes seulement suffisent à rendre la terre inhabitable.

La France possède 300 têtes nucléaires :

- La marine possède 4 sous-marins nucléaires lanceurs d'engins *(Le Triomphant, Le Téméraire, Le Vigilant et Le Terrible)* qui peuvent être dotés de 16 têtes nucléaires chacun ainsi que de missiles intercontinentaux M51 pour les envoyer.
M51 : 120 millions d'euros l'unité, portée 9000 km, 100 kilotonnes (Hiroshima c'était 15 kilotonnes).

- Notre force aérienne a des aéronefs *(Rafale / Mirage)* pouvant envoyer des missiles ASMPA *(air-sol de moyenne portée améliorée)* dotés d'une TNA *(tête nucléaire aéroportée)*.
ASMPA : 15 millions d'euros l'unité, portée 500 km, 300 kilotonnes (Hiroshima c'était 15 kilotonnes..).

Les États-Unis => Missile Tomahawk : 1500 kg, portée : 2 500 km, prix : 780 000€.
Corée du Nord => leur missile a une portée théorique de 13 000 km, c'est énorme.

Un missile balistique intercontinental est un missile de longue portée (> 5 600 km). Une fois propulsé par un lanceur, il suit une trajectoire uniquement guidée par la balistique *(la gravité)*.

En 2014, les pays dans le monde ont dépensé **1 600 milliards €** dans le secteur militaire *(La France 37 milliards €)*. Les Nations Unies ont estimé que 1,2% de cette somme *(soit 22 milliards de dollars)* suffirait à éradiquer la faim dans le monde.

Cela peut paraître surprenant mais il existe des règles dans la guerre *(elles sont néanmoins plus ou moins appliquées sur le terrain)*. Par exemple, les **conventions de Genève** regroupent des traités internationaux qui dictent des règles de conduite à adopter en période de conflits armés.
Il existe 7 textes dont 4 ont été mondialement ratifiés, ce qui signifie que chacun des États du monde s'engage à les respecter : interdiction de l'usage de la torture, de certaines armes *(chimiques, biologiques..)* ainsi que de certaines munitions *(balles expansives)*, protection des civils, des hôpitaux militaires et civils etc…

Pour plus de précisions, voir la vidéo Youtube « Qui appartient à qui? Les MAGOUILLES des constructeurs ».

Les voitures

Le 1er constructeur automobile est l'alliance **Renault-Nissan** *(ils ont acheté Dacia et ont beaucoup de modèles à succès comme la clio, la mégane, la twingo, l'espace, la kangoo..)*. Le 2ème est **Volkswagen** *(ils ont Lamborghini, Audi, Porsche, Bugatti…)* et le 3ème c'est **Toyota**. Pas présent dans le top 10, le **groupe français PSA** détient les marques Peugeot, Citroën et DS.

Les symboles de différentes marques :

Les premières voitures motorisées *(pneu et moteur)* arrivent en 1886 *(inventeur **Karl Benz**)*. Depuis, les progrès n'ont pas cessé et depuis 2021 il y a plus de vente de voitures automatiques que de manuelles en France. Surtout, on a réussi à produire une voiture *(la **SSC Tuatara**)* allant à 530 km/h *(le TGV va à 320 km/h)* !

Le prix d'une voiture de série peut dépasser les 3 millions d'euros. En parallèle, certains constructeurs sortent des modèles limités à des prix exorbitants *(ex : voiture Noire de Bugatti, 16 millions d'euros !)*. Aussi, dans certains pays on peut payer pour une plaque d'immatriculation rare : un Qatari a payé 12 millions € pour la plaque d'immatriculation «**1**» !

La nitro (**nitroglycérine**) est un dérivé de l'explosif TNT. Elle n'est jamais utilisée dans un moteur. Néanmoins, on utilise parfois des bouteilles de NOS (**nitrous oxide systems**) qui contiennent du protoxyde d'azote. Ça permet d'augmenter la charge de carburant dans le cylindre et ainsi gagner 30 à 100% en puissance.

La Commission européenne a élaboré un plan climat prévoyant l'interdiction des véhicules à moteur thermique neufs à partir de **2035**. En France, la loi Mobilités de 2019 acte pour **2040** la fin de la commercialisation de ces voitures thermiques *(essence, diesel, hybrides…)*. Dans la métropole du Grand Paris, les thermiques seront interdites en 2030, soit 99% du parc auto actuel.

En France, un permis B permet de conduire un deux roues de 50cm3. Après 2 ans de permis B et une formation *(sans examen)* de 7h, on a le permis A1 et on peut conduire un 2 roues de 11 kW maximum ou un 3 roues de 15 kW *(pouvant aller à 120 km/h environ)*. Au-dessus, il y a le permis **A2** puis après 2 ans de A2, le **A**.
Aussi, de plus en plus de Français roulent au superéthanol E85 *(composé de 60 à 85 % de bioéthanol)*. L'E85 produit 50 % de moins de CO_2 et très peu de particules fines.

L'ULM (Planeur ultra-léger motorisé) en France

Un ULM est un aéronef doté d'un moteur qui a une masse bien plus légère qu'un aéronef traditionnel et qui est bien moins puissant. Ces critères de masse et de puissance permettent aux pilotes de s'affranchir de nombreuses contraintes : la réglementation est globalement beaucoup plus souple pour ces appareils, le coût du brevet est plus accessible tout comme le prix des appareils. Enfin, les distances d'atterrissage / décollage sont plus courtes, cela permet à ces ULM une grande liberté d'action.

Il existe 6 classes d'ULM

  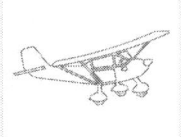 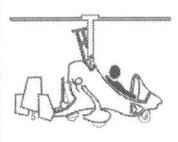  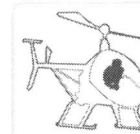

| Classe 1, le paramoteur | Classe 2, le pendulaire | Classe 3, le multiaxe | Classe 4, l'autogire | Classe 5, l'aérostat ultra-léger | Classe 6, l'hélicoptère ultra léger |

Pour piloter un de ces engins en France, il suffit de passer une épreuve théorique. Ensuite il n'y a pas vraiment d'épreuve pratique, c'est à votre instructeur de vol de décider quand vous êtes prêt et de vous donner le papier. Ceux qui le passent avant leurs 25 ans ont 400 € de l'État.

Les prix varient en fonction de l'appareil. Pour un pendulaire, le coût de la formation est d'environ 1 700€ et l'achat d'un appareil va de 2 000 à 40 000€. L'appareil le plus cher est très certainement l'hélicoptère léger qui implique de débourser 10 000€ en moyenne pour l'obtention du brevet *(ce qui reste nettement moins cher que la licence de pilote privé d'hélicoptère qui peut aller jusqu'à 180 000€ dans certains cas)* !

Une fois le brevet réussi et l'appareil acheté, vous pouvez transformer un terrain *(si vous en êtes le propriétaire)* en plateforme ULM occasionnelle et vous serez alors libre de faire voler votre appareil quand *(sauf la nuit)* et presque où vous le souhaitez. Vous devez respecter les couloirs aériens et éviter de survoler les grosses métropoles *(Paris est interdit de survol)*. Mais globalement la législation française est très souple. Beaucoup de pilotes de ces ULM utilisent d'ailleurs leur appareil pour faire de très longues distances *(Corse, Maroc..)* et s'arrêtent faire le plein dans les nombreuses pistes homologuées disponibles un peu partout sur le territoire national et dans les autres pays.

Le médical

Quelques médecins spécialisés

Urologue : Concerne le système urinaire *(érection, incontinence..)*.
Pneumologue : Concerne les maladies respiratoires / infection des poumons.
Neurologue : Concerne le cerveau *(troubles de la mémoire, migraine..)*.
Ophtalmologue : Concerne les problèmes de vue *(myopie, hypermétropie…)*.
Cardiologue : Concerne les problèmes de cœur et les vaisseaux.
Orthodontiste : Concerne la dentition *(pose d'un appareil dentaire…)*.
Dermatologue : Concerne les problèmes de peau *(acné, eczéma, allergies…)*.
Oto-rhino-laryngologiste : Ce qui touche au nez, à la gorge et à l'oreille.
Psychiatre : Médecin habilité à prescrire un médicament, le psychologue n'est pas médecin. De la même façon, le nutritionniste est un médecin, le diététicien non.
Pédiatre : S'occupe des enfants de -18 ans, il est très polyvalent.
Radiologue : Concerne l'imagerie médicale *(cliché radio, échographie, scanner..)*.
L'allergologue : Concerne le traitement des allergies.

Quelques maladies / lexique médical

Orthorexie : Obsession pour la nourriture saine.
Bigorexie : Dépendance au sport, 15% des sportifs sont concernés.
Gynécomastie : Développement des seins chez les hommes, souvent due à des chocs répétés, les parades militaires sont la cause de cas chez les soldats.
Hermaphrodite : Être vivant possédant à la fois ovaires et testicules.
Coloscopie : Sonde que l'on met dans le rectum (**Colposcopie** pour vagin).
Albinisme : Rend les individus blancs *(le **xanthique** rend doré et **l'érythrisme** rouge)*.
Césarienne : On coupe un morceau de peau pour faciliter l'accouchement.
Scoliose : Déviation de la colonne vertébrale qui n'est pas droite.
Paludisme : Maladie transmise par les moustiques porteurs, peut être mortelle.
Colique / Choléra : Douleurs intestinales couplées à la diarrhée.
Diabète : Maladie entraînant un excès de sucre dans le sang *(hyperglycémie)*.
L'homéopathie : Ce qui provoque un symptôme chez un individu sain peut guérir un sujet de ce même symptôme. Même efficacité que le placebo.
AVC : Accident Vasculaire Cérébral touchant les vaisseaux sanguins du cerveau. C'est la 1ère cause du handicap physique de l'adulte en France.
Névralgie sciatique : Douleur ressentie à l'un des deux nerfs sciatiques. Ce nerf parcourt le long de la jambe jusqu'au bas du dos. Souvent que d'un côté du corps.
Hépatite : Inflammation du **foie**, il y a l'hépatite B qui se transmet souvent par rapport sexuel *(il y un vaccin)* et l'hépatite C qui se transmet avec le sang, ça reste mais des traitements existent *(pas de vaccin)*.

Parkinson *(tremblements)* **Eczéma** *(peau sèche)* **Bipolaire** *(trouble de l'humeur)*
Schizophrène *(plusieurs personnalités)* **Alzheimer** *(perte de mémoire)*
Dyslexie *(difficulté pour lire)* **Dysgraphie** *(difficulté pour écrire)*
Dysorthographie *(pbl orthographe)* **Hypocondriaque** *(peur d'être malade)*

Les maladies atypiques

Le syndrome de Jérusalem : Chaque année, une quarantaine de touristes en voyage à Jérusalem se prennent pour des personnages bibliques.

Le syndrome de Stockholm : Les otages ont de l'empathie pour les ravisseurs. *En Suède, à Stockholm, un braqueur a pris 4 otages. Par la suite, les otages prendront sa défense et iront le voir en prison. Une otage sortira même avec lui.*

Le syndrome de Lima : Les ravisseurs ont de l'empathie pour les otages. *Dans la ville de Lima au Pérou, des ravisseurs ont pris en otage des diplomates japonais. Finalement, ils les relâchent et meurent durant l'assaut des forces de l'ordre.*

Le syndrome du gourmand : Désir de manger des plats raffinés après un choc.

Le syndrome de la main étrangère : Notre main est incontrôlable après un choc.

Le syndrome de Cotard : On a l'impression d'être immortel, fort risque de suicide.

L'apotemnophilie : Trouble qui pousse quelqu'un à s'amputer d'un membre.

Le syndrome de Paris : Touche surtout les Asiatiques, grosse déception en découvrant Paris.

Le syndrome de Peter Pan : Angoisse à devenir adulte.

Le syndrome de Münchhausen : Simulation inconsciente d'être malade pour avoir de l'attention.

Le syndrome d'hypersexualité : Tendance à faire des jeux de mots et blagues déplacés.

Le syndrome de cosinus : On est fort en maths et nul en français.

Le syndrome de Diogène : Volonté d'accumuler des objets.

Le syndrome de Noé : Volonté d'accumuler les animaux de compagnie.

Le syndrome de l'huître : Un emballage difficile à ouvrir procurera une satisfaction à l'acheteur.

Le syndrome d'auto-brasserie : L'organisme transforme le sucre en éthanol, on est toujours ivre.

Le syndrome de l'étudiant : Syndrome psychologique qui touche en général les étudiants en médecine. Ils se sentent concernés par les maladies étudiées et pensent avoir les symptômes ou les diagnostiquent chez leurs proches.

Le syndrome de Sotos : Une maladie qui provoque une croissance physique excessive (*Broc Brown mesure 2m50 et continue à grandir*).

Le syndrome de Highlander : Une maladie très rare *(5 cas)* qui stoppe le processus de vieillesse *(on garde l'apparence que l'on avait à 6 ans)*.

Le syndrome de Quasimodo : On surévalue notre laideur.

Le syndrome d'Alice au pays des merveilles : Le patient perçoit les choses de façon disproportionnée *(plus petites ou plus grandes)*.

Le syndrome de Clérambault : On pense qu'une personne célèbre est amoureuse de soi. Qu'il nous envoie des signes qu'on est le seul à comprendre.

Le pica : Trouble alimentaires qui consiste à manger tout ce que l'on voit *(crayon, savon, etc..)*.

Cryptomnésie : Trouble de la mémoire. On ne sait plus si on a rêvé ou vécu les moments. On oublie la source de tous nos souvenirs.

Le délire d'illusion des **sosies de Capgras :** On a l'impression d'avoir été substitué par un sosie. Que nos mauvaises actions sont réalisées par lui..

Les effets / expériences / paradoxes / hypothèses

Effet Barbara Streisand => Plus on veut censurer quelque chose et plus ça prend de l'ampleur.

Effet Papillon => Fait insignifiant qui se transforme en conséquence majeure.

Effet Témoin => Un passant est plus susceptible de vous sauver la vie qu'une foule.

Effet Tetris => Syndrome qui survient après la longue pratique d'une activité au point que celle-ci altère nos pensées et nos rêves *(ex : à force de jouer à un jeu, on va en rêver la nuit).*

Effet « Overview » : Lorsque les astronautes réalisent la taille de l'Homme dans l'univers, ils peuvent avoir un choc cognitif et devenir admiratifs des sujets métaphysiques. Ce qui peut altérer considérablement leur travail.

L'effet Garcia : Lorsque notre cerveau nous conditionne à ne plus aimer un aliment car il l'identifie comme un danger après que l'on ait eu une nausée *(souvent de l'alcool comme vodka, rhum etc..).*

L'effet de Halo: Les personnes grandes seraient mieux payées que les autres, de 270€ par cm.

Paradoxe d'Abilene : Ce paradoxe explique comment un groupe en arrive à prendre des décisions stupides suite des malentendus propres à l'effet de groupe.

L'hypothèse Saphir-Whorf : Théorie qui veut que notre représentation du monde soit directement influencée par notre capacité à le décrire. En fonction de la langue que l'on parle, on verra le monde différemment parce que certains mots n'existent pas dans d'autres langues *(ex : retrouvailles, dépaysement..).*

Expérience de Standford : Pour une expérience, des étudiants ont joué le rôle de gardien et d'autres celui de prisonnier. Néanmoins l'expérience dérapa avec des comportements sadiques et des traumatismes émotionnels. Cette expérience montre l'obéissance aveugle que l'on a face à l'autorité. C'est le même principe que l'expérience Milgram avec l'électricité.

Marina Abramović (serbe) est à l'origine d'une expérience inédite. Elle s'est assise dans la rue à côté d'une pancarte indiquant que pour une durée de 6h elle se laisserait faire. Rapidement, certaines personnes sont devenues agressives envers elle et l'une d'entre elles a même essayé de la tuer.
Cette expérience montre à quel point il est facile de déshumaniser une personne et à quel point la nature humaine peut se révéler dangereuse. Elle sert d'argument à ceux qui estiment que ce sont les règles sociétales qui nous permettent de vivre ensemble et que sans elles ce serait le chaos.

Fait intéressant, des troubles physiques peuvent refléter un trouble psychologique : une hausse du rythme cardiaque peut s'expliquer par de l'anxiété, une crise de foie peut être causée par une grande colère, un infarctus peut avoir comme origine un stress émotionnel etc...
L'un des exemples les plus impressionnants est le **vitiligo**, cette fameuse maladie chronique responsable de la dépigmentation de la barbe d'**Édouard Philippe**. Bien qu'elle ait une origine multifactorielle, il a été prouvé que le stress augmente considérablement son apparition.

Résumés / explications de thèmes multiples

Le cancer

Un cancérigène ou cancérogène est un facteur favorisant l'apparition d'un cancer. Son origine est multifactorielle, c'est-à-dire qu'elle peut être liée à la consommation d'un produit, un mode de vie ou encore un agent physique / biologique. Cette pluralité de raison explique pourquoi la prévention d'un cancer est si difficile, même avec une très bonne qualité de vie *(du sport, une alimentation saine, pas d'alcool ni de nicotine, des compléments alimentaires…)*, le risque d'apparition d'un cancer ne baisse que de 5% selon certains médecins. En revanche le dépistage précoce permet un traitement beaucoup plus efficace.

Le corps humain présente 3 niveaux d'organisation :
- **les organes :** le cœur, le cerveau, les poumons, etc…
- **les tissus** : ils composent les organes *(muscles, les glandes…)* et structurent le corps *(le squelette, la peau..)*
- **les cellules :** l'unité de base des tissus, avec une organisation complexe

Une cellule cancéreuse est une cellule qui subit une agression et qui se multiplie avec des défauts. Ces cellules restent en vie et ne se renouvellent pas contrairement aux autres. Il faut au moins 100 000 cellules pour parler de tumeur, en dessous c'est trop infime pour être détecté. Il y a les tumeurs malignes *(cancéreuses)* ou bénignes *(non cancéreuses)*. Aussi, les cellules cancéreuses peuvent se déplacer, on appelle cela la métastase.

En France, deux personnes sur trois survivent à un cancer. Dans l'ordre, les cinq cancers les plus mortelles sont celui du poumon, colorectal, du foie, de l'estomac et du sein. On estime que l'Assurance maladie dépense chaque année 10 000 € en moyenne par patient.
Les premières descriptions connues de cancer datent de l'Antiquité ! Depuis 2010, le cancer est devenu la première cause de mortalité dans le monde selon l'OMS. Il touche également les animaux *(1ère cause de mortalité chez le chien aux USA)*.

La Lune et son influence

Les marées sont dues à la force d'attraction de la Terre et de sa rotation, ainsi qu'aux objets célestes *(Lune et Soleil)*. Selon la loi universelle de la gravitation, les masses liquides des mers et des océans sont attirées par ces objets célestes, donc le point le plus proche de la Lune est plus attiré que le point le plus lointain.

La Terre et la Lune s'attirent mais grâce à leurs rotations sur elles-mêmes elles ne rentrent pas en collision. Donc, cette force d'attraction est nulle sauf à la surface de la Terre. Lorsque la Lune et le Soleil sont alignés, les effets se cumulent et donnent lieu aux grandes marées *(grandes marées : 21 mars et 21 septembre)*.
La Lune peut exercer sa force d'attraction sur de gros corps comme les océans,

mais son influence sur les petites masses *(humain)* est infime. Elle émet néanmoins des rayonnements semblables à ceux d'un micro-ondes. Ceux-ci seraient plus importants lors de la pleine lune et dérégleraient un peu notre système nerveux, d'où les déprimes, névroses et troubles du sommeil.

Le nudge

Le nudge marketing est du marketing incitatif marqué notamment par le travail du psychologue **Daniel Kahneman** et de l'économiste **Richard Thaler.**
Cette pratique est issue de l'économie comportementale, elle repose sur la capacité à *« organiser l'environnement pour favoriser un comportement sans le contraindre ».* C'est une façon d'inciter en douceur au changement des comportement plutôt que d'employer la contrainte et les sanctions. Le succès est parfois fulgurant : la simple action de coller une mouche au fond d'un urinoir a généré 80% d'économie sur le nettoyage d'un aéroport.
David Cameron a rencontré **Richard Thaler** pour réfléchir à la manière d'utiliser ce concept à l'échelle du pays. En France, ce concept progresse et la SNCF l'utilise déjà *(ex : pancarte « voie sans issue » au lieu de « sens interdit »).*

Le bâillement

Le bâillement est un comportement réflexe. Son célèbre phénomène de contagion n'est observable que chez l'Homme et quelques-uns de ses proches cousins, comme le chimpanzé.
Il intervient lorsqu'on voit un individu bâiller, lorsqu'on entend ce mot ou bien lorsqu'on le lit. Les personnes aveugles y sont aussi sensibles. On ne comprend pas son fonctionnement, il a peut-être pour rôle d'instaurer une meilleure vigilance au sein d'un groupe puisqu'on ne bâille que lorsqu'on est peu concentré / que l'on s'ennuie. *(J'ai baillé 5 fois en écrivant cette partie !).*

Désorientation spatiale

Les pilotes d'avions de chasse peuvent souffrir de ce que l'on appelle la « désorientation spatiale ». L'être humain n'étant pas fait pour évoluer dans un espace en 3 dimensions, il peut arriver que les pilotes aient l'impression de voler les ailes à l'envers. Cette situation peut s'avérer très dangereuse en cas de mauvaise visibilité et suite à plusieurs accidents *(dont un mortel en 2007)* dus à des illusions sensorielles, il y a maintenant un bouton « recovery » sur les Rafales permettant à l'aéronef de remettre les ailes à plat automatiquement.

Les types d'ordinateurs

Il existe aujourd'hui plusieurs types d'ordinateurs différents. Nous avons l'ordinateur à électron *(celui que nous utilisons tous)*, l'ordinateur quantique *(qui utilise les propriétés quantiques de la matière)*, l'ordinateur optique *(qui utilise des photons à la place des électrons)* et l'ordinateur organique *(qui utilise de la molécule et des protéines). Désolé de ne pas rentrer dans les détails, malgré la lecture de nombreux articles sur le sujet je n'ai pas réussi à comprendre suffisamment le fonctionnement de ces types d'ordinateurs :)*

L'impôt

En France, l'impôt sur le revenu date de 1916. Pour ne pas le payer, il faut gagner moins de 15 303 € de revenu net pour une personne seule. En 2017, seulement 43 % des Français étaient imposables et l'impôt sur le revenu a rapporté **74 Mds €** de recettes fiscales. C'est peu puisqu'en 2021, cet impôt représentait 23,7% des recettes du pays. **Le premier impôt est la TVA** que tout le monde paye *(même les chômeurs)* et qui a rapporté en 2021 environ **155 Mds €** sur un total toujours en 2021 de **278 Mds €** de recettes fiscales nettes. Sur ce montant prélevé par l'État, 70 milliards sont envoyés aux collectivités territoriales et à l'Union Européenne.

Revenu universel

Il s'agit d'un revenu versé *(à tout le monde ou bien sous condition de certains critères comme l'âge)* sans condition de ressources ou de travail. Actuellement testé à titre expérimental dans certaines villes de plusieurs pays, l'objectif affiché est la réduction des inégalités, l'amélioration des conditions de travail, l'élimination de la pauvreté et l'accès à une meilleure éducation. Pour certains, ce revenu doit permettre de compléter un salaire et pour d'autres de le remplacer, le montant va donc de 400 à 1 200 euros.

D'autres pensent qu'un tel revenu favoriserait l'isolement puisque le travail est un vecteur de socialisation majeur. Ceux-là souhaitent que l'État garantisse un emploi à tout le monde, on parle alors d'**État-providence**, un État qui intervient partout, dans les domaines social et économique.

La monnaie

Dès la préhistoire, les hommes troquaient et comptaient leurs biens. Le document arithmétique le plus ancien jamais trouvé date de 35 000 ans : il s'agit d'un os de babouin dans lequel ont été taillées des encoches. Puis, petit à petit, on a développé des monnaies primitives, basées sur les matières naturelles *(cueillettes, pierres..)*. C'est vers -650 av. J.-C. qu'apparaissent les pièces comme la monnaie, faites d'un alliage naturel d'or et d'argent appelé électrum. Utilisées pour faciliter les échanges commerciaux, elles se sont vite répandues dans le monde.

Le terminal de paiement

Lorsque le client paye par carte, une commission est prélevée lors de la transaction pour la commission interbancaire liée au paiement. Cette commission représente les frais pour transférer l'argent d'un compte à un autre et les frais de la garantie offerte en cas de fraude.

Certaines banques imposent des planchers, par exemple elles prélèvent une commission de 1€ pour tout achat inférieur à 16€. C'est pourquoi il y a des montants minimaux pour payer par carte, dans l'exemple précédent si un café coûte 1€50 alors le commerçant ne gagne que 50 centimes. Il y a également le coût de l'achat d'un terminal de paiement et sa location pour la maintenance.

C'est légal de ne pas avoir de terminal de paiement à condition d'informer la clientèle par un panneau. Dans la pratique, cette règle est peu respectée.

Le goût

Le goût fonctionne avec l'odorat pour pouvoir être efficace. C'est la raison pour laquelle une fois enrhumés, nous avons moins de sensations.
Pour rappel, il y a 5 sensations gustatives ! sucré, salé, acide, amer, umami (qui signifie « *délicieux* » en japonais).

À la base, il y a une histoire d'adaptation naturelle dans la perception des goûts :

- o   Le sucré et l'umami permettent la détection des aliments riches en glucides et en protéines *(essentiels à l'organisme)*.
- o   Le salé permet d'assurer un apport équilibré en ions sodium *(le sel est agréable à petite dose mais désagréable à forte dose)*.
- o   L'acide et l'amer mettent en garde contre des aliments toxiques ou périmés.

Toutes les espèces ne perçoivent pas les goûts de la même manière, les félins ne sont par exemple que très peu sensibles *(voire pas du tout)* au goût sucré. Pour les différences de goût entre les individus, ils s'expliquent par les habitudes alimentaires de chacun et le fait que nos régions cérébrales activées par les sensations gustatives réagissent différemment.

Les diamants

La coutume d'offrir un diamant pour les fiançailles est récente *(début du XXe siècle)*. En reprenant le slogan d'une société de diamants pour le titre d'un James Bond : « Diamonds are forever », **Ian Fleming** a contribué à augmenter les ventes de diamants de 80% de 1935 à 1965. L'entreprise qui vend des diamants « De Beers » possède un monopole sur le marché.

Les déchets envoyés dans les pays du Sud

De plus en plus de pays d'Asie du Sud-Est montrent leur mécontentement de faire office de poubelles de l'Occident et le font savoir en retournant ces déchets à leur point d'origine. En réalité, les pays du sud acceptent de recevoir ces déchets contre de l'argent, ces expéditions ont bien un cadre juridique et cette filière est financièrement très avantageuse pour les industries européennes puisque ça leur coûte moins cher d'envoyer leurs déchets à l'autre bout du monde plutôt que de les traiter sur place. Les chiffres indiquent qu'une décharge en France demande 80 € pour traiter une tonne de déchets contre 5 à 10 € pour les pays en Asie.

Le problème est que beaucoup de ces pays d'Asie n'ont pas les moyens de traiter ces déchets et il y a des cas comme la Thaïlande où la mafia fait venir de grosses quantités de déchets pour s'enrichir et laisse ensuite tout cela à ciel ouvert faute de structures adaptées. Parfois c'est brûlé à l'air libre, occasionnant une forte pollution. Aussi, certains industriels ne jouent pas le jeu et envoient des déchets annoncés comme « recyclables » alors qu'en réalité ce n'est pas le cas. C'est ce qui s'est passé en 2020 lorsque le Royaume-Uni a envoyé au Sri Lanka des déchets provenant entre autres d'hôpitaux et de morgues avec des parties de corps humains.

Début 2018, la Chine a mis en place un programme intitulé "**Epée nationale**" visant à réduire l'entrée de certains types de déchets sur son territoire. Depuis, les autres pays d'Asie sont très sollicités.

Le fonctionnement du GPS

Il repose sur le principe de la trilatération *(triangulation sans le calcul des angles)*.
Il y a une constellation de 30 satellites en orbite autour de la Terre, qui va diffuser des signaux cryptés vers la Terre. Lorsque la puce GPS de notre téléphone réceptionne le signal d'au moins 4 de ces satellites alors elle peut déterminer notre position. Elle calcule le temps que met le signal à arriver pour connaître la distance entre nous et le satellite. Pas besoin d'internet puisqu'il n'y a pas de communication, on ne fait que réceptionner son signal et calculer le temps que l'on met à le recevoir pour en déduire notre position. Avec 3 satellites, on a donc notre position et le quatrième satellite va servir de synchronisation avec une horloge atomique *(une différence d'une microseconde correspond à une erreur de 300 mètres sur la position !)*.

Le système GPS est américain et géré par le département de la défense des USA. Pour ne pas être dépendants des États-Unis, beaucoup de pays développent leur propre système. La Russie a **Glonass**, l'Europe développe le **système Galileo** et la Chine a son système **Beidu**.

Ça veut dire quoi « Skinhead » ?

Skinhead signifie sans cheveux (skin-head). Ce mot désignait les chauves en Angleterre avant de devenir une mode vestimentaire et musicale, sans lien avec la politique. Aujourd'hui, ce terme désigne des personnes néo-nazis / racistes, souvent rasées et violentes.

D'où vient le vent ?

Une masse d'air se déplace en fonction de la température. Elle monte quand il fait chaud puis se refroidit et redescend. Une masse d'air prend toujours la place d'une autre. Outre la température, d'autres facteurs entrent en jeu : rotation de la Terre, les reliefs, les montagnes…
En bord de mer, la température du sol change beaucoup plus vite que la température de l'eau donc les décalages entre masses d'air peuvent être très importants, c'est pourquoi c'est venteux.

Le Triangle des Bermudes

Il s'agit d'une zone géographique imaginaire située dans l'océan Atlantique qui aurait été, selon la légende, le théâtre d'un grand nombre de disparitions de navires et d'aéronefs.

La Graphologie

Technique d'analyse de l'écriture dont la scientificité n'est pas établie. Cette technique affirme pouvoir déduire les caractéristiques psychologiques de la personnalité d'un individu à partir de l'observation de son écriture manuscrite. Sherlock Holmes s'en sert pour ses enquêtes ;)

La création d'internet

En 1962, pendant la guerre froide, l'US Air Force demanda à un petit groupe de chercheurs de créer un réseau de communication militaire capable de résister à une attaque nucléaire. Il fallait donc que ce réseau ait un système décentralisé, lui permettant de fonctionner malgré la destruction d'une ou de plusieurs machines. C'est **Paul Baran** qui mit au point cette technologie appelée « packet switching ». Bien qu'inconnu du grand public il est pourtant l'homme à l'origine de la création d'Internet.

En 1969, le premier réseau expérimental ARPANET fut créé par l'ARPA, un organisme rattaché au département de la défense afin de relier quatre instituts universitaires *(Stanford - Utah - Los Angeles et Santa Barbara)*. En 1977, ce seront 111 sites qui seront reliés entre eux et en 1980 le réseau sera divisé en 3 parties : le réseau militaire, le réseau de la défense et le réseau universitaire.
Ce réseau est le précurseur d'internet, il reprend ses caractéristiques fondamentales et permet de se connecter à un ordinateur distant, de lancer une impression sur une imprimante et de transférer des fichiers sur un autre ordinateur.

En 1971, **Ray Tomlinson** imagina le courrier électronique. Ensuite, on créa le protocole TCP *(fragmenter les données pour les envoyer)*, le système de nommage DNS, le système RFC, le protocole HTTP et le langage HTML *(naviguer sur les réseaux grâce à des liens)*. Actuellement, il y a 3,8 milliards d'utilisateurs d'internet dont 2,9 milliards qui utilisent les réseaux sociaux.

Les rêves et leur signification théorique

- Avoir un accident de voiture => ne pas contrôler un événement de sa vie.
- Rater un examen => avoir peur de ses responsabilités.
- Être coincé dans une boîte, labyrinthe => on doit prendre une décision.
- Être en retard => avoir peur d'être en retard, avoir raté une occasion.
- Perdre une dent => on se sent indésirable.
- Être nu => sentiment de honte face à un événement.

Sauter d'une falaise => vouloir s'échapper d'une situation.

Les communautés du voyage

Les Gens du voyage ne désignent pas forcément les Roms. Il s'agit d'une catégorie administrative qui remplace le terme "nomade", elle désigne ceux vivant plus de six mois par an en résidence mobile terrestre. On estime qu'en France il y a 500 000 personnes qui répondent au critère de cette catégorie administrative.

Comme **Tsigane** est connoté péjorativement en Europe centrale, la dénomination **Rom** a été choisie en 1971. Les Roms sont un peuple européen d'origine indienne, on a des traces de leur existence dès l'an 1000 après JC. En France, cette communauté se partage en plusieurs groupes :

- Les **Manouches** qui sont des descendants d'un groupe de Roms installés en Allemagne avec une vraie identité musicale *(ex jazz manouche)*.

- Les **Bohémiens**, nom donné initialement à un habitant de la Bohême *(région historique d'Europe centrale, actuellement en République Tchèque)*.

- Les **Gitans**, communauté originaire de l'Espagne avec une culture différente des Roms et des manouches. Ils ne sont pas non plus implantés aux mêmes endroits géographiques.

Actuellement, 20 000 personnes vivent dans les 400 bidonvilles répartis en France. Si certains de ces camps d'infortune sont occupés par des Roms, nombreux ont des maisons et ont quitté leur mode de vie nomade. Par ailleurs, sachez que la population de Roumanie n'est composée que de 3,3 % de Roms et de 90 % de Roumains.

La vraie histoire de Robinson Crusoé

L'écrivain britannique **Daniel Defoe** (1660-1731) publia en 1719 un roman inspiré de l'histoire de **Selkirk**, intitulé « Robinson Crusoé ». Cet homme, **Alexandre Selkirk**, est un marin qui a demandé à être déposé sur une île après s'être disputé avec le capitaine du navire. Il y est resté 4 ans !

Les symboles du Yin (ombre) et **du Yang** (lumière) font référence à deux forces complémentaires, les deux étant nécessaires au maintien de l'harmonie du monde. Par ailleurs, les deux points *(respectivement blanc et noir)* à l'intérieur des formes montrent que rien n'est jamais absolu.

Le premier pape

Pierre était l'un des disciples de Jésus, c'est un apôtre qui a tenu une position privilégiée auprès de lui et il est considéré comme le premier pape. Depuis, il y en a eu **266**.

L'échelle de Richter

Elle mesure la magnitude d'un tremblement de terre mais c'est une échelle locale, utilisée presque essentiellement en Californie. En France, nous utilisons les « magnitudes du moment ».

L'oreille absolue

Aujourd'hui, on commence à penser que tout le monde peut avoir l'oreille absolue dès la naissance. Elle se construit par apprentissage dès les premières années, comme le langage. 95 % des personnes avec l'oreille absolue ont commencé la musique avant sept ans.

Les langues parlées en :

Belgique : français, néerlandais *(flamand: l'ensemble des dialectes néerlandais)*, allemand
Suisse : allemand, français, italien, romanche *(langue romane parlée par 60 000 personnes)*.

La théorie des six degrés de séparation

Il n'y a que cinq personnes qui nous relient à n'importe quel autre être humain *(par exemple Obama)*. Avec Facebook, on arrive même à 4. Cette théorie a été prouvée dans les années 60 par le psychologue Stanley Milgram *(le scientifique de l'expérience sur l'autorité avec l'électricité)*.

Les classes sociales

Les classes sociales des Incas étaient visibles dès la naissance. En fonction de celle-ci, les bébés subissaient une modification de la forme de leur crâne *(carré, triangulaire ou pointu)*. Le terme caste provient du portugais "casta" qui signifie "race ou lignage". L'inégalité déterminée par la naissance ou la profession existe toujours en Inde où le système de caste perdure.

Une Junior-Entreprise

Association gérée par des étudiants de grandes écoles ou d'universités, elle propose aux entreprises des services mettant en œuvre le savoir-faire de l'établissement. Elle permet aux étudiants d'appliquer dans le monde du travail les enseignements théoriques qu'ils reçoivent. La France en compte près de 140, dans plus de 40 villes.

L'importance de la chance

Steven Bradbury est un patineur australien médiocre qui s'est inscrit aux Jeux olympiques. Il ne se classe que 3ème en quart de finale ce qui le disqualifie pour aller en demi-finale. Cependant, comme le deuxième est disqualifié à cause d'une faute, Steven peut finalement participer à la demi-finale avec 5 autres patineurs. Il est rapidement distancé mais au dernier virage les 2 premiers tombent et Steven finit second, il est alors sélectionné pour la finale.

Lors de la finale, encore une fois, les joueurs prennent des risques et finissent par tomber. Steven, qui était distancé, arrive ainsi premier et remporte la médaille d'or.

L'importance de la détermination

Steven Spielberg a été recalé 3 fois de ses études de cinéma.

Beethoven était malentendant et a fini sourd.

J. K. Rowling a eu 12 refus de maisons d'édition pour son livre **Harry Potter**.

Walt Disney a été viré d'un journal parce qu'il « *manquait d'imagination et n'avait pas de bonnes idées* ». 301 banques ont refusé de financer son parc d'attractions.

Un bébé a besoin de 2000 tentatives avant de réussir ses premiers pas.

Vincent Van Gogh n'a vendu qu'une peinture dans sa vie, juste avant sa mort.

Philippe Croizon est un Français amputé de ses 4 membres, il a traversé la Manche à la nage.

Henry Ford échoua dans ses 5 premières créations d'entreprise avant de créer la Ford Motor Company.

Michael Jordan a été viré de l'équipe de basket-ball de son lycée avant de devenir l'un des meilleurs joueurs du monde.

Les Beatles ont été refusés de plusieurs maisons de disques avant le succès.

Stephen King a eu 30 refus de publication de son premier livre *Carrie (c'est l'auteur de Ça)*.

En 1972, un avion transportant une équipe de rugby d'Uruguay pour les amener au Chili s'écrasa dans les montagnes de la Cordillère des Andes. Les survivants ont pris la décision de manger ceux qui avaient été tués dans le crash pour survivre.

Le Salvadorien *(Salvador est le plus petit pays d'Amérique centrale)* **Jose Salvador Alvarenga** a survécu 13 mois en mer après une panne de moteur. Il mangea des oiseaux, des poissons et but du sang de tortue pour survivre.

La véritable taille de certains poissons

Peu en ont conscience, mais dans nos rivières, lacs et fleuves se trouvent des poissons très impressionnants ! Voici par exemple un silure pêché dans la Seine.

Les animaux hybrides

Depuis des millénaires, l'Homme croise les animaux pour obtenir des lignées plus intéressantes. Aujourd'hui, il existe même des zoos et cirques spécialisés dans les animaux hybrides ! Il est néanmoins difficile de faire reproduire 2 races *(et encore plus difficile pour deux espèces !)* différentes parce qu'il faut que les gènes soient semblables pour qu'il y ait une reproduction.

Généralement, les animaux issus d'une hybridation ont des problèmes au niveau des chromosomes. Ils ont généralement des problèmes cardiaques, les mâles sont souvent stériles et les morts prématurées sont fréquentes.

Lion et tigresse = **liger** *(le + grand des félins)*	Lion et léopard = Le **léopon**
Ours polaire et grizzli = Le **grolar**	Vache et bison = Le **beefalo**

L'association People for the Ethical Treatment of Animals

PETA est la plus grande organisation au monde œuvrant pour les droits des animaux. Cette association dénonce entre autres l'élevage industriel, le port de fourrure et les expérimentations / spectacles avec des animaux.

Le « bruitage » des animaux

L'aigle : trompette   L'âne : brait   La vache : meugle   Le canard : cancane
Le crocodile : lamente   Le faon : râle   Le singe : hurle   La baleine : chante
Le sanglier : grommelle.   L'ours : gronde   Le paon : braille   La hyène : ricane

Retenir les signes astrologiques

Capricorne (22 décembre – 20 janvier)   **Verseau** (21 janvier – 18 février)
Poissons (19 février – 20 mars)   **Bélier** (21 mars – 20 avril)
Taureau (21 avril – 21 mai)   **Gémeaux** (22 mai – 21 juin)
Cancer (22 juin – 22 juillet)   **Lion** (23 juillet – 22 août)
Vierge (23 août – 22 septembre)   **Balance** (23 septembre – 22 octobre)
Scorpion (23 octobre – 22 novembre)   **Sagittaire** (23 novembre – 21 décembre)

"**Cap** vers les **poissons** de la **B**aie du **Taureau**, **j'**aime **qu**and **Li-Vie balance** le **scorpion** qui **s'agite**"

L'immunité parlementaire

Elle date de la Révolution française et permet de protéger les élus des pressions de l'extérieur. Ainsi, le gouvernement ne peut pas s'attaquer à des députés qui le critiquent, tout comme une entreprise ne peut pas s'en prendre à un député qui proposerait une loi contre ses intérêts. L'industriel Vincent Bolloré du groupe Vivendi a d'ailleurs été condamné à plusieurs reprises pour procédure abusive envers des journalistes, j'en parlerai dans la partie sur les médias.
Cette immunité peut néanmoins être annulée en cas de flagrant délit ou par vote *(en 2017, l'Assemblée nationale a levé l'immunité du député FN Gilbert Collard)*.

L'immunité diplomatique

Elle date de la Convention de Vienne *(1961)* et elle permet d'éviter que des pressions soient exercées par le pays d'accueil sur les diplomates, leurs employés et leurs proches. Ainsi, un diplomate français à Londres ne peut pas être jugé en Angleterre mais il peut être expulsé du territoire. Bien souvent, cette immunité crée un sentiment de justice à deux vitesses pour les populations et de nombreux scandales éclatent régulièrement : proche d'un diplomate qui tue quelqu'un en voiture sans être inquiété *(Anne Sacoolas)*, dealer qui ne peut pas être interpellé *(Val-de-Marne 2017)*, attouchements sexuels répétés *(Luigi Ventura)* etc…

Vocabulaire juridique

En France, on parle **d'emprisonnement** pour un <u>délit</u>, de **détention criminelle** suite à un <u>crime politique</u> et de **réclusion criminelle** pour une peine supérieure à <u>15 ans</u> suite à un <u>crime</u>.
Aussi, on parle d'homicide 1er degré pour un homicide volontaire, 2ème degré pour violences ayant entraîné la mort sans l'intention de la donner, 3ème degré pour homicide involontaire et 4ème degré pour homicide accidentel.
Enfin, on parle **d'accusé** lorsqu'une personne est poursuivie pour un <u>crime</u> et de **prévenu** si elle est poursuivie pour une contravention ou un <u>délit</u>.

Les jours fériés en France

Jour de l'an : *1er janvier*   **Lundi de Pâques** : *Entre le 22 mars et le 25 avril*
Fête du Travail : *1er mai*   **Armistice** : 2nd GM *8 mai*
Fête de l'Ascension : *Entre le 10 et le 30 mai*
Lundi de Pentecôte : *Entre mai et juin*   **Fête nationale** : *14 juillet*
Assomption : *15 août*   **La Toussaint** : *1er novembre*
Armistice : 1ère GM *11 novembre*   **Noël** : *25 décembre*

Autres fêtes non fériées

Chandeleur (2 février) - **Saint-Valentin** (14 février) - **Mardi Gras** (fin février-mars) - **Saint-Patrick** (17 mars) - **Fête de la musique** (21 juin)

Avec 11 jours fériés par an, la France est en 8ème position des pays ayant le plus de jours fériés. Le maximum est en Colombie (18 j) et le minimum est au Royaume-Uni / Pays-Bas (8 j)

Le congé paternité en France est de 25 jours + 3 jours de congés de naissance. Quand on se marie ou que l'on se pacs on a également 4 jours de congé et on peut le faire autant de fois qu'on le souhaite *(pacs, mariage, divorce, pacs etc….)*.
Si notre enfant *(naturel ou adoptif)* se marie, les parents ont 1 jour de congé. Pour le décès d'un proche de la famille, c'est 3 jours et à l'annonce d'un handicap chez l'enfant, c'est 2 jours.

L'amour

Casanova est un aventurier vénitien qui a eu des relations sexuelles avec cent quarante-deux femmes dont certaines à peine pubères, dont sa propre fille. Il a raconté ses aventures dans une autobiographie : « *Histoire de ma vie* ».

Chez les animaux, l'excitation sexuelle est directement liée à la possibilité de reproduction. C'est très souvent au moment où la femelle peut tomber enceinte que le mâle est excité. Bien sûr, il y a des exceptions. Les singes et dauphins le font à priori aussi pour le plaisir, il y a eu des cas d'homosexualité chez des manchots, de bisexualité chez des bonobos ou encore de sex oral chez des chauves-souris.
Pour les humains, il y a tout un mécanisme biologique qui se développe quand on a de l'attirance pour quelqu'un. Notre cerveau va sécréter davantage de **phényléthylamine** (PEA) ce qui va stimuler la libération de **dopamine**. Cette dopamine va affecter directement le **système limbique** qui est la zone du cerveau responsable des émotions telles que la faim, la soif ou la sexualité.

Ce mécanisme biologique n'est pas fait pour durer, il mobilise les mêmes mécanismes cérébraux que la drogue. Donc, dans un premier temps, on a l'amour passion avec la sécrétion de **dopamine**, puis ensuite vient l'amour raison avec la sécrétion **d'ocytocine** (*l'hormone responsable de l'attachement, son taux augmente en partageant des expériences positives*).
La **phényléthylamine** (PEA) vue plus haut, est une hormone naturelle que sécrète notre cerveau. Elle augmente lorsqu'on fait du sport, nous rendant plus heureux. Les personnes en dépression sont en déficience de PEA, c'est pourquoi on leur conseille de manger du chocolat (*aliment contenant de la PEA, faisant de celui-ci un antidépresseur*). Une hormone est un composant créé par des glandes, il circule dans le sang pour stimuler des organes du corps (*sommeil, puberté, croissance, faim, libido etc..*).

Les perturbateurs endocriniens

Ce sont des molécules présentes partout (*pour durcir le plastique, pour le vernis à ongles etc..*). Elles perturbent le système hormonal et peuvent entraîner des cancers, une obésité, du diabète…

L'agriculture

En 2015, un agriculteur français sur 3 touchait moins de 350€ par mois et d'après un rapport du ministère de l'agriculture, en 2017, les subventions étaient vitales pour un agriculteur sur deux.
Pendant longtemps, l'agriculture européenne a connu un système de quotas limitant les productions (*notamment de lait*) pour éviter une guerre de prix entre producteurs. Ainsi, l'offre et la demande étaient stables. Lorsque ces quotas ont été levés, de nombreux agriculteurs ont souhaité vendre beaucoup plus de produits (*aux supermarchés, restaurants...*) et nous nous sommes retrouvés dans

une guerre des prix. Pour rester rentable tout en vendant à un prix compétitif il faut vendre beaucoup et faire des économies d'échelle. Alors que les agriculteurs allemands bénéficiaient déjà de grandes structures, nous avions à ce moment-là principalement une « agriculture familiale » en France et celle-ci n'a pu survivre que grâce aux subventions de l'État et de l'Union Européenne. Alors que les grandes exploitations représentaient 12% en 1988, nous est passé à 40% en 2013.

Les légumes et les fruits

La définition **botanique** est que le fruit est l'organe comestible des plantes à fleurs, il contient des graines ou un noyau. Le légume est la partie d'une plante potagère qui se consomme (la fleur, la tige, la feuille, le fruit..).
La définition **culinaire** est que le fruit est un aliment sucré que l'on peut consommer en dessert et le légume correspond à une plante potagère mangeable. Aux États-Unis, il y a eu un procès pour déterminer si la tomate est un légume ou un fruit *(les légumes sont taxés à l'importation)*. La réponse a été « légume ».

Les forêts françaises

Nous sommes le 3ème pays européen en termes de surface forestière avec 16,5 millions d'hectares *(30% de la France)*. Planetoscope estime que ce sont 2,5 arbres qui sont plantés chaque seconde, toutefois nous avons un manque de variété dans les espèces plantées.
Les forêts françaises sont composées à 70% de **feuillus** *(hêtres, chênes..)* et 30% seulement de **résineux** *(Douglas, épicéas, pins..)*. On estime qu'en 2050, il n'y aura plus de résineux en France parce que c'est un bois très apprécié pour construire des maisons, la Chine nous en achète de très grandes quantités chaque année.
Par ailleurs, on a 7 500 hectares de forêts primaires, ce sont des forêts vierges jamais influencées par l'action de l'Homme avec un écosystème très développé.

Les jardins à la française

Ils sont de forme symétrique avec des effets géométriques et des jeux d'eau en plus de diverses fontaines et statues. C'est l'opposé des parcs à l'anglaise qui sont moins rigoureux dans l'organisation des choses.

La crue de la Seine

Un jour, la Seine débordera comme ce fut le cas en 1910 *(et 1955 mais moins fort)*. La crue centennale en Île-de-France a une chance sur 100 par an d'arriver chaque année et on estime que les dommages immédiats atteindront les 30 milliards €.

Information à retenir

En France, la fonction publique est constituée de 5,6 millions d'agents.

Le Système de classification des espèces

Il permet de classer scientifiquement les espèces vivantes *(animaux, végétaux, organismes microscopiques etc..)*. L'ordre c'est Règne, Embranchement, Classe, Ordre, Famille, Genre, Espèce. => Conseil pour s'en rappeler: RECOFGE.

Exemple avec l'Homme :
Règne *(animal)* Embranchement *(vertébré)* Classe *(mammifère)* Ordre *(primate)* Famille *(hominidé)* Genre *(Homo sapiens)* Espèce *(Homo sapiens sapiens)*

Ensuite, une espèce regroupe plusieurs races *(groupes d'individus dont les caractères biologiques sont constants et se conservent par la génération)*. Chez les humains, on constate qu'un Asiatique est différent d'un Européen, néanmoins on ne parle pas de « race » mais de « groupe de populations ».

Les 7 continents

L'Amérique : 1,2 milliard de personnes. Cela inclut les Bermudes et le Groenland.

L'Europe : 750 millions de personnes (510 millions font partie de l'UE).

L'Afrique : 1 milliard d'habitants.

L'Asie : 4 milliards d'habitants.

L'Océanie : 34 millions d'habitants *(Australie - Nouvelle - Zélande - Mélanésie - Micronésie - Polynésie)*

L'Antarctique : 2000 habitants.

Zealandia : Une zone qui répond aux critères d'un continent, proche de l'Australie.

L'hypocrisie du monde

Vous vous en doutiez forcément, notre monde baigne dans l'hypocrisie. Un fait marquant a été la tentative de libération de l'otage **Denis Allex** en Somalie. Lors de l'approche durant la nuit, les militaires français ont fait le choix d'éliminer chaque civil se trouvant sur leur route pour éviter que l'alerte soit donnée *(certains médias en ont parlé et cela m'a été confirmé par un fonctionnaire dans le milieu)*. Cette décision, compréhensive d'un point de vue militaire, illustre bien la différence de valeur accordée à une vie en fonction de sa nationalité.
Ce décalage est à la fois vrai pour le **monde diplomatique** *(les ventes d'armes françaises chez des pays peu démocratiques, les médailles accordées non pas pour le mérite, les assassinats liés aux affaires d'État en Russie, l'élection de l'Arabie saoudite à la Commission des droits de la femme à l'ONU etc...)* mais également pour le **monde des affaires** *(Facebook censure son site pour accéder au marché chinois, H&M a participé à l'exploitation d'enfants syriens via ses fournisseurs turcs, Apple fait du chantage à la délocalisation pour payer moins d'impôts et pratique l'obsolescence programmée etc...)*. Récemment, il a même été prouvé que Facebook a combattu dans les coulisses le règlement général sur la protection des données tout en le qualifiant de « *très positif* » en public.

L'Égypte

Gamal Abdel Nasser a été le président d'Égypte de 1954 à 1970. Il a œuvré pour faire entrer son pays dans l'ère moderne jusqu'à sa défaite contre Israël pendant la guerre des Six jours. Il était partisan du non-choix entre les États-Unis et l'Union Soviétique, il a nationalisé le canal de Suez et a tenu tête au monde occidental. Une vidéo très connue existe où on le voit expliquer en rigolant que les Frères musulmans souhaitaient qu'il impose aux femmes le voile et il disait trouver cette demande très grotesque. À sa mort, 4 millions d'Égyptiens ont accompagné le cercueil.

Son successeur **(Anouar el-Sadate)** décida de faire l'inverse en mettant de nouveau l'islam au cœur de la vie politique et citoyenne. Il organisa des actions violentes / purges envers la presse et les opposants ce qui ne l'empêcha pas de recevoir un prix Nobel de la paix en 1978.
Il libéra les Frères musulmans *(en prison pour avoir voulu tuer Nasser)* mais le regretta puisque cette organisation prit une place de plus en plus importante dans le pays. Ils ont accéléré l'islamisation de la société égyptienne en payant notamment des femmes pour porter le voile, très vite celles qui ne le portaient pas étaient considérées comme chrétiennes ou prostituées.
Anouar meurt assassiné par un membre du Jihad islamique *(organisation proche des Frères musulmans)* lors d'un attentat pendant un défilé militaire.

Les Frères musulmans

Il s'agit d'une organisation transnationale islamique sunnite fondée en 1928 par **Hassan el-Banna** en Égypte. Elle se compose d'un appareil militaire, son objectif est la renaissance islamique et la lutte non violente *(mais violente contre l'État d'Israël, notamment en Palestine)* contre l'emprise laïque occidentale et « l'imitation aveugle du modèle européen » en terre d'islam.
Après la révolution égyptienne de 2011, les Frères musulmans arrivent au pouvoir lors des premières élections législatives démocratiques et libres dans l'histoire du pays **(Mohamed Morsi)**. Ils se font renverser par un coup d'État **(Abdel Fattah al-Sissi)** en 2013.

Cette organisation a eu une forte influence dans les pays à majorité musulmane du Moyen-Orient, comme au Soudan ou en Afrique du Nord. Certains groupes partisans sont ensuite devenus autonomes comme le Hamas. L'organisation des Frères musulmans est considérée comme terroriste par l'Égypte, la Russie, l'Arabie saoudite et les Émirats arabes unis.

Pourquoi l'oncle Sam ?

D'après une théorie, si on appelle les États-Unis le « *pays de l'oncle Sam* » c'est à cause d'une blague de soldats américain venant du fait que les boîtes de munitions comportaient la mention « US ».
Par la suite, les journalistes ont donné un physique à cette personne.

Les Bush

George Bush (le père de George W.Bush) était un brillant étudiant à l'Université de Yale. Il s'engagea comme officier et participa à la guerre en 1944. Lors d'une opération, son avion fut abattu et ses coéquipiers tués. Il réussit à se parachuter de son appareil en feu et fut secouru 4h plus tard par un sous-marin. Ensuite il fit carrière dans l'industrie pétrolière et créa sa propre firme pétrolière : Zapata.
Il fut élu à la Chambre des représentants du Texas, puis nommé ambassadeur des États-Unis aux Nations Unies. Il dirigea pendant 1 an la CIA puis devint vice-président sous le mandat de Reagan et enfin fut le 41ème président des États-Unis. Il ne fera qu'un seul mandat. Son fils, George W.Bush, sera à son tour élu président des États-Unis de 2001 jusqu'à 2009.

Les Kennedy

Joseph Kennedy s'est enrichi avec le trafic d'alcool pendant la prohibition, c'est grâce à cet argent qu'il a pu se lancer dans la politique *(il finira ambassadeur au Royaume-Uni)* et qu'il se fait des contacts importants *(dont des membres de la mafia de Chicago)*. Son fils aîné, Joseph Jr, meurt dans un bombardier pendant la Seconde Guerre mondiale. Le père va donc encourager son deuxième fils, John, à devenir président. John sera d'abord sénateur du Massachusetts grâce à son père puis ensuite président des États-Unis. Une théorie veut que Joseph Kennedy ait conclu un pacte non respecté avec la mafia, d'où son assassinat à Dallas.
Comme dit dans la première partie du livre, sa sœur, Rosemary a été lobotomisée très jeune. Cela eut un grave impact sur sa santé et elle vécut dans un établissement spécialisé toute sa vie.

L'origine de la guerre de Corée

Après la Seconde Guerre mondiale, la Corée est partagée entre l'URSS qui occupe le Nord et les États-Unis qui occupent le Sud. Pendant la guerre froide, il y a eu une grande rivalité entre ces deux Corées qui déboucha sur une guerre en 1950.
La Corée du Nord envahit par surprise le Sud et parvint à conquérir presque l'intégralité de la Corée du Sud. Puis les États-Unis sont intervenus, reprenant le Sud et envahissant à leur tour le Nord. C'est à ce moment-là que la Chine est venue en aide au Nord et l'aida à reprendre son territoire d'origine. Depuis, il y a une zone démilitarisée entre ces deux Corées.

Le débarquement de Normandie (6 juin 1944)

Lors du débarquement, on utilisa les canaux de diffusion de la BBC pour communiquer des messages. Le poème de Paul Verlaine, « Chanson d'automne » permit de faire passer un message codé à la cellule de résistance française Ventriloque. Ils devaient attendre les 6 premiers vers avant de passer à l'action.
Au 1er juin, on passa les 3 premiers vers : « *les sanglots longs des violons de l'automne* ».
Puis, le 6 juin, les 3 suivants: « *blessent mon cœur d'une langueur monotone* »

Les douleurs fantômes:

Il arrive que certaines personnes ressentent une **douleur** *(brûlures / picotements)* dans une partie du corps manquante. Ce sont des douleurs fantômes, ces sensations sont réelles mais il s'agit d'une illusion de notre cerveau.

La bibliothérapie

Utilisée dès la Première Guerre mondiale aux États-Unis dans le but de soulager les troubles post-traumatiques des soldats, elle consiste à utiliser la lecture comme outil thérapeutique pour résoudre des problèmes personnels par l'intermédiaire d'une lecture dirigée. Le bibliothérapeute prescrit un roman adapté au trouble du patient pour lui procurer du bien-être grâce, entre autres, à un mécanisme d'identification permettant d'atténuer son mal-être.

La dissociation traumatique

Mécanisme de défense mis en place par le cerveau pour survivre à un stress extrême. Il bloque toute réponse émotionnelle, l'individu a du mal à comprendre ce qui se passe. Notre cerveau peut aller jusqu'à effacer des souvenirs pour que l'on ne soit pas affecté toute notre vie par un événement traumatisant, c'est **l'amnésie traumatique**. La mémoire peut ensuite revenir des années plus tard.

Le coma

Perte de conscience de plus de six heures. La gravité va du stade I, où la personne réagit à une stimulation douloureuse, jusqu'au stade IV, aussi appelé **coma dépassé**, qui est irréversible et correspond à l'état de mort cérébrale.

La mort cérébrale

Lorsqu'une personne est en stade de coma dépassé et que son cerveau ne fonctionne plus. On peut alors la faire respirer artificiellement mais ses organes sont amenés à mourir lorsque les machines cesseront de les aider artificiellement.

La mort clinique

Lorsqu'une personne n'a plus d'activité musculaire, plus de réflexes et ne respire plus. Cet état peut être temporaire et réversible.

Expérience de mort imminente (EMI)

Cette expression désigne ce que certains ont vécu à la frontière de la mort, suite à une mort clinique ou un coma avancé. Ces personnes se sont vues quitter leur corps et se déplacer, elles parlent d'un tunnel, d'une lumière et d'un sentiment de bien-être. D'autres disent avoir traversé des murs de l'hôpital et lors de leur réanimation il arrive que leurs témoignages concordent avec la vérité.

Blessure par balle

Le plus grave avec les blessures par balle, c'est la perte de sang. Lors des 10 premières minutes, on estime que 80% des blessés meurent d'une hémorragie. Il faut donc faire un point de compression *(appuyer sur la blessure)* et comprimer les vaisseaux sanguins en amont à l'aide d'un garrot pour freiner la perte de sang. Aujourd'hui, il existe des seringues à éponges qui permettent d'éponger le sang en prenant du volume. On peut également remplacer le sang du corps des victimes par de l'eau salée glaciale afin de congeler le corps et stopper l'hémorragie. Ensuite on n'a plus qu'à remplacer de nouveau cette eau par du sang et un choc électrique permet de relancer le cœur.

Les génération X & Y

La génération X désigne la génération des Occidentaux nés entre 1966 et 1976.
La génération Y désigne la génération des Occidentaux nés entre 1980 et 1999. Cette génération n'a pas connu la guerre ni le monde sans sida, elle a grandi avec la notion d'écologisme et les jeux vidéo sont pour elle un divertissement standard.

La neuroplasticité

C'est la faculté du cerveau à se réorganiser quand il subit un changement.
On a environ 100 milliards de neurones qui vieillissent et finissent par mourir. À partir de 25 ans, on perd 30 000 neurones par jour mais les axones développent de nouvelles voies de communication pour contourner les neurones fermés et aller vers des synapses qui fonctionnent. Ce phénomène compense la perte de neurones jusqu'à nos 70 ans environ.

Les conversions

1 tonne = 1000 kg	1 pound (lb) = 500 g	1 livre = 0,5 kg	1 km/h = 0,6 mph
1 inch = 2,5 cm	100 hectares = 1 km2	1 mile = 1,6 km	1 foot = 0,3 mètre

Les saisons (ça peut servir pour certains !)

Hiver => janvier, février, mars   **Printemps** => avril, mai, juin
Été => juillet, août, septembre   **Automne** => octobre, novembre, décembre

L'impact de la sélection naturelle

Aujourd'hui, l'impact de la sélection naturelle sur l'homme est **minime**. Un exemple frappant de cette situation est le développement de la myopie. Si à l'époque les malvoyants survivaient moins que les autres et donc se reproduisaient moins, ce n'est plus le cas. Aujourd'hui, plus de 220 millions de personnes souffrent de déficience visuelle et on estime que ce sera 600 millions en 2050 ! Sur le long terme, cette absence de sélection naturelle favorise des populations de plus en plus fragiles / dépendantes de la médecine.

Le nucléaire

Le principal avantage de l'énergie nucléaire est son efficacité. Aussi, on trouve encore de l'uranium en grande quantité et son utilisation ne rejette pas de CO_2 mais uniquement de la vapeur d'eau. Cela permet d'économiser les autres ressources naturelles comme le pétrole ou le gaz. Enfin, les centrales rendent possible la conception d'uranium enrichi *(pour les armes nucléaires)*.

Son principal problème est le stockage des déchets radioactifs, très nocifs pour la santé. L'uranium met environ 9 milliards d'années avant de ne plus être radioactif et les accidents peuvent être catastrophiques avec des zones rendues inhabitables. À ce sujet, sachez qu'en 2021 un comité international de 52 experts de l'UNSCEAR *(comité scientifique de l'ONU)* a déclaré que l'accident de Fukushima n'a eu aucune conséquence sanitaire discernable. Ce rapport est très bien résumé dans un article du Point datant du 10/03/2021. Ce même comité scientifique ne reconnaît qu'une quarantaine de morts directes lors de l'accident de Tchernobyl. D'autres sources parlent de 35 000 à 150 000 décès.

La stratégie de la plupart des pays est de s'appuyer sur le nucléaire le temps de développer suffisamment leurs énergies renouvelables. En 2019, la France a abandonné son **projet Astrid** de quatrième génération de réacteur nucléaire après 738 millions € investis dessus.

Le multiculturalisme

Ce terme ambigu est souvent utilisé pour désigner une coexistence de différentes cultures *(ethniques, religieuses, etc..)* au sein d'un même ensemble *(pays par exemple)*. Les différentes ethnies collaborent et dialoguent sans avoir à sacrifier leurs identités particulières. Certains estiment que le but d'un système multiculturel est de renforcer les pratiques culturelles des groupes minoritaires dans l'espoir que cela conforte leur participation au sein de la société. Un tel modèle s'oppose au concept d'intégration sociale ou d'assimilation culturelle. Le risque est fort de tomber ensuite dans le **communautarisme**.

Le communautarisme

C'est un terme plutôt péjoratif désignant l'attitude d'une minorité *(culturelle, religieuse, ethnique...)* cherchant à se dissocier des autres communautés. L'individu n'existe pas indépendamment de ses appartenances, qu'elles soient culturelles, ethniques, religieuses ou sociales et celles-ci priment sur le reste. Ce terme est souvent associé à celui de **repli communautaire.**

L'interculturalisme

Cette notion désigne une participation de la société dans l'accueil et l'intégration des nouveaux arrivants. Toutefois, ce terme suggère l'adoption par les immigrés de la culture dominante du pays *(comme la langue)* et la recherche de points communs entre cultures tout en préservant les différences individuelles.

Théorie sur les univers

La physique quantique estime qu'une particule peut avoir plusieurs états simultanément et que chaque état peut correspondre à un univers différent. C'est-à-dire que l'univers depuis lequel on observe une situation est choisi aléatoirement. Certains pensent d'ailleurs que les trous noirs forment des « couloirs d'échappement » vers d'autres univers.

L'expérience du chat de Schrödinger est intéressante à ce sujet, cette expérience de pensée veut qu'un chat se retrouve enfermé dans une boîte avec du poison qui peut se répandre à n'importe quel moment et si on ouvre la boîte, le chat meurt. Il y aurait donc à ce moment là un univers où le chat est mort et un autre où le chat est vivant

Pour pouvoir remonter le temps il faut créer une boucle temporelle pour qu'une personne du futur puisse venir. Or si je réussis à créer une boucle temporelle en 2017 et que mon arrière petit petit…fils vient me voir et me tue, cela sera impossible ! C'est le paradoxe du grand-père.

Il y a beaucoup de paradoxes de ce genre avec la théorie de voyage temporel. C'est pour cette raison que cette théorie ne fonctionne que s'il existe une multiplicité d'univers. Dans ce cas-là mon arrière petit petit…fils est né dans un autre univers que le mien.

Le physicien **Paul Steinhardt** nous présente cela à travers l'image d'un sandwich. Imaginons que les humains sont de la taille d'une fourmi, nous évoluons sur le pain du haut. Le jambon constitue la "soudure" entre ces deux mondes parallèles, il s'agit de l'espace-temps. La seule solution pour passer du pain du haut au pain du bas serait de presser le sandwich assez fort pour pouvoir déformer l'espace-temps (ce qui nécessite énormément d'énergie) afin de coller les deux morceaux de pain et ainsi de pouvoir passer du pain du haut au pain du bas.

Une façon plus pratique de remonter le temps est de passer par la lumière. Comme celle-ci ne se propage pas de façon instantanée, il est possible de remonter dans le temps ! En théorie, si un télescope peut voir une planète à 1000 années-lumière de la Terre alors les images recueillies dateront de 1000 ans ! En revanche nous ne pouvons qu'être spectateurs avec cette technique.

La 4ème dimension

Lorsqu'une voiture roulant à 100km/h croise une autre voiture en sens inverse roulant à 100km/h, les deux chauffeurs verront passer l'autre voiture à 200 km/h. Or deux rayons lumineux d'une vitesse de 300 000 km/h ne se croiseront pas à 600 000 km/h mais bien à 300 000 km/h.

La vitesse de la lumière est donc la même quelle que soit la vitesse de l'observateur parce que l'espace et le temps se contractent dans le sens du déplacement. Il s'agit de **la 4ème dimension** : l'espace-temps. Les 3 autres sont la hauteur, la largeur et la profondeur.

L'influence de l'éducation sur l'orientation sexuelle

Il existe de très nombreuses études *(souvent contradictoires)* sur l'impact de la génétique / l'hérédité / l'éducation dans l'orientation sexuelle. Le gène Xq28 a été surnommé le « gène gay » et des études ont même été menées sur les jumeaux homozygotes *(les jumeaux avec les mêmes gènes)* pour comparer leur sexualité. Finalement, aucun rapport n'arrive à faire consensus sur la question. Petit fait surprenant, le scientifique Kinsey a créé, dans les années 50, l'échelle Kinsey qui permet de détecter l'orientation sexuelle d'une personne grâce à un court questionnaire *(trouvable sur internet avec les résultats par pays)*. D'après ses études, 20 à 40% des adultes ne seraient pas uniquement hétérosexuels. Aussi, une théorie voudrait que l'on naisse tous bisexuels et qu'au cours de notre vie *(éducation, expérience..)* nous nous orientons davantage vers l'un ou l'autre.

Petit fait surprenant : en Polynésie, dans les îles Samua, les familles sans fille éduquent certains garçons comme des filles *(ils s'habillent avec elles, jouent avec leurs jouets etc…)*. On les appelle les **fa'afafines** et dans les faits, une très grosse majorité de ces garçons deviennent homosexuels par la suite.

Les causes de mortalité les plus fréquentes en France

1) **Le cancer** : 150 000 morts par an.
2) **Les maladies cardiovasculaires** : 140 000 morts par an.
3) **Les drogues** (tabac/alcool/cannabis) : 126 000 morts par an.
    A : Le tabagisme : 75 000 morts par an
    B : L'alcool : 50 000 morts par an
    C : Le cannabis : difficile à chiffrer, il y a ceux morts sur la route à cause de son usage + les cancers du poumon. Probablement plusieurs centaines de morts.

Autres chiffres sur le sujet : il y a **3 500** morts à cause d'accidents de la route, **300** à cause du sida et **200** par overdose chaque année en France.

Chaque année, la pollution tue 50 000 personnes en France *(les particules fines dans l'air favorisent les maladies cardiovasculaires, les cancers etc…)*. La pollution de l'air est d'ailleurs la 3ème cause de décès évitables après le tabac et l'alcool.
La Chine produit 30% des émissions de CO_2 du monde contre 0,9% pour la France. Néanmoins, si l'on regarde les émissions de CO_2 par personne, ce sont les pays de la péninsule Arabique qui sont en tête : 38 tonnes de CO_2 par habitant au Qatar contre 17 aux États-Unis et 5 en France. Les chiffres varient d'une source à une autre, je donne plus d'informations sur ce sujet plus loin dans le livre.
Ces études désignent la Chine et la péninsule Arabique comme les grands responsables de la pollution mais rappelons que les pays européens ont commencé leurs activités polluantes bien avant les autres. Un article de Numerama indique que « *depuis 1750, les membres de l'OCDE ont collectivement émis quatre fois plus d'émissions de GES que la Chine* ». Aussi, notons la présence des nombreux sous-traitants basés en Chine travaillant pour des clients européens et américains *(ex : usines alimentant la marketplace Aliexpress)*.

Éléments pour débattre

Les outils démocratiques semblent de moins en moins efficaces, preuve en est les abstentions records chaque année. D'un côté, on élit un président qui n'est pas obligé par la loi de respecter ses promesses ni de respecter l'avis du parlement *(possibilité d'user du 49.3)* et de l'autre, notre droit de manifester semble inefficace. La plateforme « e-pétitions » qui envoie automatiquement au parlement toute pétition atteignant les 100 000 signatures en 6 mois est néanmoins une idée très intéressante même si insuffisant. Ce manque d'emprise sur la politique menée par le président peut pousser le peuple à des actions violentes pour se faire entendre. En parallèle, les dirigeants ne font pas plus confiance au peuple, l'ex ministre chargée des Affaires européennes **Nathalie Loiseau** ira jusqu'à dire que le vote du peuple est problématique parce que trop influençable.

On s'aperçoit que ce sont souvent **les personnes peu connues** qui sont celles **qui s'impliquent le plus dans un travail**. Ces dernières ont tout à prouver pour être reconnues comme talentueuses alors que celles déjà connues prendront moins de risques et ne travailleront pas autant. Le meilleur exemple est l'Australie qui a choisi **Jorn Uzton,** un architecte inconnu de tous, pour la construction de l'opéra de Sydney. Ce choix a d'ailleurs été très critiqué à l'origine.

La définition de « réussir sa vie » est complexe tant il y a d'éléments à prendre en compte. S'il existe bien une hiérarchie dans les études avec des parcours plus prestigieux que d'autres, de nombreux indicateurs ont tendance à montrer que réussir **dans la vie** est de moins en moins assimilé au fait de réussir **sa vie.**
Beaucoup seront d'accord pour dire que gagner de l'argent est une réussite en soi. Même s'il ne garantit pas le bonheur *(les investigations démontrent qu'être très riche est une forme d'exclusion sociale, beaucoup souffrent de solitude et ne se sentent jamais assez en sécurité financièrement),* ne pas en avoir est assurément source de nombreuses frustrations quotidiennes. Néanmoins, les études montrent que les salaires sont inversement proportionnels à l'utilité sociale *(nous l'avons vu pendant la crise du COVID).* C'est-à-dire que plus le salaire est élevé et moins le travail est utile à la société, ce qui peut nuire à l'épanouissement personnel. Surtout, une hausse de salaire s'accompagne bien souvent d'une hausse de la charge de travail ainsi que d'une augmentation des responsabilités. Les statistiques montrent d'ailleurs que ce sont les femmes avec des postes à responsabilité qui font le moins d'enfants. En parallèle, d'après un sondage de 2016, 3/4 des ouvriers du Bâtiment estime être heureux au travail.
Autre réussite controversée, celle d'arriver aux plus hautes fonctions d'une organisation. Si l'opinion publique reconnaît la difficulté d'intégrer des écoles comme HEC, l'ENA ou Sciences Po Paris, ça ne l'empêche pas de pointer du doigt cette « élite » qu'elle juge responsable de tous les maux de la France *(les nombreux scandales qui touchent nos politiques et chefs d'entreprise y sont pour beaucoup).* La journaliste **Virginie Linhart** résume ainsi : « *les Français détestent l'ENA mais sont ultra-fiers lorsque leurs enfants réussissent le concours d'entrée* ».

Fiche de révision

Vous êtes à peu près à la moitié de cet ouvrage. Prenez bien le temps de mémoriser les grandes lignes de chaque sujet abordé pour que ce livre vous soit profitable !

Avec tout ce que vous venez d'apprendre, vous avez **la capacité d'épater vos proches** et de vous transformer en **véritable moteur de discussion** grâce à un large éventail de savoirs intéressants : les paradoxes et théories improbables, les outils de dissuasion nucléaire français, les grandes dates de l'histoire, le fonctionnement d'un GPS, l'histoire incroyable de Steven Bradbury, le rôle de la dopamine dans l'amour, les drogues etc…

Bien souvent, nos lacunes nous plongent dans l'embarras. On ne peut pas intervenir dans les conversations faute d'éléments pertinents à apporter et nombreux sont ceux qui se referment sur eux-même, abandonnant l'idée de se refaire une culture générale des années après leurs études face à la complexité de la tâche. Une telle situation peut se révéler très handicapante, même dans notre vie professionnelle puisqu'il est courant d'aller assister à des cocktails / déjeuners / séminaires où on ne fait pas que parler business. Internet est rempli de témoignages de personnes disant avoir une boule au creux du ventre qui se manifeste chaque fois que la conversation roule sur la littérature, la musique ou la peinture.

Le psychiatre **Frédéric Fanget** expliquait lors d'une interview qu'en règle générale, pour nous sentir cultivés, nous nous en remettons aux autres plutôt qu'à notre propre ressenti. Et nous choisissons souvent comme référence des personnes de notre entourage à la culture spectaculaire de telle sorte que nous nous sentons généralement « nul ».
Or, ne pas être crédible aux yeux des autres est un frein conséquent pour l'estime de soi et trop de personnes cherchent à cacher leur manque de culture plutôt que de travailler dessus. C'est ainsi que l'on se retrouve dans des situations où le rappeur français **Koba LaD** avoue ne pas connaître **Bob Marley**, qu'**Orelsan** se sente comme *« l'abruti de service »* lorsqu'il se retrouve sur un plateau TV débattant du Sénat alors qu'il ne sait pas ce que c'est ou encore qu'un étudiant cherchant à intégrer mon ancienne école de commerce situe le Nouveau-Mexique au Mexique lors de son oral de motivation.

Apprendre par cœur c'est bien, pouvoir en parler facilement c'est mieux. Avec des amis, j'ai organisé des « sorties débats » pour discuter autour d'une bière de sujets variés *(l'économie, la géopolitique, la religion etc..)*. Ça m'a aidé à savoir utiliser des informations à priori très différentes dans un même argumentaire.

Le débat est de loin le meilleur exercice pour vous habituer à utiliser intelligemment vos connaissances. Vous serez plus concis, vous oublierez moins d'informations et vos interventions orales gagneront en pertinence.

II: Les thèmes plus approfondis
(pour tout comprendre de notre monde)

Les principales religions monothéistes

L'islam (2 milliards de musulmans, 25 % de la population mondiale)
En arabe l'islam veut dire soumission à Dieu

2ème plus grande religion dans le monde après le christianisme.
En France : **4 millions de musulmans** soit **6 % de la population totale**

Histoire :
Adam est le premier prophète, il sera suivi par d'autres (Jésus, Moïse, Noé…) et **Mahomet** est le dernier prophète. Grâce à la visite de l'ange **Gabriel** pendant 23 ans, il a pu écrire les paroles d'Allah dans un ouvrage appelé le **Coran**. Ce livre date du 7ème siècle, on y retrouve à l'intérieur les commandements et les interdictions de l'islam. C'est la première source d'instruction religieuse.

Comme chez les chrétiens, les musulmans reconnaissent l'existence de Marie (« Meryem » ou « Maryam ») ainsi que de Jésus. Ce dernier est le seul prophète à n'avoir jamais péché, on le retrouve sous différentes formes : « Issa », « Aissa » ou encore « Issa ibn Meryem » qui signifie « Jésus fils de Marie ». Marie est la seule femme à être mentionnée d'une manière explicite dans le Coran, il est dit qu'elle tombe enceinte après que **l'ange Gabriel** souffle sur elle.

La Sunna est considérée comme la seconde source d'instruction religieuse. Son contenu est la retranscription sur papier des actes et paroles de Mahomet et de ses compagnons. Ce texte apporte des détails sur l'application des lois du Coran via un ensemble de « hadiths » (communications orales du prophète Mahomet). D'après ces hadiths, il y aurait eu 124 000 prophètes et 317 messagers en tout.

La Charia est la loi islamique, elle vient compléter la Sunna. Mentionnée uniquement deux fois dans le Coran, son origine n'est pas entièrement « divine » puisque les musulmans se sont inspirés de la Grèce antique ainsi que du monde romain et chrétien pour l'écrire. Ce texte est une véritable source de droit dans certains pays et elle inspire la législation dans quasiment tous les domaines (droit des affaires, de la famille, des successions…). Ainsi, certains États imposent d'être formé aux sciences de l'islam pour devenir juge en matière d'affaires d'ordre pénal et civil. Chaque pays adapte ensuite la sévérité des sanctions prévues par les textes. Au Qatar et en Iran les lapidations et flagellations sont encore possibles, néanmoins plus aucun pays ne coupe la main des voleurs de façon systématique (c'est officiellement toujours possible en Arabie saoudite mais extrêmement rare).

À la mort de **Mahomet** en 632, les musulmans se divisent pour choisir le nouveau guide. Les **chiites** *(10% des musulmans aujourd'hui)*, choisissent **Ali**, cousin de Mahomet. Les descendants d'Ali sont appelés **imams** jusqu'au 12ème qui disparut soudainement mais qui continua à communiquer le nom des représentants à distance. Jusqu'à ce qu'il annonce que le prochain se manifestera à « la fin des temps ». Les chiites attendent donc toujours son retour. Bien-sûr, en fonction des différentes branches du chiisme, les croyances peuvent différer.

Chez les Chiites, les « **ayatollahs** » sont les experts de l'Islam. Certains sont respectés dans l'ensemble du monde chiite, comme **Ali al-Sistani** qui a rencontré le pape en 2021 ou bien **Ali Khamenei**, le guide suprême iranien.

Les **Sunnites** *(90% des musulmans aujourd'hui)* choisissent le calife **Abou Bakr**, un compagnon du prophète pour le succéder. Le dernier calife est **Abdülmecid II**, mort en 1944 à Paris. Depuis, il y a eu plusieurs auto-proclamations ultérieures, sans reconnaissance de la part des autorités musulmanes. Ainsi en 2014, l'*État islamique en Irak et au Levant* revendiqua le rétablissement du califat avec l'émir **Abou Doua** qui choisira comme nom **Abou Bakr**. À sa mort, un autre prit ce titre. Par ailleurs, chez les sunnites « imam » signifie desservant d'une mosquée.

Alors que les Sunnites prennent en compte les enseignements des différents califes et de leurs compagnons, les Chiites ne suivent que ceux de la descendance des prophètes / imams et ceux qui disent être des descendants du prophète **Mahomet** ont le droit de porter un turban noir. Ainsi, chez les Sunnites, un imam ne prétend à aucun lien privilégié avec Dieu et il peut être licencié.

Les pays majoritairement Chiites sont l'Iran *(et l'organisation du Hamas)*, l'Irak, le Liban, l'Azerbaïdjan et le Bahreïn. Aussi, les principaux groupes terroristes *(Taliban, État islamique..)* sont Sunnites et commettent des attentats chez les Chiites *(ex : auprès de la minorité Hazara entre le Pakistan et l'Afghanistan)*.

Le **salafisme** est un mouvement religieux de l'islam Sunnite revendiquant un retour aux pratiques en vigueur à l'époque du prophète Mahomet et de ses premiers disciples. Ce mouvement prône une vision ultra-rigoriste et littérale de l'islam et son courant dit « djihadiste » est utilisé comme base idéologique pour justifier le terrorisme, contrairement à son second courant pacifique dit « quiétiste ». En France il y a environ 150 mosquées salafistes et autant sous l'influence du mouvement fondamentaliste **tabligh**, un courant similaire au **salafisme**.

En France, 75% des imams sont des étrangers *(majorité de Marocains, d'Algériens et de Turcs)* selon une étude menée en 2016 par *Le Monde*. Néanmoins, en 2024, le détachement d'imams étrangers formés, envoyés en France et rémunérés par leurs pays deviendra interdit. Jusqu'à 2023, l'instance de dialogue privilégiée entre l'État et le culte musulman a été le **Conseil français du culte musulman**. Il est depuis remplacé par le **Forum de l'islam de France** qui se veut *« plus proche du terrain, avec des membres désignés dans les départements par les préfets »*.

Pour se convertir à l'islam, il faut confesser ces deux croyances : <u>Allah est le seul vrai Dieu</u> et <u>Mohammed est son prophète</u>. Ensuite, un musulman doit suivre les **5 piliers de l'islam :**

1. **Profession de foi** : Allah est le seul Dieu et Mahomet est son Prophète
2. **La prière** : Cinq prières quotidiennes obligatoires.
3. **L'aumône** : Donner à ceux qui sont dans le besoin.
4. **Le jeûne** : Respecter le jeûne du ramadan.
5. **Le Hajj** : Pèlerinage à La Mecque à faire au moins une fois. C'est en Arabie dans la ville du nom de La Mecque que se trouve la maison de Dieu « Ka'ba ».

La circoncision est facultative pour l'islam, elle s'effectue entre le 7ème jour et la 13ème année. Aussi, il y a deux grandes fêtes célébrées : **l'Aïd al-Adha** *(« la grande fête »)* qui célèbre le fait qu'Ibrahim *(Abraham pour les chrétiens)* était prêt à sacrifier son propre fils sur l'ordre de Dieu et **l'Aïd el-Fitr** *(« la petite fête »)* célébrant la fin du ramadan.

L'Islam, comme les autres religions, fait l'éloge de faits aujourd'hui répréhensibles : ex : l'esclavage, l'incitation à la violence envers les non croyants, la pédophilie *(Mahomet a épousé une fille de 6 ans du nom d'Aïcha)*. Tout est donc une question d'interprétation pour le croyant. Jusqu'où il va appliquer les directives qu'il trouve dans une source d'instruction religieuse et comment il va mettre ces écrits anciens dans le contexte d'aujourd'hui ? Par ailleurs, certains versets peuvent être contradictoires et donnent lieu à des interprétations différentes :

- *« Si Dieu le voulait, toutes les personnes sur Terre croiraient en lui, qui es-tu pour contraindre les gens à devenir croyants ? »*
- *« Combattez ceux qui ne croient ni en Allah ni au Jour dernier »*

Rappelons également que l'Islam différencie ce qui est autorisé (**Halal**) de ce qui est interdit (**Haram**). Par exemple, l'alcool, la drogue, l'alcool et le suicide sont interdits dans cette religion. Néanmoins, d'après une étude de statista menée en 2009, 21% de la population musulmane en France déclare consommer de l'alcool. La libre interprétation par les croyants des textes fondateurs d'une religion est donc importante, le constat étant le même pour les autres religions.

Dans l'Islam, les hommes peuvent avoir quatre femmes et quatre témoins masculins sont nécessaires pour authentifier un adultère. Aussi, la nourriture doit être halal, donc l'animal doit être égorgé conscient ou inconscient et la personne doit le faire en récitant une prière en arabe, c'est la **dhabiha**. Le cochon est néanmoins interdit, probablement à cause du risque de **trichinose** *(prononcez trikinose)* propre au cochon et courante à l'époque. Autre règle, les femmes doivent garder leur chasteté à l'aide d'un voile et ne se montrer qu'à leur famille. Néanmoins, il n'y a pas de précision sur le fait de couvrir le visage dans le Coran.

Jilbab : tenue entière qui ne cache pas le visage

Hijab Hidjab   Chador Tchador   Niqab   Burka

Quelques faits historiques / points géopolitiques :

1979 Révolution iranienne : L'Iran devient une république islamique nationaliste, anticapitaliste, antisioniste et anti-impérialiste. La révolution renverse l'État impérial d'Iran dont le dirigeant, le **Shah**, s'échappera en Égypte pour éviter son procès. Les Chiites *(les Iraniens)* en veulent beaucoup aux dirigeants Sunnites *(Égyptiens)* pour avoir accueilli le **Shah**, ils les accusent d'être corrompus et de dialoguer avec les Américains.

Irak : 1/3 de la population de ce pays est Sunnite mais c'est elle qui détenait le pouvoir avec Saddam Hussein. Ce dernier a eu peur de l'Iran Chiite suite à la révolution iranienne et décida en 1980 de lui déclarer la guerre. Elle se termina en 1988 sans laisser de vainqueur ni de modification des territoires. En 1990 a lieu la guerre du Golfe suite à l'invasion par L'Irak du Koweït. Saddam Hussein est battu mais maintenu au pouvoir par la coalition dirigée par les États-Unis. Le dirigeant sera battu une deuxième fois lors de la seconde guerre du Golfe en 2003 puis arrêté. Les Chiites prendront alors le contrôle du pays ce qui entraînera des tensions entre les deux communautés avec des centaines de milliers de morts. Beaucoup de Sunnites essayeront alors de former un État islamique en rejoignant Al-Qaïda.

Aujourd'hui, l'Arabie saoudite et la coalition arabe *(Sunnite)* combattent au Yémen le mouvement houthiste Chiite qui est armé par l'Iran, pour empêcher une montée du chiisme chez les voisins. Depuis 2022, le chef d'État est le chiite Abdel Latif Rachid.

Syrie
Forces Chiites (Bachar El-Assad - Iran - Irak - Liban avec Hezbollah) + Russie
Forces Sunnites (Arabie saoudite - Turquie - groupes rebelles)

Le Hezbollah est un parti politique officiel Chiite au Liban. C'est une organisation terroriste pour le Canada, les États-Unis, l'Australie, le Royaume-Uni, l'Union européenne et les pays arabes.

Les Kurdes sont un peuple originaire de Turquie souhaitant un pays à eux. Beaucoup sont partis combattre en Syrie pour revendiquer par la suite une partie du territoire. La Turquie les considère comme des terroristes.

Carte des pays du début du XXIe siècle dont la communauté musulmane représente plus de 50 % de la population.

Le judaïsme (14 millions de juifs 0,0002% de la population mondiale)

En France : **450 000 juifs, soit 0,7% de la population totale**

Histoire

Le livre sacré pour les juifs est la **Bible hébraïque**, aussi connue sous le nom de **Tanakh**. Cet ouvrage se divise en 3 parties avec un total de 24 livres, nous avons la **Torah** (5), **Nevi'im** *(8)* et **Ketouvim** *(11)*. La **Torah** est très similaire au 1er testament des chrétiens, elle se compose de cinq livres sacrés : Genèse - Exode - Lévitique - Nombres - Deutéronome. Pour rappel, la différence entre les juifs et les chrétiens est Jésus : ceux qui considéraient Jésus comme le fils de Dieu sont devenus chrétiens et les autres sont restés juifs. Les premiers chrétiens étaient donc juifs.

Voici une partie de l'histoire de la Torah pour comprendre son origine :

2 000 -JC : **Abraham** reçoit un appel de **Yahvé** *(Dieu)* qui lui promet une terre pour lui et ses héritiers. Cette promesse est confirmée par Dieu au fils d'Abraham *(Isaac)* et au fils de celui-ci *(Jacob)*. Ce dernier recevra plus tard de Dieu le nom **d'Israël**, qu'il transmettra à sa descendance : le peuple juif. Voici l'origine de la croyance du peuple élu et de la Terre promise.

1300 -JC : la fille du pharaon *(on ne connaît pas son nom)* trouva un bébé flottant sur le Nil, il est alors confié à une nourrice et on l'appela **Moïse**. À 40 ans, Moïse tua un Égyptien qui frappait un Hébreu, il prit alors la fuite hors d'Égypte et devint berger. C'est à ses 80 ans que Dieu se révéla à lui et lui dicta la **Torah**. *(Bien que traditionnellement, la rédaction du livre soit attribuée à Moïse, il existe de nombreuses autres théories)*.

Moïse reçut alors l'ordre de Dieu de conduire le peuple juif à la terre promise. Comme le Pharaon refusa de laisser partir le peuple hébreu, Dieu imagina 10 fléaux *(l'eau devient sang, invasion de grenouilles, épidémie de peste, mort des premiers-nés etc..)*, poussant et le Pharaon à accepter. Changeant soudainement d'avis, ce dernier partit à leur poursuite avec son armée. C'est alors que Moïse referma la mer Rouge sur eux. Certains pensent que ce pharaon serait **Ramsès II**.

À l'instar des textes sacrés des autres religions, les écrits de la Bible hébraïque contiennent plusieurs contradictions et incohérences. Selon les historiens, la Torah a été écrite en -550 et on y apprend comment meurt **Moïse** alors que ce dernier est censé avoir vécu en -1300 et avoir entièrement écrit la Torah. Aussi, il y a plusieurs doublons *(une même péripétie rattachée à plusieurs personnages)* et des versions différentes d'un même événement : il est indiqué que Dieu sépare la lumière des ténèbres le 1er jour, puis plus loin il est dit que c'est le 4ème jour.

Selon la **loi rabbinique** *(Halakha)* majoritairement basée sur la Bible hébraïque, un juif est une personne née d'une mère juive *(même si non croyante)* ou qui s'est officiellement convertie au judaïsme. Même si certains estiment obligatoire le fait d'avoir une mère juive. Hériter de cette religion par la génétique est une particularité du judaïsme liée au concept de « peuple élu ». Chez les chrétiens, cette expression présente dans l'Ancien testament signifie plutôt « peuple choisi ».

Les 13 principes de la foi : au Moyen-Âge une personne du nom de **Maïmonide** *(elle a plusieurs prénoms)* étudia la Torah et en ressorti 13 principes : *Croyance en la résurrection - En l'éternité de Dieu - L'origine divine de la Torah etc..*

L'hébreu est une langue parlée par 8 millions de personnes, c'est l'une des trois langues officielles en Israël. En plus de la Bible hébraïque, certaines légendes rabbiniques datant du moyen âge se sont rajoutées, comme par exemple l'existence de **Lilith** qui serait la première femme d'Adam avant Ève.

La religion juive pratique la circoncision le huitième jour de la naissance. Comme pour l'Islam, il y a des interdictions et on constate également une libre interprétation de celles-ci par les croyants. Il faut manger casher, les fruits d'un arbre sont interdits pendant les 3 premières années, tout comme la consommation des animaux ruminants aux sabots fourchus, le sang , un produit *(ex : bouteille de vin)* ayant été touché par un non juif etc…

Sionisme : Le sionisme souhaite fonder un foyer national regroupant les juifs en Palestine. Il accueille des personnes d'extrême droite et d'extrême gauche qui ont des avis divergents sur la politique à suivre pour obtenir ce territoire.

Les étapes de la naissance d'Israël :

-600, la Terre promise : la Torah dit que Dieu situe la terre promise aux « terres de Canaan » *(région avec Israël, la Palestine, partie de la Jordanie et la Syrie, le Liban).*

1917, déclaration de Balfour : en 1917, les Britanniques mettent fin au règne ottoman en Palestine. Le ministre des Affaires étrangères, **Lord Balfour**, se prononce en faveur de la création d'un foyer national juif.

1945, la Shoah : en tout, il y a eu 6 millions de juifs tués *(40% des juifs dans le monde)*. Cet événement accélère le processus de création d'un État juif.

1947, plan de partage de l'ONU : les Nations unies accordent 56% de la terre de Palestine à un État juif et 44% à un État arabe. Dès le lendemain de la fin du mandat britannique *(14 mai 1948)*, la première guerre israélo-arabe débuta. Elle sera remportée par Israël en neuf mois et le pays agrandira son territoire.

1967, guerre de Six jours : Israël fit face à une coalition de 4 pays arabes *(Égypte, Jordanie, Syrie et Irak)* et remporta la guerre en 6 jours *(et de nouveau en 1973 lors de la Guerre du Kippour)*. Là encore, son territoire s'agrandit : le Sinaï, le détroit de Tiran, la bande de Gaza, le Golan, la Cisjordanie et Jérusalem-Est.

Mur des Lamentations : lieu saint dans Jérusalem où certains juifs viennent prier.

La bande de Gaza : aux mains de l'État d'Israël après la guerre des 6 jours, cette bande de terre est gouvernée par le **Hamas** depuis 2007. Il y a eu 2 intifadas *(soulèvement palestinien de Gaza)*, une en 1987 et la seconde en 2001.

Israël est régulièrement accusé de coloniser des territoires ne lui appartenant pas. Ainsi, en 2020, on estime que plus de 700 000 juifs étaient dans des colonies jugées illégales.

Le christianisme (2,419 milliards, 40% de la population mondiale)

Chrétien signifie qui croit au Christ.

En France : **40 millions de chrétiens soit 60% de la population totale**

Le mouvement chrétien s'est développé à partir du 1er siècle dans les communautés juives. Pour les Romains, le christianisme était une nouvelle secte juive et les chrétiens étaient persécutés jusqu'à ce qu'en l'an 300, l'empereur romain **Constantin** se convertisse lui-même. Fin du IVe siècle, le christianisme devint la religion officielle de l'Empire romain, c'est le début de la chrétienté.

Pour les chrétiens, la **Torah** est l'**Ancien Testament** *(à quelques détails près)*. À la mort de Jésus *(qui avait 33 ans)*, on rédigea le **Nouveau Testament** qui constitue la seconde partie de la Bible. Celui-ci se divise en plusieurs ouvrages (ex : *les 4 Évangiles - L'Apocalypse - Les Actes des Apôtres - les 13 Épîtres de Paul...*) et il est spécifique au christianisme. L'apôtre **Paul** est l'un des principaux auteurs de ce nouvel ouvrage sacré.`
L'Ancien et le Nouveau Testament constituent la Bible chrétienne. Elle définit les sacrements *(ex : baptême - confession - confirmation - mariage...)*. Les chrétiens croient tous en Jésus et le reconnaissent comme étant le Messie *(le Sauveur)*. Aussi, la circoncision est possible mais plutôt rare *(baptême avec l'eau)*.

On classe les chrétiens en trois grands groupes :
Catholiques : 1,3 milliard de personnes. L'autorité du pape est reconnue et considérée comme infaillible, les prêtres ne peuvent pas se marier. Il y a des dizaines d'ordres religieux : compagnie de Jésus *(ce sont les jésuites),* bénédictins, dominicains etc...
Protestants : 900 millions de personnes. L'autorité du pape et des cardinaux n'est pas reconnue, les pasteurs peuvent se marier.
Orthodoxes : 300 millions de personnes. Le pape est juste reconnu comme le patriarche de Rome. Les prêtres peuvent se marier, pas les moines.

La hiérarchie : **Pape** - **Cardinal** *(200 cardinaux)* - **Évêque** et **Archevêque** *(prêtre avec le + haut degré du sacrement de l'ordre)* - **Prêtre** - **Diacre** - **Moine**

Fin 2021, un rapport rendu public fait état d'un total de 3 000 pédocriminels dans la religion du christianisme en 70 ans. Depuis 1950, en France, il y a eu plus de 10 000 mineurs victimes de ces pratiques. Par ailleurs, nous avons régulièrement des scandales liés à la **banque du Vatican** *(blanchiment d'argent, corruption, détournement de dons...)*. Début 2021, l'ex président de cette banque **Angelo Caloia** a ainsi été condamné à 8 ans de prison pour détournement d'argent.

En 2019, il y a eu 1052 actes antichrétiens, 154 antimusulmans et 687 antisémites.

En 1905, avec la loi de séparation des Églises et de l'État, les bâtiments religieux sont devenus la propriété des communes. Cela signifie aussi que dorénavant c'est le pouvoir public qui doit entretenir églises et cathédrales *(75 millions € en 2015)*.

Les autres religions

L'hindouisme est la 3ème religion la plus importante dans le monde *(après le christianisme et l'islam)*, il y a 120 000 hindous en France.

Elle est apparue en 2000 -JC et aujourd'hui 80% des Indiens sont hindous. Il s'agit d'une religion très différente des autres qui se base sur 4 « **Vedas** » représentant les textes fondateurs de l'hindouisme. Ces 4 Vedas ont été écrits par les dieux, ce sont des concepts philosophiques issus d'une tradition ancienne.

Les hindous sont **polythéistes,** ils croient en plusieurs dieux. Tous ces dieux ne sont en fait que les différentes facettes d'une seule entité, le **brahman**.
Les hindous reconnaissent l'existence de classes sociales, déterminées dès la naissance : les **prêtres**, les **guerriers**, le **peuple ordinaire** et les **serviteurs**. Ces classes sont divisées en castes, les **intouchables** n'en font pas partie.

Il n'existe pas d'adéquation radicale entre métier et caste. Ainsi, on peut être banquier et faire partie de la caste des prêtres. Les castes ont tendance à se transformer en groupes ethniques, en lobbies ou en partis politiques pour s'entraider entre elles. Aussi, on constate une forme d'**endogamie** : beaucoup se marient avec quelqu'un de la même caste qu'eux.

Les hindous croient en la réincarnation et celle-ci serait déterminée en fonction du karma : si on a été bon, on accédera à une vie meilleure après la mort. L'objectif suprême est de sortir de ce cycle de réincarnations et d'atteindre le **Nirvana**. Les hindous respectent des codes de conduite, doivent atteindre des objectifs etc…

Le bouddhisme est la 4ème religion la plus importante dans le monde *(après le christianisme, l'islam et l'hindouisme)*. Il y a 600 000 bouddhistes en France, c'est autant une religion qu'une philosophie.

Cette religion a été créée en Inde par des personnes refusant le système des castes. Le fondateur principal est **Siddhartha Gautama** qui vécut au VIe siècle avant JC. C'est lui qui rédigea une grosse partie des enseignements du bouddhisme. Aujourd'hui, il existe plusieurs courants du bouddhisme.

Le mot "**Bouddha**" signifie Sagesse. Un Bouddha est une personne qui a atteint la perfection. Pour être bouddhiste, il faut suivre un enseignement *(le **Dharma**)* et rejoindre le **Sangha** *(la communauté de ceux qui suivent cet enseignement)*.
Cet enseignement se base sur cette observation : la vie est une souffrance parce que nous sommes ignorants. Accéder à la sagesse donne accès au vrai bonheur universel, il faut donc la développer et méditer .

Selon le bouddhisme, le monde n'a ni commencement ni fin, chacun voit l'Univers à travers sa propre vision. Aussi, un enfer existe où l'on subit une souffrance intense. Il y a également un paradis, le Nirvana, réservé aux hommes sages.

En principe, rien n'est obligatoire dans le bouddhisme. Cependant pour se perfectionner, chaque bouddhiste fait le vœu d'observer certaines règles de vie selon ses possibilités *(ex : végétarien..)*.

Au Tibet, le bouddhisme reconnaît l'autorité d'un chef, il s'agit du **dalaï-lama**. D'après la croyance, chaque nouveau dalaï-lama est la réincarnation du précédent. De ce fait, pour lui trouver un successeur, on réunit toutes les personnalités religieuses hautement reconnues dans le bouddhisme tibétain et on leur demande de reconnaître des objets ayant appartenu à l'ancien dalaï-lama. Aujourd'hui le dalaï-lama à plus de 85 ans et comme la Chine souhaite décider elle-même du prochain, son remplacement est un sujet d'actualité.

Les autres religions / sectes

Ⱦ **Le Jediisme** se fonde sur la philosophie Jedi de Star Wars.

Ⱦ **L'Église de l'Euthanasie** milite pour le suicide rapide de l'Humanité.

Ⱦ **La religion Heaven's Gate** a organisé un suicide collectif *(40 personnes)* en 1997 dans l'espoir de se transporter dans un vaisseau extraterrestre.

Ⱦ **La religion du Temple du Peuple** a ordonné le suicide de sa communauté *(909 personnes !)*. C'est la plus grosse perte civile américaine après les attentats.

Ⱦ **Les témoins de Jéhovah** appartiennent au christianisme. Pour eux, Dieu s'appelle Jéhovah. Ils refusent toute transfusion sanguine.

Ⱦ **La religion rastafari** encourage la consommation de cannabis jugé nécessaire à la méditation. Un Italien en possession de cannabis a été innocenté par la Cour de cassation italienne en plaidant la liberté de religion.

Ⱦ **L'inédie** est un mouvement prônant l'absence quasi-totale de nourriture / boisson. Plusieurs personnes en sont mortes.

Ⱦ **Le stoïscme** est une philosophie qui encourage à dire la vérité. Après avoir été licencié pour avoir traité ses collègues de « gras », le britannique **Samuel Jackson** a gagné son procès grâce à la liberté de pratique religieuse.

L'**agnosticisme** ou **pensée de l'interrogation** est une attitude qui consiste à dire qu'il est impossible de se prononcer sur la question de la religion. On voit les religions comme des constructions sociales et culturelles qui auraient surtout pour fonction d'assurer la cohésion et l'ordre dans les sociétés humaines via par exemple la menace de l'enfer et la promesse du paradis avec la notion de péché.

L'**indifférence religieuse** ou **apathéisme** est une indifférence vis-à-vis des religions. Aujourd'hui elle est grandissante dans les pays développés notamment en France. En 2007, l'Église catholique a lancé un groupe de travail sur ce sujet.

On estime qu'en 2050 la première religion dans le monde sera **l'Islam**. Effectivement, les chrétiens ont une moyenne de 2,7 enfants par femme contre 3,1 pour les musulmans. Aussi, sur les 42 000 églises en France, environ 50 églises / chapelles ont été détruites depuis l'an 2 000 et 313 sont en danger *(coût d'entretien)*. En parallèle, le nombre de mosquées a été multiplié par 24 depuis 1970. Il y en avait 2 400 en 2021 et 400 étaient en construction.

À savoir

De manière générale, on observe une corrélation entre la pauvreté d'un pays et son attachement à la religion : en **France** 14% des personnes déclarent que la religion est importante pour eux. C'est 12% au **Japon**, 3% en **Chine** et 20% en **Allemagne**. En revanche, on est à 98% pour l'**Éthiopie**, 95% pour l'**Indonésie**, 93% pour le **Pakistan** et 80% pour l'**Inde**. L'exception de cette règle est les **États-Unis** où plus de 50% estiment que la religion est importante dans leur vie.

Certains intellectuels et grands penseurs religieux soutiennent que la religion peut servir à la paix dans le monde avec le concept de paradis et de l'enfer *(l'ancien testament dit « tu ne tueras point » et le Coran « celui qui tue un homme tue l'humanité toute entière »)*. La religion peut aussi apporter un « **sens à la vie** » et un « **soutien psychologique et social** » en cas de deuil.

Néanmoins, d'autres considèrent au contraire que la religion divise et favorise les guerres. Le généticien **Albert Jacquard** disait d'ailleurs que « *ce n'est pas au nom d'une volonté divine qu'il faut aimer son prochain mais au nom de notre lucidité* ».
Les attentats suicides ne sont pas perpétrés par des déséquilibrés mais par des personnes influençables et fragiles. À la recherche d'une vie meilleure, c'est vers la mort et le martyr qu'elles se tournent et une religion peut présenter le défaut d'être interprétable de tant de manières différentes que même lorsque les États-Unis se retirent d'Afghanistan, les attentats *(cette fois-ci entre musulmans)* continuent.

Autre fait, la carte géographique de la religion pose la question du **libre arbitre** : si je suis né en Inde je serai probablement hindou, aux États-Unis je serai probablement chrétien, au Pakistan je serai probablement musulman etc…
Notre choix religieux est avant tout dicté / hérité par la tradition familiale / la culture dans laquelle nous allons évoluer dès la naissance. Très peu sont ceux qui s'intéressent à plusieurs religions avant de faire un choix. On remarque d'ailleurs qu'un individu radicalisé est souvent lui-même issu d'un environnement familial radicalisé. C'est pour cette raison qu'en cas d'attentat, la première chose que l'on fait en France est de placer en garde à vue la famille du suspect et de mener des perquisitions chez ces personnes.

Expérience : afin de déterminer si la prière pouvait guérir, on a demandé à des prêtres de prier pour un malade. Finalement, le malade a eu des complications cardiaques et était très anxieux de se savoir être l'objet de telles prières. :)

4 500 religions existent dans le monde et **1 milliard** de personnes n'en ont pas.

Au Liban, les hauts fonctionnaires sont choisis de manière à respecter un équilibre entre les religions du pays. Par exemple, le président est chrétien, le Premier ministre musulman Sunnite, le président de l'Assemblée nationale est Chiite etc..

En Islande, chaque foyer paye une taxe à la religion de son choix. Le **Zuisme** est une religion promettant de redistribuer cette taxe à ses membres.

La justice

Le droit privé régit les rapports entre personnes physiques et morales *(mariage, droit de la concurrence, droit d'auteur etc…)*.
Le droit public régit le fonctionnement de la puissance publique *(l'État, les administrations..)* et sa relation avec les particuliers.
Le droit pénal est une **infraction** (contravention, délit *ou* crime). Il régule le rapport société / délinquant *(donc droit public)* mais dans les faits il s'occupe surtout du rapport délinquant / victime *(donc droit privé)*.

Si ça touche **au droit pénal,** on peut être jugé par :
la cour d'assises *(les crimes passibles de la réclusion à perpétuité)*
le tribunal Correctionnel *(les délits passibles au maximum de 10 ans)*
le tribunal de police *(les contraventions)* ou bien par *la juridiction pour les mineurs (qui juge les mineurs)*.

Si ça touche **au droit privé,** alors on a affaire aux juridictions civiles :
le tribunal d'instance *(conflits entre particuliers < 10 000€)*
le tribunal de grande instance *(conflit entre particuliers > 10 000€)*
le tribunal de commerce *(litiges entre commerçants)*
le conseil de prud'hommes *(litiges entre salariés et employeurs)*.

Les crimes / délits commis par les membres du gouvernement pendant leurs fonctions sont jugés par la **Cour de justice de la République** connue pour être très clémente et notée 1,9/5 sur google map. Un particulier peut faire appel à cette Cour s'il se sent lésé par un délit commis par un membre du gouvernement. Selon le sénateur **Bernard Jomier** *« il y a un vrai risque de judiciarisation de la vie politique »*.

Il existe deux catégories de magistrats :
Les **magistrats du siège** sont les juges classiques qui prononcent le jugement ainsi que les juges d'instruction. Ces derniers sont des enquêteurs qui ont la possibilité d'aider le procureur en donnant plus de pouvoir aux policiers à travers des commissions rogatoires *(mener des perquisitions, des écoutes etc…)*.

Les **magistrats du parquet,** c'est le ministère public : procureurs de la République et leurs substituts comme par exemple les fonctionnaires de police, les procureurs généraux ou encore les avocats généraux. Les magistrats du parquet sont sous la responsabilité du garde des Sceaux. Ils dirigent les enquêtes et essayent de faire condamner ceux qu'ils pensent être coupables. Ils recommandent une peine aux juges mais n'ont pas le pouvoir de décider de la condamnation.

La loi du talion

Il s'agit là de l'une des lois les plus anciennes, elle consiste en la réciprocité du crime et de la peine *« œil pour œil, dent pour dent »*.

Zoom sur les perquisitions :

Elles doivent débuter au plus tôt à 6h du matin et au plus tard à 21h.

Les magistrats du parquet peuvent autoriser une perquisition dans le cadre d'une enquête préliminaire, l'accord du perquisitionné est obligatoire. Si l'infraction est passible de 5 ans ou plus de prison, alors un juge des libertés *(c'est un magistrat du siège)* peut autoriser une perquisition sans l'accord du perquisitionné.

Les magistrats du parquet peuvent mener une perquisition s'il y a flagrant délit. En l'absence du perquisitionné, il doit y avoir deux témoins pendant l'opération.
Le juge d'instruction peut ouvrir une information judiciaire suite à une plainte avec constitution de partie civile. À travers une commission rogatoire *(en France il n'y a pas de mandat de perquisition)* il autorise la police à procéder à des perquisitions. Un procureur de la République peut également en faire la demande lors des affaires graves *(ex : terroriste Cherif Chekatt à Strasbourg).*

Les frais de justice :

Ce sont les frais du procès *(honoraires d'avocat, l'huissier, le droit de plaidoirie, indemniser les frais de déplacement des témoins, payer l'intervention d'un expert etc..).* La partie perdante doit payer une grosse partie des frais de la partie gagnante. Il y a aussi une aide juridictionnelle qui rembourse 100% des frais si les ressources du foyer sont inférieures à 1 007€ et entre 25 à 55% si les ressources sont comprises entre 1 007 et 1 510€.

La justice populaire :

Au tribunal correctionnel, ce sont les juges *(aussi appelés magistrats)* qui rendent la justice. Toutefois en Cour d'assises, la justice est rendue au nom du peuple français. Des citoyens *(de plus de 23 ans)* sont donc associés au jugement, ils votent pour décider de la culpabilité et de la peine avec 3 magistrats. Le vote se fait à la majorité des voix. L'accusé peut révoquer jusqu'à 4 jurés *(en remplacer 4)* et l'avocat général peut en récuser 3. Certaines affaires nécessitent que le citoyen ait une compétence dans un domaine précis. Les jurés sont tirés au sort, 20 000 sont désignés chaque année en France *(une chance sur 1 300).*

Le droit français fait l'objet de beaucoup de critiques. Déjà, les délais de jugement sont très longs *(parfois plus de 3 ans aux prud'hommes !)* et l'État est souvent condamné pour ces délais. Surtout, il n'est pas rare qu'un juge annule un jugement suite à un vice de procédure minime. Pour optimiser les procédures, beaucoup militent pour la mise en place de **peines planchers** *(peines minimales obligatoires en cas de récidive).* La droite les a mises en place en 2007 *(en 2010, elles n'étaient appliquées que dans 38% des cas par les juges).* Comme le droit interdit tout système d'automaticité car jugé comme inconstitutionnel, des dérogations particulières étaient tout de même possibles. Elles ont ensuite été supprimées par la gauche en 2014.

Aussi, la justice est indépendante *(séparation du pouvoir exécutif et judiciaire)* mais il n'y a pas d'indépendance individuelle, les fonctionnaires doivent appliquer les lois votées puisque la justice reste avant tout une mission régalienne de l'État.

Cependant, ce sont les jurisprudences qui donnent le sens pratique au texte et parfois le juge peut aller bien plus loin que ce qui était initialement prévu dans la loi. Aussi, certains magistrats agissent de façon militante : le juge **Xavier Lameyre** ne prolongeait jamais les gardes à vue et réduisait au minimum les peines avant d'être contraint à changer de service. Pire, il arrive régulièrement que les juges se trompent : parfois la Cour d'appel valide le 1er jugement puis la Cour de cassation annule toute la procédure ! Ce cas de figure arrive dans 25% des affaires.

Nos 188 prisons ont une capacité de 61 000 places et 70 000 détenus y sont incarcérés en février 2022. **Macron** a promis 15 000 places supplémentaires, puis seulement 7 000. Finalement, il n'y en a eu que 2 000 lors du premier quinquennat. Le budget de la justice est de **8,9 milliards d'euros** en 2022 dont **3,6** pour l'administration pénitentiaire.
Aussi, on estime que 25% des détenus en France présente des troubles psychiatriques relevant plus de l'hospitalisation que de la détention,

En France, la perpétuité n'existe pas, toute condamnation à au moins 10 ans de prison entraîne une peine de sûreté *(sans possibilité de libération)* de moitié avec un **maximum possible de 30 ans**. Après cette période, une libération conditionnelle justifiée est possible. Si ce n'est pas le cas, il y a la réduction de peine automatique *(c'est environ deux mois par an)* + une réduction supplémentaire de peine *(environ 3 mois par an)* sous réserve d'un bon comportement. Donc une réduction de peine théorique annuelle de 5 mois. Ces chiffres interrogent sur la concordance entre peine encourue, peine prononcée et peine réalisée qui peuvent parfois sembler incohérentes.
En Norvège, la peine maximale est de 21 ans de prison, elle peut ensuite être prolongée. Dans d'autres pays, il n'y a aucune limite dans la durée de la peine. Ainsi la Thaïlandaise **Chamoy Thipyaso** a été condamnée à 140 000 années de prison pour escroquerie et l'Australien **Martin Bryant** a eu 35 peines à perpétuité et une peine de sûreté de 1 035 ans.

Le droit européen prime sur le droit français, on doit donc respecter les recommandations de la Cour européenne des droits de l'homme. Ses condamnations ont entraîné beaucoup de modifications du droit français.

Le Syndicat de la magistrature est un syndicat de magistrats français orienté à gauche. Ce syndicat travaille sur l'indépendance et l'égalité de la justice pour tous. Il communique parfois sur la situation politique *(ex : appel à voter contre Sarkozy)*. En 2013 il y a eu une polémique suite à la découverte dans ses locaux d'un « mur des cons » avec plusieurs personnalités affichées dessus : Robert Ménard, Dieudonné, syndicaliste policier, parents de victimes souhaitant une justice plus ferme etc…

En fonction des pays, on va porter plainte contre :

Monsieur x en **France**	**John Smith** en **Angleterre**
John Doe aux États-Unis	**Fulano** en **Espagne**

L'espèce humaine

Pendant longtemps, les humains ont distingué quatre « races » différentes : la noire, la blanche, la jaune et la rouge. Après la Seconde Guerre mondiale, on remplaça le terme « races » par celui « d'ethnies forgées avec des ressemblances culturelles ». C'est **l'ethnocentrisme de Lévi-Strauss** : chacun estime sa culture supérieure alors qu'elles peuvent toutes se prévaloir d'une supériorité selon un critère qui lui est propre. Il n'y a pas de critère plus pertinent qu'un autre.

James D. Watson est considéré comme le père de la génétique moderne pour avoir découvert en 1953 la structure de l'ADN avec **Francis Crick**. Il a d'ailleurs fait polémique en déclarant en 2007 que les Noirs sont inférieurs aux Blancs. Aujourd'hui, les biologistes travaillant sur les humains utilisent le mot **population**, parce que le mot **race** véhicule l'idée d'une hiérarchie entre les peuples. Le racisme consiste à penser qu'il existe des différences de valeur entre populations or si nous ne sommes pas tous semblables, nous sommes égaux.

La **Hu**man **G**enome **O**rganisation (**HUGO**) est une organisation créée en 1988 avec l'objectif de déchiffrer l'intégralité de notre ADN pour comprendre l'utilité de l'ensemble de nos gènes. Elle a découvert que les humains **de même sexe** possèdent un génome identique à 99,9 %. Un Asiatique est donc quasiment identique à un Indien. Néanmoins, d'une population à une autre, on constate des différences : les Tibétains peuvent respirer à 4 000 mètres d'altitude, les Noirs résistent mieux au soleil, les Bajaus *(peuple indonésien)* peuvent rester sous l'eau plus de 10 minutes, les Noirs de l'Afrique de l'Ouest ont un nombril 3 cm plus haut que les autres et des jambes plus longues. Ça les avantage pour le sprint *(centre de gravité plus haut)*, mais ça les handicape pour la nage *(étude de l'Université de Duke en Caroline du Sud)*.
Ces différences nées de la sélection naturelle expliquent pourquoi certains médicaments sont contre-indiqués pour certaines populations. Un exemple saisissant est l'évolution des girafes et des acacias. Les acacias ont pris de la hauteur, les girafes ont développé un cou plus long. Les acacias se sont dotés d'épines, les girafes d'une langue plus épaisse. Les acacias ont sécrété du tanin pour être immangeables en cas de menace, les girafes ont pris l'habitude de changer d'arbre fréquemment. Dans un autre registre, on a des éléphants sans défenses qui naissent au Mozambique.

Aussi, on ne peut pas modifier notre patrimoine génétique de notre vivant *(la théorie de Lamarck est fausse)* et certains naissent avec des évolutions négatives *(pas assez handicapantes pour empêcher la reproduction)*.

À noter, des tentatives de reproductions illégales entre singes / humains ont échoué alors que notre génome *(gènes + chromosomes)* est identique à 99%.

Pour rappel: un caractère est dit **dominant** s'il s'exprime d'une génération à une autre et **récessif** s'il peut sauter éventuellement une génération *(couleur des yeux)*.

Les différences hommes/femmes

On constate de grandes différences entre l'homme et la femme et celles-ci se concrétisent via des écarts de comportements et de réflexions. Ainsi, d'après une étude de 2013 faite par **Granie**, les hommes sont 4 fois plus enclins à s'exposer à des risques *(3 fois plus de morts chez les hommes dans les accidents de la route, 35 fois plus en prison et 6 fois plus dans nos armées)*.
Est-ce que ces différences sont la conséquence **de notre éducation** ou bien sommes-nous **dès notre naissance** si différents ? Pour l'instant aucune réponse ne fait consensus et il est probable que la réponse tienne un peu des deux.

D'un côté, il y a une différence naturelle de **2,17%**. L'homme a les chromosomes X et Y donnant des hormones **androgènes** *(pilosité, voix, musculature..)* et la femme a deux chromosomes X permettant des hormones **oestrogènes** *(seins, voix…)*.
Ces hormones vont influencer la formation des circuits de neurones : le cerveau gauche *(partage verbal, orienté dans le temps)* est plus développé chez les femmes et le cerveau droit *(action, orienté dans l'espace)* pour les hommes. Dans les faits, les études scientifiques disent que les femmes ont une meilleure **audition**, plus de **récepteurs pour le toucher** et possèdent un **odorat plus développé**. Aussi, l'homme est plus émotif mais aura tendance à cacher ses émotions alors que la femme a le besoin de s'exprimer et de se sentir écoutée.
Les hommes et les femmes sont donc physiologiquement très différents. Une étude menée en 2012 par le Centre Nationale de Santé démontre que sur 7 000 volontaires, 89% des hommes ont des performances supérieures à 89% des femmes. Cela pose d'ailleurs le problème de la place des femmes trans dans les compétitions sportives *(ex: l'ex soldat d'élite trans **Alana McLaughlin** suscite la polémique en combattant des femmes au MMA)*.
En plus des différences de gènes, sachez que d'après la revue **Science** 37 % des gènes sont activés différemment entre l'homme et la femme. Ainsi, certains sont en réalité désactivés, c'est la **transcriptome** qui détaille l'activité des gènes.

D'un autre côté, il est probable que l'éducation et la société jouent un rôle dans cette différence : les jeux à notre enfance *(dînettes pour femmes, jeux de construction pour hommes)*, les réflexions *(être belle pour la femme et être courageux pour les hommes)* et la culture pouvant être discriminante envers les femmes dans certains pays.

Souvent, les différences hommes / femmes sont évoquées pour parler des inégalités. Notons effectivement que les femmes ont souvent eu un rôle « secondaire » dans l'Histoire et certains droits leur ont été refusés *(le permis, le droit de vote, parfois le travail et donc un salaire..)*. Concernant l'écart salarial qui représente probablement l'inégalité la plus médiatisée, certains médias le situe à 30%. Ce chiffre s'explique en partie par le fait que les femmes s'orientent généralement vers des cursus moins rémunérateurs *(les filières de lettres, langues et sciences humaines sont les **plus féminisées** de l'université)*. Aussi, elles font généralement des carrières moins longues à cause de la maternité *(en 2014, 80 %*

des travailleurs à temps partiel étaient des femmes). À métier, entreprise et fonction équivalents, l'écart salarial serait entre 1 et 10%. D'autres paramètres entrent alors en compte comme la capacité de négocier des augmentations. D'après une étude de KPMG, à peine 1/3 des femmes négocieraient leur rémunération / prime. Enfin, dans les professions libérales, les femmes gagnent en moyenne **44% de moins que les hommes** d'après l'Insee. Ce chiffre est réellement impressionnant.

En parallèle, rappelons que certains droits sont en faveur des femmes. Ainsi, dans 80% des cas, la femme obtient la garde des enfants *(forte féminisation du corps des juges aux affaires familiales)*. Aussi, on a tendance à appliquer la fameuse doctrine « *les femmes et les enfants d'abord* » : le service militaire concerne habituellement les hommes, lors de l'invasion russe l'Ukraine a interdit le départ du pays des hommes âgés de 18 à 60 ans, les opérations d'évacuation de civils ne concernaient que les femmes et les enfants en Angleterre en 1939.

Le **féminisme** est un mouvement qui dénonce *(entre autres)* les harcèlements, les violences conjugales, les différences de salaire et les agressions sexuelles. Il regroupe des personnes aux pensées très hétéroclites et les actions des unes ne sont pas pour autant soutenues par les autres. Dépourvu de porte-parole, les discussions sont parfois houleuses et certains membres cherchent à politiser le mouvement. Ainsi, l'historienne **Christine Bard** déclara en 2020 **« le féminisme est de gauche »** et certains termes comme « éco féminisme » ont été créés. Autre exemple, en 2019 le collectif féministe anti immigration **Némésis** s'est fait exclure d'une manifestation contre les violences faites aux femmes.

Alors que la définition initiale du féminisme est : « *définir, promouvoir et atteindre l'égalité politique, économique, culturelle, sociale et juridique entre les femmes et les hommes* », la politisation du mouvement et la grande variété des revendications font que beaucoup ne s'y associent pas. Pire, d'après Statista, 50% des Français trouvent que le féminisme nuit à l'image des femmes !

> En 2011, les juges français ont estimé que les rapports sexuels entre époux s'inscrivent dans la continuité des devoirs découlant du mariage. Ils ont ainsi condamné un homme à 10 000 euros de dommages et intérêts pour avoir fait abstinence auprès de sa femme pendant plusieurs années.

Autre sujet, il y a parfois confusion entre « viol » et « relation sexuelle sans envie particulière ». Selon la psychothérapeute **Brigitte Martel** « *Le désir se nourrit du désir que l'autre a de soi (...) faire plaisir est positif lorsque l'on y trouve soi-même une gratification affective, émotionnelle, sensuelle* ». Vouloir faire plaisir à son partenaire peut arriver et comparer les deux termes peut être perçu comme une offense aux victimes de viol. Rappelons qu'il y a viol en cas de force, surprise, menace, ruse ou absence de consentement.

Enfin, les femmes subissent davantage de pressions sociales que les hommes *(épilation, maquillage, ventre plat etc...)* et elles payent en moyenne un peu plus cher certains produits mixtes quand ils leur sont destinés (coupes courtes chez le coiffeur, déodorants, shampoings...). On appelle cela la **« taxe rose »** et on estime ce coût supplémentaire à 770€ chaque année en France par femme.

L'éducation

Depuis la réforme de 2018, les trois filières généralistes S, ES et L ont disparu. Aujourd'hui, les établissements doivent proposer au moins 7 combinaisons de spécialités en plus d'options diverses *(arts, sciences, informatiques…).* À l'avenir, d'autres options feront leur apparition *(musique, danse, cuisine, rhétorique, codage…)* à l'instar de la **Finlande** où les élèves reçoivent par exemple des cours d'éducation ménagère *(art culinaire etc…).* Le constat étant qu'il est plus utile d'apprendre aux jeunes à être autonomes / à bien se nourrir plutôt que leur expliquer le théorème de Pythagore. Une étude menée par l'Insee en 2016 montre que moins d'un jeune actif sur deux considère ses études comme très utiles dans son travail *(sans les stages obligatoires, ce serait encore moins !).* Surtout, nombreux sont ceux à avoir **oublié leurs enseignements du lycée**. L'objectif des élèves est souvent de réussir les examens et la mémoire sur le court terme est davantage sollicitée.

Néanmoins, en France le diplôme reste roi : 86% des diplômés de l'enseignement supérieur occupent un emploi, contre 67% pour les détenteurs du brevet du collège *(en 2016).* Selon l'INSEE, en 2019 il y a 13% des 55-64 ans qui ont plus qu'un bac +2 contre 34% pour les 25-34 ans. Cette augmentation générale des qualifications fait qu'en 2020, les cadres sont désormais devenus plus nombreux que les ouvriers en France.

En France, un élève de primaire coûte **6 500 €** à l'année, c'est **8 240 €** pour un collégien et **10 800 €** pour un lycéen. 16 ans d'éducation nationale coûtent donc **90 000 €**. La Dépense Intérieure d'Éducation *(dépense pour tout le système éducatif français)* était de **160 milliards d'euros** en 2020 *(les entreprises financent 8,5% de ce coût).* Dedans sont comptés les budgets du ministère de l'Éducation nationale, de la Jeunesse et des Sports *(76 milliards d'euros en 2021).* Ce budget reste stable dans le temps, il augmente au même rythme que la hausse des dépenses publiques et continue de représenter environ 7% du PIB.
Plus préoccupant, les coûts des écoles privées proposant des cursus bac +5 sont de plus en plus élevés. En 2013, la dette étudiante en France s'élevait à 3 milliards d'euros selon Mediapart *(c'est 1 600 milliards $ aux USA, Joe Biden a annoncé en 2023 annuler 180 milliards de cette dette en 2023)* et 10 % des étudiants français souscrivent un emprunt pour financer leurs études.

Pour finir, je vais vous parler de l'effet Pygmalion qui illustre la corrélation entre manière d'enseigner et résultats obtenus.
Lors d'une expérience, on a demandé à des personnes de guider des rats pour les faire sortir d'un labyrinthe. On a fait croire au 1er groupe que leur rat était particulièrement intelligent et le contraire au second groupe, à chaque fois le taux de réussite était bien plus élevé chez le premier groupe. Dans le cas du second groupe, il arrivait que le rat ne dépasse même pas la case de départ ! L'expérience a ensuite été reproduite dans des classes avec le même résultat.
Cela alimente la réflexion quand on sait que certaines classes sont réparties par niveau, que certains lycées sont classés comme ZEP et que certaines filières comme STMG sont cataloguées comme des « sous-filières ».

Nourrir l'Humanité tout en préservant la planète

Le problème est que, d'un côté, nous sommes de plus en plus nombreux : en 1800 on était **1 milliard,** en 2023 **8 milliards** et en 2050 on sera **10 milliards**. D'un autre côté, nos modes de consommation évoluent et la tendance est à une hausse de la quantité de nourriture consommée par chacun : aujourd'hui une personne consomme en moyenne **80 kg** de viande par an contre **20 kg** en 1930 !

Il y a donc un vrai dilemme : comment continuer à nourrir toujours plus de personnes qui se nourrissent individuellement toujours plus ? Les scientifiques estiment que notre monde a la capacité de nourrir 12 milliards de personnes si on se limite à des productions intensives d'aliments spécifiques *(très peu de viande)* ! Nous allons voir dans cette partie ce qu'il en est réellement.

Ces dernières années, nous avons eu l'apparition de nouvelles notions liées à l'écologie et au développement durable. Voici une explication de ces termes :

L'économie sociale (aussi appelée l'économie solidaire)

C'est chercher à concilier activité économique et équité sociale. Cela signifie créer de la richesse autrement, en privilégiant l'utilité sociale, la qualité des rapports entre usagers / producteurs et salariés / entrepreneurs, tout en respectant l'humain et son environnement. On affiche une éthique, on est solidaire et on place l'humain et non le profit au centre de notre démarche.

- ***Ben & Fakto*** est une boutique en ligne spécialisée dans le prêt-à-porter, elle reverse 10% de ses ventes aux plus démunis sous la forme de microcrédits.

- ***Pretik*** est un site permettant aux particuliers d'échanger ou de se prêter leurs affaires. D'autres marques garantissent leur produit à vie, ça limite le gaspillage.

Le commerce équitable

C'est une alternative au commerce mondial. Il vise à réduire les inégalités des échanges, de façon à ce qu'il ne soit plus possible de payer un travailleur du Bangladesh 1€ par mois pour faire des robes vendues 100 € en Europe. On parle de transparence et de traçabilité des produits, du respect des conventions de l'Organisation Internationale du Travail *(temps de travail, rémunération etc..)* et du respect de la biodiversité. Dans le commerce équitable, on a des notions du développement durable comme de **l'économie circulaire** *(les déchets sont recyclés en matière première...)*.

● **Ben & Jerry's** fait attention au choix des fournisseurs *(exploitations familiales, élevage plein air..)* et elle embauche des anciens détenus.
● La marque **« c'est qui le patron »** propose aux consommateurs de participer à la conception des produits. On sait comment c'est fabriqué et d'où ça vient.

La nourriture biologique

Le bio connaît un grand succès depuis son apparition en 1980. D'après les enquêtes auprès des consommateurs, on achète bio parce que l'on pense que c'est meilleur pour notre santé, puis pour l'environnement et enfin pour le goût.

Un produit « bio » signifie simplement que ce produit n'a pas été traité par des produits chimiques ni synthétiques. Peu de gens le savent mais l'agriculture biologique utilise bien des engrais et des pesticides, en revanche ceux-ci sont uniquement naturels. Naturel ne signifie pas moins dangereux, parmi ces produits on peut citer le cyanure et l'arsenic. Un scandale a d'ailleurs éclaté avec le **roténone,** un insecticide naturel utilisé pour les cultures « bio » finalement très nocif. Il multipliait le risque de contracter la maladie de Parkinson.

Certains scientifiques estiment que restreindre les **produits de traitement** à des **produits naturels** est une stratégie marketing surfant sur la crainte du public vis-à-vis de tout ce qui est « chimique ». Le succès de ce label reposant davantage sur l'idéologie et non sur la science. Effectivement, les pesticides conventionnels ne sont pas si dangereux pour l'Homme : un verre de vin contenant 13 grammes d'alcool est tout aussi cancérigène que 25 millions de pommes traitées avec des pesticides toxiques *(si utilisation du pesticide du nom de Captan)*. Cette situation poussera d'ailleurs le vigneron et agriculteur **Armand Heitz** à dire que « *les labels bio, c'est un grand pas pour les industriels, mais un tout petit pas pour la planète* ».

Aussi, il faut savoir qu'en Europe, seulement 6% des terres agricoles sont cultivables selon les normes du bio *(gestion du sol particulière etc..)*, on doit donc importer les produits bio venant de pays principalement africains. Ces longs trajets occasionnent bien évidemment de la pollution. De plus, le bio utilise plus de terres que l'agriculture conventionnelle pour des rendements égaux, on doit donc détruire une plus grande surface de forêt afin de rattraper cette baisse de production. Enfin, il est utile de savoir que les **Organismes Génétiquement Modifiés** sont autorisés dans l'agriculture biologique et des discussions sont en cours pour l'utilisation d'insecticides synthétiques sous certaines conditions.

Scientifiquement, on ne peut pas soutenir que le bio est meilleur pour la santé. L'agriculture conventionnelle est plus riche en **protéines** et l'agriculture biologique est plus riche en **matières sèches**. Surtout, les expériences à l'aveugle ont montré que l'on est incapable de distinguer les produits bio des autres.
Néanmoins les produits chimiques / synthétiques peuvent occasionner dans l'ensemble une perte de la biodiversité et des problèmes de contamination de l'eau, du sol et de l'air. Ils contiennent plus de polluants que les produits naturels et on constate une corrélation entre utilisation de certains de ces produits et apparition de cancers chez l'Homme. Aussi, certaines études montrent un impact négatif direct de plusieurs de ces produits sur certaines espèces animales *(par exemple l'utilisation des insecticides néonicotinoïdes qui tuent abeilles et oiseaux)*.

Le succès du bio prouve que l'on peut produire différemment et il pousse les industriels à investir en R&D pour commercialiser des produits ayant des effets toujours plus limités sur l'environnement. En 2023, la France consomme 100 000 tonnes de pesticides pour son agriculture selon le Sénat, dont 40 000 tonnes de produits phytosanitaires.

Par ailleurs, on constate que la consommation de produits bio s'accompagne souvent d'un mode de vie sain chez le consommateur : il fait du sport, il mange davantage de fruits et de légumes et moins de produits transformés.

Les végans

Le véganisme se différencie du végétalisme car il ne se limite pas à une pratique alimentaire. Cette idéologie refuse toute appropriation d'une matière animale, que ce soit de la nourriture *(viande, lait, miel, œuf, poisson...)*, mais aussi des vêtements *(cuir, daim...)* ou encore des cosmétiques.

Pour la santé, un tel régime ne semble pas entraîner de problème sérieux. En 2016 4 enfants ont été hospitalisés en Italie après avoir suivi un régime végan mais il semble que ce soit un cas isolé. Certes, les végans manquent de certaines vitamines *(la vitamine B12 par exemple)* mais on a remarqué que leur sang est plus efficace dans la lutte contre le cancer. Pour rappel, l'Organisation Mondiale de la Santé conseille 25 à 30 g/j de protéines d'origine animale.

Comprendre les problématiques de la viande

1) Le problème de l'occupation des terres agricoles
Pour produire de la viande, il faut beaucoup d'espace : 80% des terres agricoles mondiales sont réservées à cet usage, soit 30% de la surface de la Terre. Néanmoins, selon l'Inrae, en 2019 l'élevage occupait majoritairement des terres non cultivables en France et seulement 11,5% des terres arables *(donc cultivables)* étaient utilisées pour l'élevage. Étant donné que la moitié seulement des terres agricoles peut être cultivable, si tous les français devenaient végétarien alors il faudrait compenser l'élevage en augmentant la surface de terres cultivées *(donc déforestation)* ou bien en recourant à l'importation.

2) Le ratio efforts / résultat et impact climatique
Les animaux d'élevage consomment aujourd'hui 45% des récoltes mondiales de céréales et ce chiffre est en augmentation constante depuis 10 ans. Bien que 86 % des aliments consommés par les animaux d'élevages ne sont pas propres à la consommation humaine, on estime tout de même que 1 kg de viande de volaille correspond à 3,2 kg d'aliments comestibles pour l'homme. L'élevage des poissons se situe dans la même logique, 60% des poissons pêchés sont transformés en farine de poisson pour nourrir les poissons d'élevage *(l'aquaculture)*.

Par ailleurs, le Citepa a estimé en 2017 que l'**agriculture** et la **sylviculture** représentent 19 % de la totalité des émissions de gaz à effet de serre. Comme d'habitude, les chiffres varient énormément d'une source à une autre. Certaines associations gonflent les statistiques pour avoir plus d'impact, faisant davantage de la plaidoirie idéologique qu'un réel effort de documentation.

Enfin, certains animaux sont porteurs de bactéries telles que la **campylobacter** *(responsable de nombreux cas de gastro-entérites en France)*. Pour contrer ces contaminations, certains agriculteurs traitent leurs volailles avec des antibiotiques ce qui a pour effet d'affaiblir notre organisme. Si en 2011 la moitié des antibiotiques fabriqués dans le monde était utilisée pour traiter le bétail, ça a nettement diminué depuis. L'Agence Nationale du Médicament Vétérinaire fait état d'une diminution de ces antibiotiques de 64,5% depuis 2011 pour les volailles en France. En Chine, les derniers chiffres indiquent encore un usage massif.

Note : on estime que 1 kg de viande bovine nécessite 50 litres d'eau réels. Les chiffres dits « virtuels » prennent trop de paramètres *(ex : eau de pluie)* et ne sont pas pertinents. Surtout, il faut savoir que le cycle de l'eau est éternel. Toutefois, on la consomme de façon intensive au point que sa consommation est plus rapide que son renouvellement. De plus, sa répartition est très inégale dans le monde, certains endroits connaissent des pénuries d'eau avec un assèchement des terres, des nappes phréatiques et des rivières *(45 000 barrages dans le monde)*.
L'usage de l'eau dans le monde : 70% agriculture, 20% usines et 10% particuliers.

3) l'éthique animale
Les méthodes du secteur agroalimentaires sont parfois terribles et les pratiques dans les abattoirs tout autant. Environ tous les 6 mois, l'**association L214** publie une nouvelle vidéo cachée d'un abattoir mettant en scène des actes de barbarie envers les animaux et relance le débat des vidéos de surveillance dans de tels lieux. À ce sujet, la loi oblige aujourd'hui à ce que l'animal soit tué dans un abattoir officiel et non pas par l'éleveur, à moins que ce soit pour sa propre consommation. Le collectif « *quand l'abattoir vient à la ferme* » se bat pour permettre aux éleveurs d'abattre eux même leurs animaux.

C'est ce qu'on appelle le « **paradoxe de la viande** » ou la « **dissonance cognitive** ». L'opinion publique est majoritairement opposée aux 3 millions d'animaux tués chaque jour en France mais elle garde ses habitudes alimentaires.

Si les scientifiques estiment que notre monde a la capacité de nourrir 12 milliards de personnes, l'organisation non gouvernementale **OPT** estime à **5 milliards de personnes** le nombre optimal d'humains. C'est la limite pour se nourrir en quantité suffisante avec les produits que l'on souhaite, tout en laissant suffisamment d'espace à la biodiversité et en mettant un terme au réchauffement climatique.

En 50 ans, le monde a perdu 40% des espèces animales *(majorité d'insectes)* à cause de la pollution, des pesticides, de la prédation des chats *(responsables à eux seuls de la disparition de 63 espèces !)* et de la diminution de l'habitat naturel. Chaque année, la France perd entre 20 000 à 80 000 hectares *(cela dépend des sources)* de milieux naturels à cause de l'**artificialisation** des sols *(construction de voies ferrées, parkings, routes, chantiers...)*. Ce sont 30% d'oiseaux et 80% d'insectes disparus en France en 10 ans. À l'échelle de l'Europe, on parle de 40% d'animaux terrestres et de 70% de poissons !

La chasse et ses méthodes

Dans la partie vocabulaire *(à la fin du livre)* je vous parlerai du terme **spéciste**.

En 2019, la France comptait 1,2 million de chasseurs pratiquants et 5 millions de licenciés, ce qui fait de la chasse le **troisième sport le plus pratiqué** en France derrière le football et la pêche.

Aujourd'hui, l'industrie alimentaire permet à l'homme de se nourrir sans avoir à tuer lui-même des animaux sauvages, beaucoup estiment donc que la chasse n'est plus utile. Cependant, il est paradoxal de condamner cette pratique en la décrivant comme barbare alors que la viande que l'on trouve dans les supermarchés provient d'élevages d'animaux aux conditions de vie bien souvent cruelles. Pourquoi accepter les élevages intensifs impliquant une souffrance quotidienne de millions d'animaux et condamner en parallèle une pratique qui consiste à chasser l'animal dans son milieu naturel ? D'un côté, on tue **1 milliard d'animaux** dans les abattoirs chaque année en France avec un étourdissement non obligatoire avant la mise à mort pour les abattages rituels *(Halal et Casher)* et de l'autre on chasse chaque année **20 à 30 millions d'animaux** de 90 espèces différentes environ dans leur habitat naturel *(dont 580 000 chevreuils, 800 000 sangliers, 70 000 cerfs, 3 millions de faisans, 1,5 million de lapins, 2 millions de perdrix, 5 millions de pigeons, 2,3 millions de grives, 400 000 renards…).*
On peut ici faire un parallèle avec l'Union Européenne, qui limite la pêche récréative à deux bars par personne tout en autorisant les chalutiers à pratiquer la pêche industrielle sur les côtes nord et ouest de la métropole.

Comment se passe la chasse en France ?
En France il faut un permis de chasse qui nécessite au préalable une attestation d'un médecin prouvant que notre santé est compatible avec la détention d'armes. L'examen du permis de chasse consiste en une **épreuve pratique** *(parcours pour vérifier que la personne sait manipuler une arme en sécurité)* et **théorique** *(des questions sur la biodiversité et la sécurité).* Pour s'y préparer, les candidats ont une demi-journée de formation. C'est très peu comparé à l'Allemagne où le permis de chasse nécessite deux ans de formation. Ainsi en France, on passe beaucoup de temps sur la thématique de la sécurité *(tirer seulement lorsque ce n'est pas dangereux)* mais très peu sur celle de la précision *(savoir bien épauler et être précis).* La responsabilité est donnée aux chasseurs de s'entraîner de leur côté.

Chaque année, un chasseur doit payer la validation de son permis. Il doit aussi avoir l'accord du propriétaire pour chasser sur un terrain *(par défaut ce n'est pas le cas avec les ACCA et la loi Verdeille, c'est aux propriétaires d'indiquer leur refus)* et obtenir des bracelets pour les animaux qu'il prélève. Le nombre de bracelets par territoire est fixé par les préfets, il dépend du taux de reproduction des espèces et de leur nombre. Pour déterminer cela, il y a *(souvent)* des comptages nocturnes organisés à l'aide de jumelles thermiques. Le bracelet doit être posé sur le gibier prélevé et son coût pour le chasseur peut être très élevé *(souvent plusieurs centaines d'euros pour un cerf !)* et en cas d'erreur *(prélèvement non prévu sur le plan de chasse)* des amendes sont prévues.
En France, 75% des forêts sont privées avec une majorité de propriétaires chasseurs et l'ONF loue aussi une partie des forêts domaniales aux chasseurs. Ces derniers chassent donc majoritairement chez eux ou bien louent un territoire

et c'est pour cela qu'ils s'opposent au dimanche sans chasse. Certains grands propriétaires menacent d'ailleurs d'interdire les promeneurs / vélos dans leurs forêts si le gouvernement interdit la chasse le dimanche.

Les types de chasse les plus courants sont la **chasse à l'affût** *(on attend le gibier)*, **à l'approche** *(on se déplace pour le trouver)*, **en battue** *(des rabatteurs font fuir le gibier dans la direction des chasseurs)* **à courre** *(les chiens épuisent l'animal qui est ensuite tué au couteau. C'est l'une des plus polémiques).* Nous avons également **la chasse à la glu** *(une méthode de capture non létale interdite depuis 2020)*, la **chasse au déterrage** *(utilisation de chiens ou de furets qui rentrent dans les terriers afin de chasser le blaireau, le renard ou le lapin)* ou encore la **fauconnerie** *(utilisation de rapaces).* Cette liste n'est pas exhaustive.

La chasse pour manger
Cette pratique est un moyen de se nourrir d'une viande saine, bien plus écologique que n'importe quelle autre disponible en grande surface. Néanmoins, il est difficile de trouver un fournisseur de gibier sauvage avec de la viande fraîche parce que les partenariats entre réseaux de chasse de France et revendeurs de type bouchers ou grandes surfaces sont très rares. On peut citer la marque Gibier de Chasse Chasseurs de France créée par la Fédération Nationale des Chasseurs, mais elle est peu connue et ne fait l'objet d'aucune publicité. Lors de mes recherches j'ai constaté que sur certains groupes Facebook, des non-chasseurs nouent des accords avec des chasseurs pour leur acheter de la venaison. C'est néanmoins un phénomène assez rare.
Autant les chasseurs peuvent consommer librement le gibier prélevé, autant la réglementation sur la vente / donation de gibiers sauvages est ferme. Le chasseur ne peut vendre son gibier que dans un rayon de 80 km et doit rédiger des fiches d'examen pour chaque animal qu'il souhaite vendre. Pour le sanglier, il faut payer des tests *(environ 100 €)* en laboratoire pour savoir si la viande est saine *(risque faible de trichinellose)*. Rendre ces procédures plus faciles permettrait, en plus de l'avantage financier, d'éviter le gâchis. Les animaux issus de la chasse sont parfois envoyés à des établissements de bienfaisance mais il existe des cas où la viande est jetée, notamment après des grandes battues de régulation de sangliers. Ce gâchis affecte bien sûr l'image des chasseurs auprès de l'opinion publique.

La chasse pour réguler et indemniser les agriculteurs
L'idée de régulation de la faune par les chasseurs est inscrite dans l'article L.420-1 du Code de l'environnement : « *la pratique de la chasse, activité à caractère environnemental, culturel, social et économique (…) contribue à l'équilibre entre le gibier, les milieux et les activités humaines en assurant un véritable équilibre agro-sylvo-cynégétique* ».

En France, ce sont les chasseurs qui indemnisent les dégâts des animaux qu'ils chassent. Aujourd'hui, l'animal chassable *(le loup n'en fait pas partie)* occasionnant le plus de dégâts est le sanglier. Mais il n'est pas le seul à poser problème, les cerfs et chevreuils pratiquent par exemple **l'abroutissement** *(consommation de jeunes pousses et bourgeons jusqu'à détruire les jeunes arbustes)*, **l'écorçage** *(consommation d'écorce menaçant les fins arbres de 20 à 50 ans)* ou encore le **frottis** *(impact infligé aux troncs d'arbres, arrachant les écorces)*. Selon un bilan réalisé en 2015 par l'Office Nationale des forêts, plus d'1/3 de la surface des forêts domaniales sont en situation de déséquilibre forêt-gibier à cause d'une surpopulation d'ongulés. L'ingénieur forestier à l'ONF **Régine Touffait** parle aujourd'hui de 40%.

La pression exercée sur les chasseurs pour réguler est donc forte. Certaines associations de chasse doivent même s'endetter pour indemniser les dégâts et elles ont une obligation de résultat *(devoir de prélever un nombre minimal d'animaux sinon elles ont des amendes)*. Parmi les raisons de la hausse du nombre de sangliers nous avons la pratique de **l'engrenage** *(ça consiste à nourrir les sangliers au centre de la forêt pour les éloigner des champs)*, la **hausse du nombre de portées** et de marcassins par portée et les **règles éthiques de certains chasseurs** qui limitent l'efficacité des chasses. À ce sujet, en 2021 une société de chasse mosellane interdisant à ses membres de tirer sur les laies de plus de 45 kg a eu des problèmes avec la justice pour ne pas avoir respecté le Schéma départemental de gestion cynégétique.

En 2020, l'indemnisation des dégâts représentait une enveloppe de 80 millions d'euros payée intégralement par les chasseurs. En 2023, Macron a annoncé une aide pour compenser la hausse des matières premières et donc du prix des dégâts. 20 millions servent à aider au règlement de la facture des dégâts et 60 millions d'euros sont débloqués sur trois ans pour accompagner les chasseurs dans leurs missions de régulation sur le terrain.

La Suisse, après avoir interdit la chasse, a été obligée de payer des chasseurs professionnels pour réguler certaines espèces en plus d'avoir à payer elle-même les dégâts aux agriculteurs. Aussi, une espèce qui se multiplie a accès à moins de ressources et sa population se fragilise. Par exemple, **Ségolène Royal** a ordonné en 2014 l'abattage de plusieurs centaines de bouquetins *(espèce non chassable)* au massif du Bargy par mesure de prévention sanitaire, certains ongulés ayant la **brucellose**, maladie transmissible à l'homme. Autre exemple, l'Australie, pays où les animaux souffrent du manque d'eau, lance régulièrement de vastes campagnes d'éradication animale : 2 millions de chats entre 2016 et 2020 *(les chats australiens tuent un million d'oiseaux chaque jour !)*, 5 000 dromadaires en 5 jours abattus par des tireurs embarqués dans des hélicoptères en 2020, des milliers de chevaux également abattus chaque année etc…

Enfin, la régulation permet de diminuer les collisions parfois mortelles entre véhicules et grande faune en France.

La chasse pour la convivialité
Pour 82% des chasseurs, la motivation à aller chasser inclut l'aspect convivialité. La fédération précise d'ailleurs que *« la chasse permet de dépasser les clivages sociaux : ruraux, urbains (…) et permet des rencontres et des échanges entre trois générations de chasseurs »*.
De nombreux acteurs économiques gravitent autour de cette pratique *(armurier,*

naturaliste, agence de voyage, ball trap, loueur de terrain etc...). En tout, ce sont 30 000 emplois créés en France. Aussi, la moitié des chasseurs participe à des activités bénévoles sur le thème de la biodiversité *(entretien des forêts, comptage des animaux, actions de nettoyage des déchets etc...).* L'institut BIPE estimait la valeur de ces actions à 2,9 milliards d'euros en 2016. Enfin, si la chasse coûte en moyenne 2 200 € par chasseur chaque saison, sachez qu'elle est à l'origine un élément symbolique de la Révolution française et de l'abolition des privilèges des puissants. Pendant longtemps, cette activité était réservée à la noblesse.

Si dans le passé, il y avait en France beaucoup de petits gibiers et très peu de gros, aujourd'hui c'est l'inverse. Pour maintenir leur présence, les chasseurs procèdent parfois à des coûteux lâchers avec l'accord du préfet. Ces lâchers permettent rarement une réintroduction du gibier sur le long terme *(30% de réussite),* puisqu'ils meurent rapidement de la prédation naturelle *(ex : renards)* et de la chasse. Ce sont chaque année 12 millions de faisans, 5 millions de perdreaux gris et rouges ainsi que quelques dizaines de milliers de lièvres et de lapins que les filières d'élevage lâchent dans la nature. Environ 1/5ème des animaux tués à la chasse proviennent de ces lâchés. Contrairement aux élevages intensifs, ces animaux ont néanmoins la place de voler dans les volières pour qu'ils puissent survivre une fois relâchés. Il existe aussi des chasses « commerciales » dans des grands **terrains clos**. Nous n'avons pas d'information sur le nombre d'animaux tués au cours de ces chasses, celles-ci sont souvent très coûteuses.

Les chasseurs bénéficient d'un lobby plutôt efficace qui lutte contre les tentatives de réglementation plus fermes. Comme dans toute grande communauté, certains ne respectent pas les règles *(ex : angle 30°)* et chaque année on compte 130 accidents dont une dizaine mortels *(majoritairement des chasseurs).* C'est relativement « peu » comparé aux 400 morts chaque année liés à un sport en France. Ainsi, la chasse représente 4% des accidents de loisirs de pleine nature contre 37% pour les sports de montagne ou 23% pour les sports aquatiques.

D'après un sondage de 2021 mené par IFOP, 55% des Français sont hostiles à la chasse. Plus les répondants se déclarent informés sur la chasse et plus ils y sont favorables *(47% favorables chez les « très informés » contre 7% chez les « très mal informés »).* Le président de la fédération dit d'ailleurs que « *la chasse n'a pas besoin d'être défendue mais expliquée* ». Aussi, 60% de personnes estiment que les chasseurs se montrent utiles pour l'entretien des espaces naturels. Par ailleurs, les associations de défense de la nature ne sont pas forcément contre la chasse. Par exemple, **Animal Cross** ou **l'Aspas** ne veulent pas son abolition, seulement des réformes et les associations **WWF** et **LPO** ont été fondées par des chasseurs.

L'alternative à la chasse la plus mise en avant est la réintroduction des grands prédateurs naturels *(ours et loup majoritairement).* Bien sûr, cette solution comporte des risques pour les humains *(mort d'un randonneur tué par un ours en Italie en 2023)* et les animaux d'élevage. Certains sentiers de randonnée ont d'ailleurs déjà été fermés au public en France sur décision du préfet.

Les problèmes d'alimentation dans le monde

Une mauvaise alimentation peut entraîner trois types de problèmes de santé :

L'obésité tue 2,8 millions de personnes chaque année et le surpoids en concerne 1,4 milliard *(8,5 millions de français obèses)*. Le record est 600 kg *(Manuel Garza)*.

La sous-nutrition tue 9,1 millions de personnes dans le monde chaque année. Elle concerne 815 millions de personnes.

La faim invisible *(mauvaise alimentation)* concerne 2 milliards de personnes. Un exemple frappant de l'évolution de nos habitudes est la consommation annuelle de sucre par individu qui est passée de 5 kg il y a 10 ans à 24 kg aujourd'hui.

Le gaspillage pose problème alors que 700 millions de personnes à travers le monde souffrent de la faim. D'après une étude de 2019 de l'ONU, les ménages sont les premiers responsables, ensuite ce sont les services de restauration et enfin les points de vente au détail. À l'échelle mondiale, 931 millions de tonnes sont jetées chaque année. La moyenne est de 121 kg d'aliments par habitant, en France c'est 85 kg par personne et le record est 189 kg au Nigéria par habitant !

Certaines initiatives citoyennes sont les bienvenues : développement des **permacultures** chez les particuliers *(on conçoit soi-même un environnement responsable et auto-suffisant)*, favoriser les **circuits de distribution courts** ou encore **baisser sa consommation de viande d'élevage**. Cependant, ces actions individuelles n'ont pas d'impact à l'échelle mondiale si elles sont isolées. Ce qui compte, c'est la **tendance mondiale d'un phénomène** et pour l'influencer beaucoup pensent qu'il faut agir sur les acteurs principaux *(compagnies pétrolières, producteurs de produits, industries polluantes...)* à travers divers moyens : punir avec des amendes, subventionner pour moderniser les infrastructures, accorder des avantages fiscaux pour inciter à être responsable, simplifier les procédures existantes *(d'une commune à une autre, les couleurs des poubelles peuvent changer, personne ne s'y retrouve)*, proposer des lois *(similaire à celle d'interdire les sacs en plastique dans les supermarchés)* etc...

Effectivement, il semble compliqué de convaincre un particulier de trier ses poubelles quand on apprend par exemple que la plateforme pétrolière de la **Taylor Energy Company** a déversé 500 barils de pétrole par jour dans la mer pendant plus de 14 ans. Cette réflexion a abouti à la création des **COP *(Conference Of the Parties)*** permettant des rencontres entre chefs d'État pour trouver des solutions aux problèmes environnementaux.

Aussi, selon le **Global Footprint Network**, si toute l'Humanité consommait autant que les Français, il faudrait 2,9 planètes.

Mises au point sur différentes notions du développement durable

Le réchauffement climatique

Depuis 1900, le réchauffement climatique s'est matérialisé par une hausse de 1,1°C et la température moyenne devrait de nouveau augmenter de 2,7°C d'ici la fin du siècle. Cette hausse des températures a un impact sur de nombreux éléments : changements divers sur la faune (*rétrécissement des poissons, certaines espèces mettent bas plus tôt...*) mais également sur les éléments tels que l'eau de mer qui se dilate et occupe plus d'espace, aggravant la montée des eaux et favorisant certains phénomènes météorologiques extrêmes (*ex : cyclones*).

La responsabilité de ce réchauffement climatique a longtemps fait débat. D'un côté, certains scientifiques disent que le climat n'a jamais été réglé et que ce réchauffement climatique s'inscrirait dans un cycle naturel d'évolution du climat. Rappelons qu'il y a 65 millions d'années, notre planète est passée d'une température moyenne de 19° à -15° suite à la formation d'une couche de soufre autour de la Terre, empêchant les rayons du soleil d'atteindre le sol. D'un autre côté, d'autres scientifiques affirment que le réchauffement climatique est essentiellement causé par l'activité humaine. Le rapport sorti en mars 2023 du Groupe d'experts intergouvernemental (*Giec*) est venu trancher en affirmant que la responsabilité humaine est dorénavant **« sans équivoque »**. Ce sont les gaz à effet de serre (*GES*) qui provoquent le réchauffement climatique (*vapeur d'eau, dioxyde de carbone, méthane, protoxyde d'azote et d'ozone*) et ils proviennent majoritairement des activités humaines.

Pour simplifier, les médias utilisent souvent l'équivalent CO2 (*CO_2-eq*). Ça permet de convertir les GES en un seul (le *dioxyde de carbone*) et ça facilite les calculs.

Face à ce constat, il y a deux solutions. On peut agir sur notre activité (*diminution de nos besoins d'énergie, du trafic routier et aérien, changement de mode de vie...*). Ou bien nous pouvons partir du principe que si nous avons « réussi » à réchauffer la planète, on peut trouver un moyen de la refroidir grâce à de la **géo-ingénierie** (*ensemble des techniques visant à manipuler, à grande échelle, le climat et l'environnement de la Terre*).

La première solution est pour l'instant privilégiée par les pouvoirs publics. Ainsi, l'Accord de Paris a pour ambition de limiter les français à 2 tonnes de *CO_2-eq* chaque année à partir de 2050 (*en 2019, nous étions à 9 tonnes*) pour limiter le réchauffement climatique à +1,5°C. Sachez à titre de comparaison que le bilan carbone d'un aller-retour Paris-New York est d'environ 1,75 tonne de *CO_2-eq*, le changement demandé peut donc paraître drastique pour certains.

Cette solution souffre de nombreuses limites : nécessité d'une entente entre tous les pays (*les efforts de l'Europe sont vains si en parallèle l'Asie et les États-Unis ne font pas d'effort*) et réticence des entreprises / particuliers à faire des concessions. C'est pour cela que la **géo-ingénierie** prend de l'ampleur et certaines innovations sont le point d'aboutir : limiter l'effet des éruptions volcaniques en pulvérisant des particules refroidissantes dans la stratosphère, carburant à base de moutarde pour les avions, construction de batteries au dioxyde de carbone à la place du lithium par l'entreprise **Energy Dome**, création de la première centrale nucléaire au thorium liquide *(celui-ci se solidifiant au contact de l'air contrairement à l'eau ce qui limite les risques en cas de fuite)* en Chine, projet de renforcer les puits de carbone des écosystèmes terrestres en amendant les sols avec de la poudre de basalte riche en phosphore, avancée du projet ITER *(réacteur thermonucléaire expérimental international)* qui est le plus grand projet scientifique mondial actuel, projet de booster la croissance du phytoplancton des océans puisque ces derniers capturent le carbone, projet d'exploiter l'énergie illimitée des courants océaniques au Japon via une turbine submersible appelée Kairyu, projet de dessalement de l'eau de mer via des nouvelles technologies, élaboration de technologies permettant la capture du CO_2 avec des produits déjà fonctionnels commercialisés par exemple par la startup Climeworks, projet d'utiliser l'hélium 3 pour le carburant des futurs centrales à fusion etc... Bill Gates dira d'ailleurs à ce sujet « *nous ne pouvons pas nous permettre d'avoir peur de parier sur des idées folles* ».

Les exemples mettant à l'honneur la science sont nombreux. Ainsi, la France a souhaité interdire *(vignette crit'air)* le diesel jugé trop polluant plutôt qu'investir pour améliorer ce carburant. Or, en 2021, apparaît sur le marché le **HVO**, un carburant fabriqué à partir de matières premières renouvelables issues de l'industrie alimentaire. Compatible sans modification, ce carburant promet une réduction des gaz à effet de serre de 90% par rapport au diesel fossile.

Enfin, les rapports alarmistes favorisent les comportements violents / contre-productifs et l'éco-anxiété chez certains militants. À l'instar du féminisme, l'écologie se politise et étend ses revendications à d'autres sujets. **Yannick Jadot** et son groupe « *les Verts* » n'a récolté que 4,6% aux présidentielles de 2022.

Le développement durable : la dimension économique

L'un des trois piliers du développement durable est **l'économie**. C'est-à-dire que ça doit se faire sans entrer en confrontation avec le modèle économique des entreprises pour éviter de tomber dans le **greenwashing** *(programmes de récupération de produits obsolètes, économie circulaire, moins de gâchis dans les chaînes de production, économies d'énergie pour faire baisser la facture etc...).*

Les Organismes Génétiquement Modifiés

Un OGM est un organisme vivant dont le patrimoine génétique *(les gènes dans l'ADN)* a été modifié par l'Homme, par des techniques de génie génétique ou de sélection artificielle. Elle est principalement utilisée pour l'agriculture et le médical, le premier OGM a d'ailleurs été une tomate en 1980 qui se ramollissait moins que les autres avec le temps. L'un des risques de cette pratique est de rendre les consommateurs résistants aux antibiotiques. En France, la mise en culture de semences comportant des OGM est interdite mais l'importation de certaines graines *(maïs, colza, coton, soja, betterave sucrière...)* génétiquement modifiées et leur commercialisation à des fins de transformation sont permises.

La pollution

C'est devenu l'un des mots les plus utilisés en France, on le retrouve à toutes les sauces : pollution de l'air, sonore, visuelle, CO2, méthane…
Pour mieux comprendre ce terme, voici une série de questions / réponses.

Quelle est la pollution la plus dangereuse ?

De tous les types de pollution qui existent, la plus dangereuse pour l'Homme est de loin la **pollution de l'air**. Elle entraîne des maladies respiratoires et des complications au niveau cardiovasculaire via une exposition aux particules fines. On estime qu'elle raccourcit d'environ 3 ans l'espérance de vie mondiale et qu'elle tue 8,8 millions de personnes dans le monde chaque année *(50 000 en France)*. Certains scientifiques parlent même de « pandémie de pollution de l'air ».
À titre de comparaison, l'OMS estime que la **pollution aquatique** tue 3,4 millions de personnes chaque année. 1 personne sur 3 n'a pas accès à de l'eau salubre et il existe de nombreux pays sans infrastructure pour traiter les eaux usées.

Ça vient d'où les particules fines ?

Les particules fines, ce sont des substances microscopiques *(de quelques mm à moins d'un millième de millimètre, donc moins d'un micron)* en suspension dans l'air. Celles qui font moins d'un micron sont appelées PM 1 et ce sont de loin les plus dangereuses puisqu'elles pénètrent facilement dans nos poumons, entraînant de l'asthme, des bronchites, une réduction des fonctions pulmonaires et parfois le cancer des poumons *(en France, ce cancer est la première cause de mortalité par cancer)*. Ces particules fines peuvent être **naturelles** *(ex: volcans)* ou issues des **activités humaines** *(pot d'échappement, freinage avec les pneus, usines etc…)*.

Quand on évoque la pollution on parle souvent du CO2. Le **dioxyde de carbone** est un gaz **à effet de serre** tout comme le **méthane** et la **vapeur d'eau**, c'est-à-dire qu'il participe au réchauffement climatique en absorbant en partie le rayonnement infrarouge de la Terre. Le lien entre CO2 et particules fines n'est toutefois pas toujours véridique, ainsi un véhicule diesel émet moins de CO2 qu'une voiture essence mais plus de particules fines. Et une personne qui va relâcher du CO2 via sa respiration ne va pas relâcher des particules fines. Le CO2 *(et CO_2-eq)* est donc un indicateur international qui nous renseigne sur le réchauffement climatique et non pas sur la pollution de l'air. On associe souvent cette unité de mesure à la production d'énergie parce qu'il est facile de faire des conversions et déterminer combien la production d'électricité engendre de grammes de CO2 *(1kWh d'électricité entraîne 4g si on utilise l'hydraulique, 6g avec le nucléaire, 12,7g avec l'éolien, 978g avec le charbon etc…)*.

Qui sont les responsables ?

Je n'ai pas trouvé de chiffres fiables sur la part du CO2 naturel *(activité volcanique et géothermique, respiration des êtres vivants…)* et celle provenant de nos activités. Pour les émissions de méthane, 36% sont naturelles *(zones marécageuses, océans…)* et 64% proviennent des activités humaines.
Les études montrent que les pays n'ont pas la même part de responsabilité au

niveau de l'émission de CO_2 imputable à l'Homme. Si l'Europe fait office d'élève modèle avec un gros effort imposé aux industriels par le législateur pour répondre à des normes strictes *(ex : euro 5 pour les scooters début 2021, date butoir pour la fin des voitures thermiques...),* on constate qu'en Asie la question se pose beaucoup moins. Ainsi, la **Chine** est la première responsable avec 30% des émissions de CO_2 *(ce qui équivaut à 9,8 milliards de tonnes de CO_2 en 2019)* d'origine humaine ! En deuxième position nous avons les **États-Unis** *(4,9)* et en troisième position **l'Inde** *(2,5).* Le classement des pays les plus pollueurs **par habitant** est bien différent. Si on se fie aux données de la Commission européenne *(chaque source a des données très différentes)* alors en 2018 le **Qatar** était en tête avec 38 tonnes d'émission de CO_2 par habitant. Ensuite nous avons le **Koweit** *(24 tonnes),* l'**Arabie Saoudite** *(19 tonnes),* l'**Australie** et les **États Unis** *(17 tonnes, c'est deux fois plus que la Chine).* Notons aussi que certains pays polluent pour pouvoir exporter des produits à des clients qui se situent ailleurs.

Concernant la **pollution numérique** *(internet, les mails, les vidéos etc...),* elle représente moins de 4% des émissions mondiales de gaz à effet de serre. Une personne produit 80 fois plus de CO_2 en respirant pendant une heure (40 g) qu'en regardant une heure de streaming sur Netflix (0,5 g). Faire de l'annulation de son abonnement Netflix un geste écologiste est donc saugrenu. Plus que ça, il s'agit d'une « écologie mal placée » basée sur une méconnaissance profonde.

Pour les **particules fines**, sachez qu'elles ont un impact là où elles sont produites. Lorsque je freine en voiture à Paris, les particules fines ne vont pas nuire à la population chinoise *(contrairement au CO_2).* La présence de particules fines est la plus élevée au **Sénégal**, en **Inde** et en **Chine** et on observe une forte mortalité dans ces pays liée à cette pollution de l'air.

L'ancien ingénieur agro-alimentaire, **Christophe Brusset** estimait dans une interview qu'il existe une réelle « *passivité intellectuelle du consommateur* » et celle-ci est destructrice parce qu'elle a un impact sur les décisions des industriels. Les clients fuient les produits à base d'huile de palme alors que celle-ci utilise jusqu'à 9 fois moins de surface cultivée que les autres cultures d'oléagineux *(huile de colza, de tournesol ou encore de soja).* Une série de manifestations en Allemagne a obtenu le remplacement du nucléaire par le charbon en 2011 et en 2018 l'Allemagne émettait 10 fois plus de CO_2 *(500g de CO_2 par KWh)* que la France pour produire son électricité. Bien sûr, certains manifestants craignaient plus une catastrophe nucléaire que le réchauffement climatique, il n'empêche que cette décision imposée par le peuple a eu de lourdes conséquences écologiques et la culpabilisation écologique omniprésente participe à brouiller les pistes. On exagère les responsabilités individuelles *(le pavillon avec jardin est un fléau écologique, les chiens sont pires que les SUV pour la planète, les pailles se retrouvent dans la mer etc...)* tout en minimisant celles des vrais coupables. Par exemple, les équipements de pêche constituent plus de 70 % du plastique flottant dans les océans !

Cette indignation sélective nécessite à elle seule une partie dédiée tant elle se retrouve partout sans que l'on s'en rende compte.

L'indignation selective

Le mouvement politique **« Black Lives Matter »** est un exemple du principe d'indignation sélective. Voici un focus sur le traitement médiatique de la mort de **George Floyd**, tué par un policier blanc le 25 mai 2020.

Le décalage entre les réactions médiatico-émotionnelles liées à cet événement et la réalité de notre monde est immense. Alors que le mouvement proclame que la *« vie des Noirs compte »*, il n'a jamais évoqué les 418 500 morts chaque année en Afrique à cause du paludisme, la guerre civile au Soudan du Sud qui dure depuis décembre 2013 avec déjà plus de 380 000 morts, les 40 millions de victimes de formes d'esclavage contemporaines *(enfant soldat, esclave sexuelle, travail forcé...)* ainsi que d'esclavage « classique » *(soupçon sur la persistance de marché aux esclaves au Soudan et en Mauritanie)* qui touchent pourtant plusieurs pays africains. Aussi, ce mouvement politique se tait sur les massacres inter-ethniques en Afrique et sur les nombreux crimes rituels qui s'y déroulent encore. La citation de Staline *« la mort d'un homme est une tragédie, celle d'un million une statistique »* n'aura jamais été aussi pertinente.

Même en se limitant aux États-Unis, la violence policière reste un épiphénomène, 89 % des meurtres de « Noirs ou Afro-Américains » ont été commis par d'autres « Noirs ou Afro-Américains » en 2018 aux États-Unis selon le FBI. Aussi, ils représentent 13% de la population aux États-Unis mais constituent près d'un tiers des détenus. Certes, cette dénonciation de violences policières reste utile et il peut paraître absurde de la condamner sous prétexte que d'autres combats sont plus urgents. Néanmoins, si l'engouement planétaire ne se focalise pas sur la raison du problème alors aucun changement profond ne peut être réalisé.
Le point de départ de la violence policière est la forte criminalité constatée *(44% des auteurs de crimes en 2020 étaient Noirs ou Afro-américains)*. Après la décision de certaines villes de se passer de la police pendant les mois qui ont suivi l'affaire, le nombre de Noirs victimes d'homicide a augmenté et certains journalistes écrivirent *« Les vies des Noirs comptent, et elles ont besoin de la police »*.

Pour rappel, **Martin Luther King** s'était engagé, entre autres pour une meilleure éducation des Noirs aux États-Unis et luttait contre la pauvreté via une "campagne des pauvres". Son raisonnement était très pertinent : réduire les inégalités socio-économiques des Afro-Américains est très probablement le moyen le plus efficace de les aider et d'atténuer le profilage racial.
Aussi, parler d'oppression systémique peut contribuer à l'effet inverse de celui recherché. C'est notamment l'avis de l'écrivaine *(noire)* **Tania de Montaigne** qui réfute le concept de « privilège blanc », estimant que de tels termes contribuent à placer les Blancs au sommet d'une pyramide et confère aux personnes noires le faux rôle d'éternelles victimes.

On peut faire ici un parallèle avec **l'effet Pygmalion** qui a été traité dans la partie sur l'éducation, une personne à qui on répète qu'elle a moins de chances de réussir va effectivement avoir plus de mal qu'une autre.

Cancel culture

Nous avons tous certaines raisons personnelles *(plus ou moins pertinentes)* qui nous poussent à nous comporter comme nous le faisons, ne pas chercher à les comprendre chez autrui peut pousser à la radicalisation du débat. C'est le risque que défend la « **cancel culture** » qui peut se traduire par la culture du boycott ou de l'humiliation publique. Elle se caractérise par une pensée unique jugée comme étant la seule « conforme » et s'accompagne d'une censure forte, sans dialogue, au risque de radicaliser et de polariser le débat.

Cette pensée qui se veut unique n'est pas forcément corrélée aux lois des pays, elle peut venir de groupes d'activistes qui essayent d'imposer leurs idées. On peut mentionner l'appel du collectif français « **La Ronce** » en 2020 à dégonfler les pneus des SUV pour combattre la pollution ou encore les actes terroristes qui ont suivi la publication des caricatures de Charlie Hebdo.
Toutes ces tentatives d'intimidation ont en commun la volonté d'imposer un point de vue sans passer par le dialogue. Certains groupes de pression surenchérissent dans l'intimidation et parfois les lois ne sont plus les seules à contraindre nos comportements. Pire, il arrive même que celles-ci se rangent de leur côté comme cela a été le cas avec l'arrêté *(annulé par Macron)* interdisant le port du maillot parisien dans le centre-ville de Marseille un soir de match. Cet exemple est anecdotique mais pas moins révélateur de ce phénomène.

Sans dialogue constructif, le risque est que chacun reste persuadé d'avoir raison et que le plus « fort » cherche à faire taire l'autre camp dans l'espace public. D'autant plus que faire taire l'autre camp ne signifie pas faire disparaître l'idéologie combattue. En 2014 le président iranien a jugé que la censure d'Internet est contre-productive et qu'il fallait privilégier la persuasion à la force « *Vous créez des filtres, ils créent des proxys. Cela ne marche pas* ». Effectivement, l'un des pays utilisant le plus la censure, la Chine, est également le pays où les utilisateurs utilisent le plus les VPN. Jusqu'à aujourd'hui, aucune idéologie n'a disparu à cause de la censure, parfois c'est même l'inverse qui se produit *(succès des spectacles de Dieudonné avec la médiatisation de l'interdiction de ses spectacles)*.
Tout porte donc à croire que c'est majoritairement via le dialogue et la preuve de l'inverse que l'on peut aspirer à une paix sociale, d'autant plus si le discours combattu est confus et biaisé.

Enfin, la cancel culture participe à renforcer un clivage déjà existant au sein des populations. Effectivement, on constate au sein d'une population hétérogène une multitude de petites communautés homogènes. Chaque individu obéit généralement à la fameuse loi universelle de « qui se ressemble s'assemble » *(et vice-versa puisqu'on constate qu'un individu est la moyenne de ses 5 proches)* et il en résulte un séparatisme naturel plus ou moins important aggravé par les nouvelles formes de militantisme / la multiplication des combats idéologiques : féministes contre « hommes privilégiés », diplômés contre ceux qui ne le sont pas, végan contre omnivore, rural contre urbain, antispéciste contre spéciste, chasseur contre écolo proclamé etc…
Ce « fonctionnement en silo » passe aussi par le métier et les études. C'est ce qu'a

constaté **Christophe Brusset** qui a fait carrière dans l'industrie agro-alimentaire et qui a dénoncé dans un livre les anomalies / scandales dont il a été témoin. Ses anciens collègues ont été très surpris / déçus de son comportement jugé peu loyal avec l'entreprise. Ils ont reproché à Brusset d'avoir trahi son entreprise alors même que sa démarche s'inscrivait dans l'intérêt de la nation : dénoncer une transformation toujours plus poussée des aliments que consomment les Français, dénoncer les 500 000 intoxications alimentaires en France chaque année, les hausses constantes du taux de diabète etc..

La loyauté pour de petites organisations prime donc sur l'intérêt de la nation et le sentiment d'unité nationale s'affaiblit au profit d'une loyauté envers sa communauté / son organisation. Refuser le dialogue avec les autres et camper sur ses positions peut donc favoriser des situations indésirables.

Toute proportion gardée, on peut établir un parallèle avec certaines institutions telles que notre police française. En effet, les fonctionnaires de police sont très souvent soudés entre eux et animés par un fort esprit de cohésion d'équipe. Ils peuvent alors être tentés d'enfreindre la loi pour se protéger mutuellement des scandales *(fausses déclarations, PV mensongers, absence de dénonciation…)*. C'est ce qu'explique le journaliste **Valentin Gendrot** dans son livre « *Flic : Un journaliste a infiltré la police* ». Ce dernier a passé deux ans dans la police et raconte s'être senti obligé de protéger à plusieurs reprises les bavures de ses collègues en rédigeant de fausses déclarations. Bien sûr, cette situation alimente un cercle vicieux puisqu'elle contribue mécaniquement à détériorer son image et pousse certaines personnes à la violence. En parallèle, certains policiers au contact d'un environnement brutal vont à leur tour adopter un comportement violent et cette spirale négative est sans fin, affectant une large partie de la société. Chacun étant persuadé d'être dans le bon camp et refusant de prendre de la hauteur pour saisir la complexité du sujet.

Cette violence policière est l'épiphénomène d'une escalade nécessitant d'être traitée dans sa globalité. On ne la règle pas avec une hausse du budget ou encore de nouveaux effectifs. C'est pourquoi le ministère de l'Intérieur et celui de l'Éducation nationale travaillent ensemble sur des programmes communs. Le pari étant que plus on investit dans l'éducation aujourd'hui et moins on aura à investir dans la police demain.

Autre remarque, produire un discours politique implique de faire des généralisations sur des groupes d'individus *(ce qui est nécessaire pour des raisons pratiques)* alors même qu'il existe une infinité de différences d'un homme à un autre. Ainsi, on parle des « policiers », des « riches », des « ouvriers », des « chasseurs » ou encore des « hommes » et cela contribue à favoriser une vision biaisée et manichéenne des choses. Une des solutions serait l'utilisation de pourcentages pour affiner et préciser les propos.

L' immigration en France

En 2019, **270 000** immigrés sont arrivés en France *(c'était 170 000 en 2007)* et **90 000** sont repartis chez eux, ce qui donne un « net » de **180 000** immigrés déclarés. Le **solde migratoire** *(différence entre ceux qui entrent et ceux qui sortent)* est de seulement 50 000 parce que 130 000 Français sont partis à l'étranger en 2019. En 2021, cette immigration était avant tout **familiale** (33%) et liée aux **études** (31%). Le motif **humanitaire** représente 16% et celui **économique** 13%.

En **2021**, il y avait **6,8 millions** d'immigrés *(personne née étrangère à l'étranger et résidant en France)*, soit environ **10% de la population** contre 4,4 % en 1946. Ces immigrés sont nés pour la plupart en **Afrique** (47%), en **Europe** (32%) et en **Asie** (14%). Aussi, selon **Cris Beauchemin**, chercheur à l'INED, 40% des Français sont **issus de l'immigration** sur les trois dernières générations.

Les 3 plus grandes communautés présentes en France :
Algérie : environ 1 100 000 et + de 3 millions sont d'origine algérienne
Maroc: environ 800 000 et + de 3 millions sont d'origine marocaine
Portugal : environ 800 000 personnes et + de 1,5 million sont d'origine portugaise
En Allemagne, la plus grosse communauté étrangère est turque avec 2,5 millions d'allemands de cette origine.

Parmi nos immigrés, 2 millions ont acquis la nationalité française. Les autres ont le statut d'étranger, ils représentent **7% de la population en France.**
Les statistiques portant sur les origines ethniques et raciales sont interdites en France. En revanche, le dépistage automatique de la **drépanocytose** dès la naissance lorsque l'un des parents est originaire d'Afrique, du Moyen-Orient, d'Inde et de quelques autres pays montre une tendance à la hausse. En 2021, 38 % des naissances en France ont nécessité ce dépistage. Cette mutation de la population française alimente chez certains la peur d'un **grand remplacement**.

Notre immigration est avant tout liée à notre histoire, pour comprendre son origine il faut remonter jusqu'en 1920. À cette période, beaucoup d'Algériens sont venus en France pour travailler dans les mines, les usines et les raffineries. Il s'agit principalement des Kabyles, issus d'une région d'Algérie. C'était une immigration économique, à une époque où il était facile de trouver du travail en France. Ils ont participé aux guerres mondiales aux côtés de nos soldats français et se sont globalement bien intégrés. Par la suite, l'immigration s'est accélérée et les enfants de ces immigrés, nés en France, ont obtenu la nationalité française.

> **Note** : **le droit du sol** donne automatiquement la nationalité française aux enfants nés en France, à ceux dont l'un des parents est né en France et à ceux qui ont résidé en France pendant au moins 5 ans à partir de l'âge de 11 ans. Ce droit du sol est lié au droit de **vivre en famille** et au **regroupement familial** qui sont protégés par la Convention Européenne des Droits de l'Homme. Il serait donc difficile d'imposer des quotas aux immigrés comme le font d'autres pays.
> Néanmoins, la France a une réputation de pays non accueillant. On l'accuse de ne

pas pouvoir fournir des conditions de vie correctes sur son territoire *(ex: la jungle de Calais depuis fermée)* et les chiffres prouvent que nos immigrés sont en difficulté financière. En 2021, le taux de chômage des étrangers était presque deux fois supérieur à celui des Français. Aussi, d'après une étude de l'Insee, en 2017 42% des Algériens de plus de 15 ans étaient <u>chômeurs</u> ou <u>inactifs</u>. Ce taux était de 43% pour les Marocains, 41% pour les Tunisiens, 47% pour les Turcs et 13,5% pour les Français de naissance.

Ces difficultés s'expliquent en partie par un **niveau de diplôme inférieur** à celui des Français : 40 % des immigrés de 15 à 64 ans disposent au mieux du brevet des collèges *(selon l'Insee en 2014)*. Néanmoins, cette raison est à relativiser puisque 19 % des immigrés titulaires d'un baccalauréat sont au chômage, contre seulement 10 % des Français nés en France avec le même niveau de diplôme.

Cette réputation de pays non accueillant pousse de nombreuses personnes à choisir une autre destination. Par exemple, sur les 300 000 Syriens venant en Europe, seulement 5 000 (1,3%) ont fait une demande pour venir en France. Aussi, les Afghans ont préféré fuir en Allemagne *(150 000 réfugiés chez eux)* et en Autriche *(40 000)* plutôt qu'en France (31 *000*). On ne séduit pas non plus les populations plus aisées, 13 675 citoyens britanniques sont devenus allemands après le Brexit, 4 489 ont choisi la Suède et seulement 4 088 la France.

En parallèle, le constat général en France est qu'une part non négligeable de notre immigration s'intègre mal. Au point où le sujet de l'immigration est souvent lié à la thématique de la sécurité : d'après un sondage mené en 2018 par l'IFOP, 2/3 des Français considèrent que l'immigration a un effet négatif sur la sécurité.

Effectivement, les chiffres montrent une surreprésentation des immigrés dans les crimes et délits. Ainsi, 20% des condamnations en France impliquent des étrangers alors qu'ils ne représentent que 7% de notre population. Ceux originaires de pays d'Afrique *(3%)*, représentent 24% des mis en cause pour vols violents sans arme en 2019 d'après le SSMSI ! En 2006, la publication d'un fichier du Système de traitement des infractions constatées nous informait que sur les 103 000 personnes fichées à Paris, 48% étaient Nord-Africain ou bien Noirs *(ces fiches précisent le **type ethnique)**. Certaines de ces personnes sont probablement issues de l'immigration mais ont la nationalité françaises. On distingue également une surreprésentation des musulmans en prison, la ministre de la Justice **Nicole Belloubet** a avancé le nombre de 26% en 2018 alors qu'ils ne représentent que 6% de la population française. Or, comme le dit l'auteur **Ailain Boyer** : *« la très grande majorité des musulmans en France se trouve être originaire d'un des pays du Maghreb »*. Ce lien entre immigration et délinquance a poussé l'ancien directeur de la DGSE **Pierre Brochand** à déclarer en 2022 que *« l'immigration est le seul défi qui menace la paix civile en France »* !

Ce constat ne se fait pas qu'en France. En **Suède**, le conseil national de prévention du crime a publié une étude en 2021 concluant à une surreprésentation des personnes d'origine étrangère parmi les mis en cause pour des crimes et délits. Ainsi, un immigré de première génération est 2,5 fois plus souvent suspecté par la justice d'avoir commis un délit qu'une personne née en Suède avec deux parents d'origine suédoise. Même constat au **Danemark** qui a déjà adopté les mesures les plus strictes en Europe vis-à-vis des migrants. Ce pays est allé jusqu'à renvoyer chez eux des réfugiés syriens arrivés depuis 2015, au motif que la situation s'est améliorée en Syrie. En parallèle, sa capitale **Copenhague** a été élue ville la plus sûre du monde par le magazine The Economist en 2021. On peut aussi parler de l'Allemagne où le taux de crimes violents et de viols est **15 fois plus élevé** chez les réfugiés que chez les Allemands *(ces statistiques sont publiques)*.

En 2006, le ministre délégué au Tourisme, **Léon Bertrand**, a justifié le lien entre insécurité et immigration en affirmant que « *lorsque les gens traversent le fleuve et n'arrivent pas à trouver des moyens pour vivre, ils commencent par faire des petits larcins et du chapardage, parce qu'il faut bien manger, et c'est ainsi qu'ils deviennent délinquants* ». Même si l'immigration en France est une immigration familiale plus qu'économique, il est certain qu'une **situation économique dure** peut pousser vers des activités illicites. Les autres freins à une bonne intégration sont les **regroupements dans des logements sociaux** *(31% des immigrés occupaient des logements sociaux en 2017 selon l'Insee)*, les difficultés à **parler français** ou encore la méconnaissance du fonctionnement de notre société.

On l'a vu précédemment, la délinquance ne vient pas que des étrangers mais également de certaines personnes issues de l'immigration et devenues françaises. Ainsi, dans la ville très cosmopolite de **Seine Saint Denis**, il y a eu 56 fois plus de demandes de sortie que d'entrées par le personnel enseignant. Les professeurs dénoncent des « élèves difficiles » et faute de candidats, l'académie de Créteil a dû baisser ses exigences au point de demander uniquement un score de 71,96 sur 240 pour être admis *(contre 167,13 sur 240 à Rennes)*. C'est un système pervers puisque les profs les moins compétents vont aux élèves les plus difficiles.
On constate également des appels à durcir l'arsenal juridique après chaque nouvelle polémique *(ex : les **émeutes** de 1981 à Vénissieux, celles de 2005 à Clichy-sous-Bois qui se sont généralisées dans plusieurs cités, l'incendie en 2019 d'un cirque situé à **Chanteloup-les-Vignes** etc...)*. En 2017, un sondage Ifop estimait à 51 % la part de gendarmes affichant leur volonté de voter pour Marine Le Pen. Ces opérationnels dénoncent un laxisme des pouvoirs publics motivé par la peur d'assister à de nouvelles émeutes.

Cette situation est d'autant plus regrettable que nos gouvernements dépensent beaucoup. D'un côté **l'OCDE** et la **Cour des comptes** évaluent le coût de l'immigration à 6 milliards d'euros en 2019 et de l'autre, l'étude du **CEPII** et celle des **Contribuables Associés** l'estiment à 40 milliards d'euros en 2022.

En tout, ce sont 33 960 immigrés sans-papiers qui ont été expulsés de France en 2018, le coût de cette procédure est de 13 794 € par personne. Ailleurs, les conditions d'accès à la nationalité sont différentes avec un test de valeurs démocratiques à passer au Canada, un système de points *(âge, diplôme, expérience..)* en Nouvelle-Zélande ou un tirage au sort aux États-Unis pour obtenir la carte verte.

L' insécurité

Aujourd'hui, nous sommes en permanence spectateurs de la violence dans le monde puisque les médias couvrent la majorité des conflits et bénéficient de nombreuses documentations *(photos / vidéos)* grâce à Internet.

Si on constate entre 1975 et 2015, une légère hausse des conflits étatiques (+ 20) et une augmentation des conflits non étatiques (+ 60), ces conflits restent bien moins meurtriers que par le passé. Ils opposent majoritairement des forces gouvernementales faibles face à de petites forces rebelles mal entraînées. Exception faite pour le conflit Ukrainien, les armées étatiques ne s'affrontent plus frontalement et alors que la guerre de Corée de 1950 a fait 3 millions de morts et 3 millions de réfugiés, celle de Syrie démarrée en 2011 en a fait moins de 500 000.

Par ailleurs, de nombreux témoignages d'époque nous poussent à dire que notre siècle n'a vraiment pas le monopole de l'horreur. Par exemple, en 1210, **Simon de Montfort** coupa le nez et les yeux de cent prisonniers capturés suite au siège de Bram. Désirant semer l'effroi chez les autres résistants, il envoya ces prisonniers dans les villages, guidés par un homme à qui on coupa « seulement » un œil.

Néanmoins, face à la médiatisation des faits sordides, les Français ont l'impression d'une nette dégradation de la situation. Ce ressenti a été exprimé par Macron qui a déclaré en juin 2021 que la société était de plus en plus violente et que l'on vivait dans le pays avec un "sentiment d'insécurité". Les chiffres l'atteste, la délinquance augmente chaque année de 5% en moyenne en France *(règlement de comptes, viol, vol à main armée, menace, séquestration etc...)* avec une hausse de 8% des homicides entre 2018 et 2019, année où 970 meurtres ont été commis. Aussi, les agressions de policiers ont doublé en vingt ans d'après les chiffres du ministère de l'Intérieur et les plaintes pour coups et blessures sont passées de 198 000 en 2008 à 260 000 en 2020. Même constat pour les violences sexuelles qui ont doublé depuis 2012.

Attention à l'interprétation de ces chiffres, les outils de calcul de la criminalité et de la délinquance sont peu fiables. Ils ne prennent en compte qu'une partie de la criminalité, celle déclarée. En plus de l'outil **déclaratif** il est important d'avoir l'outil de **constatation** *(ce que la police cherche et trouve)* et l'outil de **victimation** *(ce que les gens disent avoir subi même quand ils ne l'ont pas déclaré)*. Il est probable que ces chiffres augmentent en partie parce qu'il est plus facile de porter plainte qu'avant.

Selon le criminologue **Alain Bauer**, il n'y a pas de « **sentiment d'insécurité** » mais un « **climat d'insécurité** ». Effectivement, l'insécurité en France semble progresser plus vite que la délinquance. Ainsi 1 femme sur 2 déclare avoir peur dans les transports et on constate que le volet de la sécurité est au centre des discours politiques et des promesses de campagne. Ce climat d'insécurité est notamment alimenté par l'existence de certaines **zones de non-droit** en France où l'État ne peut pas assurer son rôle de garant de l'ordre. Certaines cités ne comportent plus de bureaux de poste ou encore de Pôle emploi car la sécurité des employés ne peut être garantie. D'après Wikipédia, il y a en France 750 zones urbaines sensibles *(ZUS)*. Cela concerne 7% de la population française.

En France, c'est le préfet de police qui est chargé de la sécurité publique de la ville et la mairie de sa salubrité / tranquillité. C'est pourquoi chaque année, l'État est condamné à verser de l'argent à des associations pour avoir laissé à l'abandon certains quartiers. Cela s'est déjà produit à Paris avec le quartier **Chateau-Rouge** où les résidents vivent au milieu des détritus et subissent incivilités et violences.

Un ancien maire de New York *(Giuliani 1994)* a fondé sa politique sur le principe de **la vitre brisée**. En 5 ans, la criminalité de la ville a diminué de 50% et on est passé de 2245 homicides en 1990 à 289 en 2018. Cette théorie *(inventée par Zimbardo, psychologue à l'Université de Stanford)* démontre qu'une vitre cassée jamais réparée sera suivie par la destruction de toutes les autres vitres de la rue. En effet, la dégradation visuelle d'un quartier procure un sentiment d'impunité pour les délinquants et d'insécurité pour les habitants. Le pillage des magasins ou les graffitis sur les murs relèvent de la même logique. Toutes les *"incivilités"* quotidiennes sont un terreau favorable au développement de crimes plus graves et elles peuvent transformer des quartiers, autrefois lieux de vie, en dangereuses cités-dortoirs. Tout laxisme politique / judiciaire s'avère donc être dangereux pour la société.

Pour finir sur une note positive, sachez qu'en cinq siècles nous sommes passés de 150 homicides pour 100 000 habitants à moins de 2 ! Aussi, le spécialiste de la délinquance juvénile **Laurent Mucchielli** estime que les « *rixes entre bandes étaient bien plus nombreuses il y a 10 ans* » avec pas moins de 400 rixes comptabilisées en 2010 ! On peut par exemple mentionner les blousons noirs dans les années 60 où des gangs s'affrontaient sur la voie publique. Le discours de « c'était mieux avant » est donc mensonger et l'idée d'une augmentation / banalisation de la violence chez les jeunes est en réalité très ancienne, alimentant depuis longtemps la presse et les discours politiques.

Le terrorisme

Bien-sûr, le « **terrorisme islamiste** » n'est pas la seule forme de terrorisme qui existe. Voici une liste non exhaustive d'autres types d'attentats :
Anders Behring Breivik *(attentat en Norvège, chrétien blanc, 93 morts)*.
Timothy Mcveigh *(attentat aux États-Unis, catholique blanc, 168 morts)*.
Dylann Roof *(attentat aux États-Unis, chrétien blanc, 9 morts)*.
Seung-hui Cho *(attentat aux États-Unis, 32 morts)*.
Lord's Resistant Army *(rebelles chrétiens contre le gouvernement de l'Ouganda, 500 000 morts)*.

En vérité, les tueries de masse ont toujours existé, pour des raisons de religion ou de politique. Ainsi en 782, les Francs *(dirigés par Charlemagne)* ont massacré 4 500 Saxons qui ne voulaient pas être baptisés. Forcer les ennemis à se convertir était un moyen utilisé par **Charlemagne** pour obtenir la paix sur le long terme étant donné que la Bible interdit les pillages et le meurtre d'autres chrétiens. Aujourd'hui, on parle beaucoup de **terrorisme islamiste** parce que c'est la grande menace du XXIe siècle. Certains de ces attentats ont été particulièrement marquants pour l'Europe : ceux du 11 septembre 2001 aux **États-Unis**, celui de **Madrid** en 2004, celui de **Londres** en 2005, ceux de **Bombay** en 2008, ceux de **Moscou** en 2010, celui de **Nairobi** en 2013, ceux de **Paris** en 2015, ceux de **Bruxelles** en 2016, celui d'**Orlando** en 2016 ou encore celui de **Nice** en 2016.

Ainsi, la majorité de **victimes françaises** d'actes terroristes *(en France et à l'étranger)* est liée au **terrorisme islamiste** avec 487 morts entre 2001 et 2019. À l'échelle mondiale, on estime qu'il y a environ 10 000 victimes d'attentats chaque année *(7 000 en 2020 et plus de 34 000 en 2014 !)*.

Pour se défendre, la doctrine de la France est de combattre le terrorisme là où il se trouve afin de ne pas laisser les terroristes se développer et gagner en importance. Néanmoins, les bavures des armées européennes / américaines les font parfois passer du statut de garant de l'ordre à celui, paradoxalement, de terroriste. Chaque civil tué accidentellement par une armée européenne favorise le développement d'une idéologie de haine envers l'Europe chez une poignée d'individus. Surtout, certains mensonges utilisés ont fait beaucoup de mal à l'idée que les interventions militaires au Moyen Orient ont pour unique but de libérer les peuples de l'oppression. Le plus connu est sans aucun doute l'intervention des États-Unis en 2002 justifiée par le **mensonge** des armes de destruction massive soi-disant détenues par le dictateur irakien **Saddam Hussein.** Des instituts indépendants ont enquêté sur les faux prétextes de la guerre en Irak et ont recensé 935 mensonges dans les déclarations publiques de George W. Bush et de son entourage proche. Même si l'Irak entretenait effectivement quelques liens avec Al-Qaïda, les documents confidentiels déclassifiés prouvent que l'objectif des Américains et de la coalition était en réalité l'activité pétrolière irakienne. **Alan Greenspan**, l'ancien président de la Réserve fédérale des États-Unis dira d'ailleurs *« Je suis attristé qu'il soit politiquement inconvenant de reconnaître ce que tout le monde sait : la guerre d'Irak est largement une histoire de pétrole ».*

Le Qatar a été qualifié de « pire dans la région » en matière de détermination dans la lutte contre le financement des groupes extrémistes d'après une note diplomatique américaine. Ce pays encourage des courants islamistes, a été le principal bailleur de fonds des Frères musulmans en Égypte *(il a soutenu l'ancien président égyptien Morsi, un frère musulman)* et a créé la chaîne de télévision **Al-Jazeera** avec une ligne éditoriale très favorable aux islamistes. Il finance également en partie l'organisation du Hamas et accueille sur son sol **Mechaal**, son ancien leader.

Pour information, le Qatar est une monarchie absolue constitutionnelle héréditaire. L'émir est à la fois chef d'État et chef du gouvernement, il nomme les ministres qu'il veut. En Arabie saoudite, il y a 15 000 princes et princesses qui reçoivent 19 000 € par mois. Chacun contrôle une partie du pays ou du gouvernement. Au niveau des responsabilités, c'est donc très complexe.

Françafrique

L'expression « **Françafrique** » est utilisée pour désigner la relation spéciale entre la France et le continent africain. Après la décolonisation, entre 1956 et 1960, des 23 colonies africaines ayant appartenu à la France, on constate toujours une forte influence française dans ces pays.

Pour comprendre cette situation, revenons en arrière. À son arrivée au pouvoir, **Charles de Gaulle** craignait un fort déclassement géopolitique du pays sur la scène internationale après la période d'occupation du pays. Tout en se déclarant en faveur de la décolonisation des anciennes colonies françaises, il souhaitait donc préserver l'influence de la France sur le continent africain.
Les diplomates français ont alors voulu créer une **grande fédération** réunissant la France et ses anciennes colonies mais ce sera un échec, certains pays refusant d'y adhérer. La coopération se fera donc de manière individuelle, au cas par cas, et ce sera le rôle du secrétaire de l'Élysée aux affaires africaines et malgaches **Jacques Foccart** d'y arriver. En poste de 1960 à 1974, il est considéré comme le principal artisan du maintien de l'influence française en Afrique et a pu établir un réseau de renseignement implanté dans de nombreux pays africains permettant à l'État d'être informé très rapidement des événements.

L'armée française interviendra d'ailleurs à de nombreuses reprises en Afrique, parfois pour aider le gouvernement en place et d'autres fois pour le renverser. Le mercenaire français **Bob Denard** est d'ailleurs un symbole de cette période. Pire, l'État apportera même un soutien militaire et financier au gouvernement hutu et en 2021 une Commission française d'historiens a conclu à des responsabilités lourdes sur le rôle de la France lors du génocide au Rwanda en 1994.
Néanmoins, la France n'est pas la seule responsable de l'instabilité politique qui règne sur ce continent. Il est même probable que l'armée française ait évité plusieurs guerres civiles / massacres ainsi que le développement de groupuscules terroristes. Depuis 1950, on compte plus de 200 coups d'État en Afrique, soit deux fois plus qu'en Amérique du Sud, région ayant également souffert des agissements de puissances étrangères dont la CIA.

Notons toutefois qu'en 2021 le président malgache **Andry Rajoelina** a déjoué un complot visant à le tuer. Le projet appelé Apollo 21 bénéficiait d'un financement de 10 millions d'euros et sur les 7 personnes arrêtées, deux étaient d'anciens officiers français à la retraite. Aussi, en 2000 et 2019, deux ex-agents de la DGSE *(Benoit Chatel et Daniel Forestier)* ont été mis en cause dans deux affaires visant à assassiner des opposants congolais en France.
Beaucoup d'accords étant secrets, il est impossible d'évaluer à quel point l'action française a été bénéfique ou néfaste aux pays africains. Aussi, il est évident que de grands groupes français *(ex: Bolloré)* et internationaux *(ex: Heineken)* ont bénéficié de la corruption pour se développer plus rapidement sur place mais là encore ce sont des accords « confidentiels » et on ne peut pas savoir si l'État français était complice de leurs agissements.

Pour que la France garde son influence en Afrique, trois d'enjeux différents ont été énumérés : les enjeux militaires, économiques et politiques.

Les enjeux militaires

Malgré les efforts de l'Union africaine, la France est la seule puissance sur place capable de réagir rapidement à une attaque djihadiste d'envergure. Certains dirigeants n'hésitent d'ailleurs pas à solliciter son aide, ça a été le cas du Mali avec l'appel au secours du président **Dioncounda Traoré** en 2013 *(en 2022, le Mali se tourne vers le groupe Wagner)*. Pour agir, la France s'appuie sur la signature de plusieurs accords de défense l'autorisant à déployer une présence militaire dans différents pays : Côte d'Ivoire avec l'opération **Licorne**, le Tchad avec l'opération **Epervier**, le Sahel *(région de 10 pays)* avec l'opération **Barkhane**, Djibouti etc...

Le risque est réel de voir des régions entières tomber sous le contrôle de groupes terroristes *(exemple de l'Afghanistan)*. En cinq ans, le nombre de victimes d'attaques terroristes dans la région du Sahel a été multiplié par 5. Plusieurs organisations criminelles cherchent à s'y développer telles que **Al-Qaïda**, l'**État islamique** au Grand Sahara, **Boko Haram**, **Ansar dine** etc...
Une des difficultés de cette guerre est le double jeu mené par certains chefs d'État entretenant des liens amicaux avec des groupes djihadistes. C'était le cas de **Blaise Compaoré** qui a été le président du Burkina Faso avant de devoir s'exiler en Côte d'Ivoire suite à une insurrection. Aussi, l'instabilité des régimes politiques et la corruption qui règne sur le continent favorisent la dispersion d'armes et d'argent. Un exemple significatif étant l'affaire des généraux nigériens qui vendaient des armes / informations à Boko Haram ou encore la polémique des 40 000 soldats fantômes en Afghanistan et celle des 50 000 en Irak. Enfin, les accusations de crime de guerre envers les armées régulières luttant contre le terrorisme participent au développement de l'idéologie anti-Occident et facilitent le recrutement de ces organisations criminelles.

Côté finance, ces organisations taxent les populations de certaines régions, vendent des produits divers *(poissons, pétrole...)* sur le marché noir et demandent des rançons pour libérer des otages. Comme vu précédemment avec le Qatar, elles peuvent également recevoir des aides de certains États dissidents *(le New York Times a accusé Moscou en 2020 d'avoir financé des proches des Talibans pour s'attaquer aux soldats américains en Afghanistan)*.

Le budget annuel des opérations extérieures menées par la France est d'environ 1,2 milliard d'euros, sans parler du coût humain. Néanmoins, ces interventions extérieures permettent à la France d'éprouver son matériel et de garder une armée opérationnelle. C'est d'ailleurs un argument de vente pour ses entreprises d'armement, rappelons que la France était le 3ème exportateur d'armes avec 8,3 milliards d'euros de matériel vendu en 2019. Bien sûr, il s'agit ici du **chiffre d'affaires** réalisé par des entreprises françaises privées, ce n'est pas le **bénéfice** et cet argent ne revient pas directement à l'État même s'il en profite indirectement *(impôts, création d'emplois en France etc...)*.

Les enjeux économiques

D'après certains, l'État français maintient sa mainmise sur l'économie africaine via une présence militaire sous couvert de lutte antiterroriste. Cet argument repose entre autres sur un rapport du Sénat datant de 2013 dans lequel des parlementaires français évoquent une volonté française d'assurer « *un accès sécurisé aux ressources énergétiques et minières* » de l'Afrique, à travers l'opération Serval, devenue Barkhane en 2014. On peut également mentionner les propos de François Hollande en 2013 « *Nous protégerons aussi nos intérêts* » après un attentat au Niger visant une mine d'uranium d'Arlit appartenant à Areva.

Concrètement, les entreprises françaises importent principalement de **l'uranium** du Niger, du **cacao** de Côte d'Ivoire, de **l'huile** venant de Mauritanie et des **céréales** du Togo.

L'uranium est le plus important puisque la France a besoin d'en importer 8 500 tonnes chaque année pour faire fonctionner son parc de 56 réacteurs nucléaires. L'exploitant EDF achète le combustible auprès d'Areva qui se fournit principalement au Niger, au Canada, en Australie et au Kazakhstan. La répartition exacte de l'importation de cet uranium n'est pas communiquée mais il faut savoir que les deux seules mines du Niger sont sur le point de fermer car en fin de vie.

Planifier une opération militaire d'envergure s'étalant sur plusieurs pays pour protéger deux mines en fin de vie est donc très peu probable. Surtout qu'en dehors de ces deux mines, les intérêts économiques dans la région sont à relativiser et Areva a les moyens d'assurer la sécurité de ses sites. Elle bénéficie aussi de l'aide du gouvernement nigérien pour qui cette source de revenus est très importante puisque l'uranium représente 70% des exportations du pays !

Selon l'ancien colonel **Michel Goya** « *Au Sahel, une fois qu'on a sorti l'uranium des mines du Nord du Niger, il faut chercher bien loin les intérêts économiques français qu'on peut vouloir défendre, même s'il y a bien sûr des ressortissants et des entreprises françaises* ». Effectivement, la moitié du commerce franco-africain se base sur les flux commerciaux avec l'Algérie, le Maroc et la Tunisie. Loin des régions où la France est engagée militairement.

En tout, une quinzaine de multinationales françaises d'envergure sont présentes en Afrique. Nous avons **Total** qui tire 30% de sa production du continent africain avec l'exploitation de gisements en Algérie, en Angola, au Gabon et au Nigeria. Nous avons aussi **Areva**, **Vinci**, **EDF**, **Lafarge** ou encore Bolloré avec sa filiale **Bolloré Africa Logistics** qui générait 2 milliards sur les 24 milliards € de chiffre d'affaires du groupe en 2020. En 2022, cette filiale a été 100% vendue par le groupe **Bolloré**. Bien-sûr, cette présence économique française en Afrique est soumise à la concurrence internationale.

En parallèle, de nombreuses organisations *(Union européenne, FMI, Banque mondiale, Comité d'aide au développement etc...)* apportent au continent un soutien financier conséquent. Par exemple, le Comité d'**Aide Pour le Développement** *(comité qui regroupe plusieurs pays versant chaque année de l'argent aux États les plus pauvres)* a accordé 30 milliards d'euros d'aide sans aucune exigence de résultat à l'Afrique en 2018. Selon certains économistes *(ex*

Dambisa Moyo), cette situation pousse plusieurs pays africains à se comporter en « *clients de l'Europe* » et ne fait que retarder les politiques nécessaires. **Jean-François Gabas** ira jusqu'à affirmer que cet argent finit souvent chez des gouvernements « *incapables et corrompus* ».

Ces dons de l'APD ne représentent qu'une toute petite part de l'argent extérieur qui arrive dans les pays en développement. La « finance pour le développement » se chiffre à environ 9 000 milliards d'euros par an : investissements privés, actions et donations des fondations et des ONG, transfert d'argent des citoyens expatriés aux familles restées au pays etc…

Enfin, concernant le franc CFA, Macron a promis fin 2019 une « réforme historique ». Un rapport établi par la Commission finance du Sénat français en 2020 explique que son abandon va mettre un terme à un symbole mais que sur le fond rien ne va changer. À moins que les États africains ne trouvent un moyen de se passer de la garantie de la France pour avoir une monnaie crédible.

Aujourd'hui, la centralisation des réserves de change par le Trésor Public français sert de contrepartie à la garantie octroyée par la France de convertir cette monnaie dans n'importe quelle autre monnaie étrangère. C'est un gage de stabilité monétaire pour les États qui l'utilisent. Ces réserves sont rémunérées avec un taux d'intérêt qui oscille entre 0,75% et 2,5%, soit environ 62 millions d'euros en 2019.

Il semble que la nouvelle monnaie s'appellera ÉCO.

Les enjeux politiques

Le rayonnement de la France sur la scène internationale s'appuie entre autres sur l'utilisation de la langue française dans le monde. Et le français est susceptible de voir tripler son nombre de locuteurs dans les quarante prochaines années grâce à l'évolution démographique de l'Afrique. 35% des 300 millions de locuteurs francophones se trouvent aujourd'hui sur ce continent, d'où l'intérêt de maintenir et d'entretenir un lien fort avec les pays francophones africains via notamment les sommets annuels Afrique-France.

Néanmoins, on constate une progression en Afrique d'un sentiment anti-français favorisé par les « bourdes » des militaires français *(ex : L'ONU accuse la France d'avoir tué 19 personnes à un mariage au Mali en 2021)*, par certaines déclarations ambiguës de dirigeants africains **(ex : Kaboré)** et par une guerre informationnelle menée par la Russie et la Turquie contre la France en Afrique. Sur ce dernier point, la France réplique, via la création en 2021 de « **Viginum** », un service de lutte contre la manipulation de l'information. En parallèle la doctrine des armées a évolué en 2021 et les unités spécialisées de cybercombattants sont davantage sollicitées. En 2020, l'armée française a d'ailleurs été accusée par Facebook de la création de 80 faux comptes / pages.

Enfin, concernant le **cobalt** *(métal servant à construire les batteries)* produit à hauteur de 60 % au Congo dans des conditions difficiles, la France n'est pas impliquée. C'est la Chine qui importe une part majeure de cette matière première. Néanmoins, notre seule entreprise minière française de grande taille, **Eramet,** est très active au Gabon au point où elle est devenue le deuxième investisseur du pays.

L' indépendance de la presse

Le **Conseil Supérieur de l'Audiovisuel** (CSA) est l'autorité française de régulation de l'audio-visuel *(télévision et radio)*. Il garantit la liberté tout en punissant les dérapages. Les journaux ne sont soumis à aucun organisme de contrôle de l'État.

Les aides à la presse *(tarifs postaux préférentiels, TVA à taux super réduit mais aussi subventions directes etc...)* au sens large ont représenté **840 millions** d'euros en 2020 d'après Le Figaro. Aussi, depuis 2021, ces aides sont réservées aux médias dont les employés ont le statut de journaliste.
En 2019, le ministère de la culture a publié la liste de ceux ayant bénéficié d'une partie de ces aides *(il s'agit des aides directes, à la distribution et à la modernisation sociale)*. Sur un montant total de 76 millions d'euros, 51% a été accaparé par seulement 6 grands groupes.

16 millions € => holding UFIPAR (*Le Parisien, Aujourd'hui en France, Les Échos*) filiale de LVMH détenue par Bernard Arnault. Cette holding affiche une perte de 100M€ annuelle.

6,4 millions € => groupe Figaro (*Le Figaro, Le Figaro Magazine...*) détenu par la famille Dassault.

6,3 millions € => société éditrice du Monde (*Le Monde, Télérama, Courrier International etc...*) détenue aux trois quarts par Le Monde Libre dont les actionnaires principaux sont Xavier Niel, Matthieu Pigasse, Daniel Kretinsky et Madison Cox.

5,9 millions € => groupe SFR Presse (*Libération, L'Express*) détenu par Patrick Drahi. Ce dernier est également propriétaire d'Altice Europe qui possède Altice Média *(son ancien nom était NextRadioTV)* qui détient les chaînes de BFM TV et de RMC.

2,1 millions € => groupe Lagardère News (*Paris Match, Le JDD*) détenu par Arnaud Lagardère.

2 millions € => groupe Bey Medias Presse et internet (*L'Opinion*) détenu par Nicolas Beytout.

Liste des propriétaires *(ils ont au moins 51% de part) des médias principaux*

Vincent Bolloré possède le groupe Vivendi qui détient les chaînes de télévision C8, CStar, CNews et Canal +. Il a aussi les journaux Direct Soir et Matin Plus.

Martin Bouygues possède les chaînes du groupe TF1 *(NT1, LCI, TMC, TF1 etc...)*

La République française possède France Télévisions (2-3-4-5), Arte, France 24...

Ces informations évoluent très vite. Pour savoir qui est propriétaire de quoi, voici un site avec un schéma très lisible mis à jour régulièrement : https://www.monde-diplomatique.fr/cartes/PPA

Vous pouvez même acheter le poster pour 10 euros.

Les grands médias français sont donc détenus par une poignée de milliardaires qui possèdent en parallèle des entreprises privées. Comme on pouvait s'y attendre, beaucoup s'en servent pour améliorer leur image et celle de leurs activités. **Serge Dassault** a d'ailleurs publiquement demandé « *pourquoi la liberté de parole serait aux journalistes et pas aux actionnaires ?* ».
- **Serge Dassault** n'a jamais autorisé son journal Le Figaro à mentionner ses déboires judiciaires.
- **Bolloré** a interdit à ses médias de mentionner ses activités en Afrique.

En parallèle, certains vont plus loin et demandent des contreparties en échange de la publication de certains articles sans en avertir le lecteur :
- **Vincent Bolloré** mena une politique de sympathie envers le sénégalais **Abdoulaye Wade** à travers des articles élogieux *(la une « Abdoulaye Wade : un grand d'Afrique » sur Matin plus et Direct soir)* en plus d'une émission spéciale consacrée au président sénégalais pour remporter le contrat du port de Dakar *(finalement il ne l'aura pas)*.
- le journal **Le Monde** a accepté de publier 6 pages sur les beautés de la Turquie en échange d'argent.
- **Serge Dassault** a menacé des « petits » candidats *(Nicolas Dupont-Aignan a publié les SMS)* à l'élection présidentielle de 2017 de ne plus parler d'eux sur Le Figaro s'ils n'abandonnaient pas afin de favoriser **Fillon**.

Enfin, plusieurs propriétaires d'agences de pub exercent une pression financière sur les médias afin de les censurer :
- **Vincent Bolloré** a privé Le Monde de 7 millions d'euros de recettes publicitaires pour deux de ses articles *("Vincent Bolloré, un prédateur si bien élevé" et un autre sur la mainmise de Bolloré sur le port d'Abidjan)*.
- **Bernard Arnault** a privé dans le passé le média Libération de 700 000 € de revenu publicitaire pour son article *"casse-toi riche con ! »*.
- la banque **HSBC** a pénalisé en 2015 *Le Monde* et le quotidien britannique *The Guardian* en retirant ses pubs de ces médias pour les punir d'avoir mentionné le scandale **SwissLeaks**.
- en mai 2021, **Total** a privé le journal **Le Monde** d'une campagne publicitaire après la publication d'une enquête sur la Birmanie impliquant l'entreprise.

L'annulation des campagnes publicitaires n'est pas la seule arme des industriels. **Vincent Bolloré** utilise une autre stratégie : le **harcèlement judiciaire**. Cette stratégie consiste à porter plainte contre le média, n'hésitant pas à faire appel de la décision puis à se pourvoir en cassation. Les médias doivent alors avancer des frais et perdent beaucoup de temps à préparer leur défense. Même s'ils se font rembourser en gagnant le procès, il existe toujours une « perte sèche », Bolloré le sait et en profite. Ainsi le site indépendant **Bastamag** a dû aller jusqu'à la cour de cassation après avoir gagné en première instance et en appel. Cette bataille judiciaire de cinq ans lui a coûté 13 000 euros *(seuls 2 000 seront remboursés)*. On appelle cela une **« procédure bâillon »**.

Aussi, être propriétaire d'un média signifie se faire courtiser par les politiques. Effectivement, les médias ont une vraie influence sur l'opinion du peuple français à travers le choix des articles et leur orientation. Ils peuvent avoir un impact certain sur une élection présidentielle et c'est le rôle du CSA de veiller à ce qu'il n'y ait pas d'abus *(ex : temps de parole)*. À ce propos, le groupe de presse régionale **Ouest-France** a déclaré en 2021 mettre fin à la publication de sondages politiques durant les campagnes présidentielles. Souvent manipulés par les militants, ces sondages peuvent créer une dangereuse dynamique avec le « vote utile ».

Afin de limiter leur dépense aux industriels, les médias essayent de diversifier leurs sources de revenu. Aujourd'hui, la publicité ne représente que 22% des recettes du journal **Le Monde**. D'autres médias ont même fait le choix de se passer totalement de publicité, comme le **Canard enchaîné** qui n'a pas de recettes publicitaires, pas de subventions publiques / privées et pas non plus d'actionnaires. Ce média fonctionne uniquement grâce à ses ventes physiques *(pas de support en ligne)* et son modèle économique lui permet d'afficher deux millions d'euros de **bénéfice** chaque année. Cette épargne *(environ 100 millions d'euros)* n'est pas dépensée et garantit un fonctionnement du média pendant plusieurs années même si les ventes s'arrêtaient. Ce fonctionnement permet de se prémunir du chantage des annonceurs et des pressions des actionnaires. Aussi, comme les propriétaires de la société sont les journalistes eux-mêmes, il n'y a pas l'influence d'un industriel à la tête du journal.
Mediapart possède sensiblement le même système que le Canard enchaîné. Néanmoins, aucun journal n'est véritablement exemplaire, bien souvent des amitiés avec certains hauts fonctionnaires sont nécessaires aux journalistes pour mener leurs enquêtes et cela peut impacter leur travail. Par exemple, le Canard enchaîné était très proche de **Mitterrand** et décida de ne pas couvrir certaines affaires comme les écoutes de l'Elysée ou le naufrage du du Rainbow Warrior.

Dans les autres pays, c'est exactement pareil : le milliardaire texan **Ted Turner** est propriétaire de CNN, le mexicain **Carlos Slim** est actionnaire du New York Times, le patron d'Amazon, **Jeff Bezos**, est propriétaire du Washington Post etc...

Aujourd'hui, on constate une forte augmentation de fake news. D'après une étude de Statista datant de 2019, 73% des Français ont été confrontés à une fausse information sur internet. Pire, 23% disent avoir été induits en erreur par celle-ci. Souvent ces fakes news sont en réalité des opérations d'ingérence menées pour le compte de puissances étrangères *(La Chine a lancé en 2021 l'opération infektion 2.0 censée faire oublier l'origine du Covid-19)* ou bien pour le compte d'entreprises *(en 2021, une agence de communication cherchait à rémunérer des influenceurs pour décrédibiliser le vaccin Pfizer au profit d'AstraZeneca)*.
Pour que les Français retrouvent confiance dans les médias, les initiatives se multiplient. France Television a ainsi créé « nosSources », un outil de transparence permettant à chacun de vérifier les sources utilisées par les journalistes.

L' économie

I: Comprendre les marchés financiers

Pour de nombreuses personnes, la bourse est un monde à part avec des règles bien trop complexes à comprendre pour le commun des mortels. Souvent, on pense ne pas avoir fait les bonnes études et en 2019, seul 1 Français sur 5 se disait prêt à investir sur le marché boursier. Dans cette partie, nous allons donc voir en quoi consiste réellement l'investissement financier.

A: Le concept

Avant tout, faisons la distinction entre les « **marchés financiers** » et la « **bourse** ».

Un marché financier, c'est un lieu d'échanges. Un endroit où l'offre et la demande se réunissent, peu importe la nature de ce qui est échangé. La bourse appartient donc à un marché financier spécifique où ce sont les actions qui sont échangées.

Voici plusieurs exemples de marchés financiers. Cette liste n'est bien sûr pas exhaustive, tout ce qui s'achète et s'échange fait office d'un marché financier.

● Le marché des matières premières *(l'or, le pétrole, les diamants…)*

● Le marché des cryptomonnaies *(Bitcoin, Ethereum, Ripple…)*

● Le marché des produits dérivés *(je reviendrai dessus tout à l'heure)*

● Le marché boursier *(notre fameux marché avec les actions)*

● Le marché des changes *(les devises des différents pays)*

● Le marché de l'assurance *(on échange un risque contre une prime)*

● Le marché de la dette *(par ex: on achète une partie de la dette d'un pays)*

Ainsi, une personne qui achète des bitcoins investit dans le marché des cryptomonnaies et non pas en bourse. Cet abus de langage est très commun.

Le concept de la bourse - *et cela depuis sa création* - est de permettre aux entreprises d'avoir des liquidités pour pouvoir - *entre autres* - se développer. Afin de bien comprendre, mettons-nous à la place de **Steve Jobs** le jour où il a eu l'idée de commercialiser l'Iphone : vous souhaitez commercialiser un téléphone sans clavier physique, mais il vous faut une chaîne de production, passer des commandes chez des sous-traitants, payer des ingénieurs pour la conception du produit et tout cela a un coût non négligeable. À moins d'être riche, un tel projet est impossible à réaliser sans aide financière.

Étant donné que le risque de faire faillite avant même les premières ventes est très fort, les investisseurs peuvent se tourner vers deux types d'aide : les **organismes de crédit** et les **levées de fonds**.

- **Les organismes de crédit** : ce sont les banques. Elles demandent souvent un apport personnel et elles ne sont pas réputées pour prendre beaucoup de risques *(302 banques ont refusé de financer le projet de Walt Disney)*.

- **Les levées de fonds** : ce sont des personnes ou des entreprises qui vont donner de l'argent pour aider à la réalisation d'un projet, il existe différentes manières de lever des fonds. Par exemple, beaucoup de youtubeurs utilisent des sites de financement participatif du type Tipee, certains dirigeants d'entreprise *(surtout des startups / PME)* proposent essentiellement à leurs famille / amis de participer au financement de leurs projets et d'autres vont faire le choix d'une introduction publique en bourse. C'est cette 3ème option qui nous intéresse ici.

Sans trop rentrer dans les détails, sachez qu'une introduction en bourse présente de nombreux avantages pour une entreprise. Par exemple, contrairement à un prêt auprès d'une banque qui sera une **dette**, une levée de fonds est inscrite au bilan comptable comme faisant partie des « **capitaux propres** » de l'entreprise, ce qui lui permet de réduire son taux d'endettement. Si le taux d'endettement d'une entreprise est supérieur à 30%, les banques vont être méfiantes et beaucoup refuseront de prêter davantage, de peur que l'entreprise ne puisse jamais les rembourser. Néanmoins, une introduction en bourse est très coûteuse puisqu'il faut mandater des entreprises de conseil *(marketing, financier, juridique..)* et si l'entreprise n'est pas convaincante alors les investisseurs n'achèteront pas d'actions et le prix de celles-ci va baisser dès le premier jour.
C'est souvent à ce moment-là que les fondateurs des entreprises deviennent virtuellement millionnaires. Du jour au lendemain, ils se retrouvent avec de très nombreuses actions pouvant être vendues sur le marché boursier. Néanmoins, l'objectif de ces personnes n'est généralement pas de vendre les actions de leurs entreprise dès le premier jour. Il s'agit plutôt de la faire grossir dans le temps et de rester actionnaire majoritaire.

Comme les actions sont *(normalement)* corrélées à la valeur de l'entreprise, plus l'entreprise va grandir et plus ses actions vont prendre de la valeur. Certaines entreprises vont plus loin et proposent - *en plus des actions* - de verser un **dividende** aux actionnaires. C'est-à-dire que les investisseurs *(actionnaires)* ont à la fois une part du capital de l'entreprise grâce à leurs actions et de surcroît, une rémunération *(souvent annuelle)* que l'entreprise leur distribue. Ce dividende est décidé lors de l'assemblée générale annuelle par les actionnaires. Parfois, une entreprise en difficulté financière, obligée de licencier une partie de ses employés, décide quand même de maintenir ce dividende, ce qui fait vivement réagir. Aussi, d'autres entreprises maintiennent leur dividende alors qu'elles reçoivent des aides de l'État en parallèle.
Ce dividende est un moyen pour les entreprises d'éviter que les investisseurs ne vendent leurs actions et investissent ailleurs. Effectivement, si tout le monde souhaite vendre ses actions en même temps alors le prix s'écroule.

B: Les bulles spéculatives

Les investisseurs veulent pouvoir acheter rapidement en cas d'opportunité et vendre vite en cas de menace. Pour pouvoir optimiser ces opérations, certaines entreprises d'investissement utilisent le **trading à haute fréquence** : ce sont des logiciels informatiques dotés d'algorithmes mathématiques qui passent des ordres d'action très rapidement en fonction des informations que ces logiciels reçoivent. Les sources de ces informations peuvent être multiples. Ainsi en 2013, l'Armée électronique syrienne a créé une mini panique boursière en piratant le compte Twitter d'Associated Press et en publiant la fausse annonce d'une explosion à la Maison-Blanche. En quelques minutes, la bourse de New York a perdu plus d'une centaine de milliards d'euros.

Fait amusant, l'objectif dans la bourse est moins l'anticipation des évolutions financières d'une entreprise que celle des autres investisseurs. Effectivement, si en théorie le prix des actions est corrélé à la valeur de l'entreprise, sachez que ce n'est pas systématique, les investisseurs peuvent se tromper et surcoter une entreprise sans véritable raison *(il suffit par exemple que l'entreprise soit très convaincante)*. Si cette situation dure dans le temps, nous pouvons nous retrouver dans une situation de type **bulle spéculative.** Une bulle économique ou encore bulle spéculative arrive lorsque le niveau du prix de l'actif *(actif = ça peut être n'importe quoi)* est bien trop élevé par rapport à sa valeur réelle. Les prix de ces actifs augmentent de façon rapide et sans raison solide avec une possibilité de chute violente, exactement comme une bulle qui s'élève et qui éclate.
Exemple : vous voulez acheter un caillou qui coûte 500€ aujourd'hui parce que vous pensez qu'avec la tendance actuelle, ce caillou peut valoir 600€ demain. Ça parait improbable mais les cartes Pokémon peuvent très bien suivre ce chemin et l'histoire de la finance est remplie d'histoires loufoques, en voici quelques-unes :

La bulle internet 2000 - 2001

À la fin des années 1990, les ménages ont commencé à se connecter massivement à internet et beaucoup se sont dit que ça allait bouleverser le monde. Ainsi, l'ensemble des entreprises du secteur des technologies a pris beaucoup de valeur en bourse sans lien avec l'évolution de leur chiffre d'affaires. Les investisseurs ont acheté des milliers d'actions en espérant les revendre plus tard plus chères. Mécaniquement, le prix de ces actions a donc grimpé.

Rappelez-vous de ce qui a été dit précédemment. En théorie, le prix des actions est corrélé à l'évolution du bénéfice de l'entreprise. Or ce n'était pas le cas ici puisque ces entreprises liées de près ou de loin avec le monde d'internet prenaient de la valeur en bourse alors qu'elles ne vendaient rien ! Puis soudainement, le cours des actions chuta suite à une prise de conscience chez les investisseurs de l'absurdité de ces placements : pas de chiffre d'affaires donc pas de dividendes possibles et un risque élevé que ces entreprises fassent faillite sur le moyen terme. Cette prise de conscience a été favorisée par un taux d'intérêt en hausse de la BCE *(Banque centrale européenne)*. Comme les emprunts coûtent plus cher, les investisseurs empruntent moins aux banques, ont donc moins de liquidités et achètent donc moins d'actions.

Le bitcoin, une bulle spéculative ?

Le bitcoin est une monnaie majoritairement spéculative. C'est-à-dire qu'elle n'a presque pas d'autre fonction que de faire l'objet de spéculations de la part des investisseurs qui souhaitent acheter pour revendre plus tard à un prix plus élevé.
Son concept me fait penser à ce qu'a entrepris l'étudiant anglais **Alex Tew** en 2005. Ce dernier a créé une page d'accueil comportant un million de pixels puis a proposé la vente de ces pixels à des fins publicitaires. Très rapidement, c'est devenu un phénomène internet et les grandes marques ont toutes voulu acquérir plusieurs de ces pixels au point que les derniers pixels ont été mis aux enchères sur Ebay. Ce projet a rapporté plus d'un million de dollars à l'étudiant tout simplement parce que les gens s'y sont intéressés et cet intérêt a fini par conférer une vraie valeur à cette simple page d'accueil.

C'est exactement la même chose pour les bitcoins. À l'origine, cette monnaie n'avait aucune valeur mais certains ont parié de l'argent dessus et au fur et à mesure, une vraie demande s'est créée. Cette demande est artificielle puisque le bitcoin ne satisfait aucun besoin essentiel, ce sont les spéculateurs qui entretiennent eux-mêmes un cours élevé de cette monnaie. Si à partir de demain, il n'y a plus aucune demande pour le bitcoin, eh bien son cours atteindra une valeur de 0 euro en quelques jours et les 50 millions de personnes détentrices d'un portefeuille de bitcoins auront perdu des sommes considérables. C'est le même principe pour l'argent, si demain personne n'accepte ce moyen de paiement, nos billets ne vaudront plus rien. L'offre et surtout la demande sont nécessaires pour que ça fonctionne.

La bulle de la tulipe 1635

L'histoire que je préfère est celle de la tulipe, elle se passe en 1635 aux Pays-Bas. À cette époque, les marchands les plus riches font construire de très belles maisons et fleurissent leur jardin, notamment avec des tulipes. De plus en plus de personnes souhaitent donc acheter des tulipes pour exposer aux autres leur richesse. Il y a néanmoins deux problèmes : une tulipe a besoin de beaucoup de temps pour fleurir et à cette époque un virus se propage sur les récoltes, prolongeant le développement de ces fameuses tulipes.
Nous nous retrouvons dans un cas typique où la demande est supérieure à l'offre et donc le prix d'équilibre s'envole. Très vite, un bulbe de tulipe s'échange contre l'équivalent aujourd'hui de plusieurs milliers d'euros et nombreuses sont les personnes qui spéculent dessus. C'est-à-dire que beaucoup en achètent non pas pour les mettre dans leur jardin mais uniquement pour les revendre ensuite plus cher et ainsi faire un bénéfice.

Puis soudainement, en 1637, le marché s'effondre. L'offre se retrouve soudainement sans demande et en quelques jours, les bulbes de tulipe ne valent plus rien. C'est la grande particularité de ces bulles spéculatives, elles peuvent éclater à n'importe quel moment. Beaucoup pensent que les bitcoins ou encore les biens immobiliers de Paris représentent des bulles qui finiront par exploser un jour, aucun actif ne pouvant prendre indéfiniment de la valeur.

C: Les manières d'investir

Lorsque vous achetez une action, vous avez le choix entre 4 ordres différents.

Ordre au marché
L'ordre au marché est l'option la plus simple. C'est lorsque vous souhaitez acheter *(ou vendre)* une action au prix du marché. Ce type d'ordre est exécuté sans délai.

Ordre à cours limité
C'est lorsque l'on veut acheter une action sans dépasser un certain montant. Par exemple, si une action est à 10 euros, on peut passer un ordre d'achat à cours limité de maximum 9€85. C'est-à-dire que tant que l'action n'a pas atteint cette valeur, l'ordre d'achat ne se fera pas. Ça fonctionne aussi pour la vente.

Ordre à seuil de déclenchement
Pour se protéger de la volatilité des marchés, il est possible de programmer une vente automatique de ses actions si le cours baisse trop. Dans ce cas-là, on fixe en avance un **seuil** en dessous duquel on va vendre automatiquement nos actions pour limiter nos pertes. Ça fonctionne aussi pour l'achat.

Ordre à plage de déclenchement
Ici, on va fixer un **seuil** et un **ordre à cours limité**. Par exemple, vous avez une action à 10 euros et vous souhaitez la vendre si jamais elle franchit le seuil de 9€ 50. Mais en revanche vous ne souhaitez pas la vendre sous 9 €.

Ces quatre façons d'acheter / vendre des actions sont la base des marchés financiers. Bien sûr, il existe d'autres moyens un peu plus complexes d'investir de l'argent. C'est important de les mentionner parce que je vais revenir sur certains d'entre eux afin d'expliquer la crise de 2008.

Produits à effet de levier
Ce sont des produits *(Turbos, Warrant, Leverage & Short, Turbos infinis, CFD..)* qui permettent de multiplier les effets de votre investissement. Si on investit 1 000 euros et que l'on a un effet de levier de 20, notre investissement sera équivalent à 20 000 euros. Donc on peut multiplier les gains mais également les pertes.

Vente à découvert
Pour comprendre la vente à découvert, il suffit de regarder ce qui s'est passé avec l'entreprise **Volkswagen** en 2008.
Le groupe automobile était en proie comme tous les autres constructeurs à une crise majeure du secteur, néanmoins la valeur de ses actions était restée stable *(240 €)*. Tous les analystes estimaient que ce prix était bien trop haut et prévoyaient une grosse baisse de la valeur du titre les jours suivants. De nombreux investisseurs ont alors voulu faire ce que l'on appelle de **la vente à découvert.** Au lieu d'acheter une action puis de la vendre, un investisseur peut aussi vendre une action au prix d'aujourd'hui et s'engager à l'acheter plus tard.

Si je pense qu'une entreprise va perdre de la valeur bientôt, je peux vendre des actions au prix d'aujourd'hui mais sans les acheter tout de suite. Toutefois je **m'engage** à acheter ces actions au prix qu'elles vont avoir dans un mois.

Si l'action coûte 10€ aujourd'hui et 2€ le mois suivant, alors je réalise une plus-value de 8€. Toutefois, si le cours monte jusqu'à 100€ le mois suivant, je vais être obligé d'acheter mon action à 100€ et je vais donc perdre 90€.

Revenons en 2008 lors de la crise. Beaucoup d'investisseurs se sont dit que la vente à découvert était une bonne idée puisque les actions de l'entreprise Volkswagen étaient jugées bien trop élevées. Ils ont donc décidé de vendre massivement leurs actions Volkswagen et se sont ainsi engagés à payer le prix que ces actions vaudraient un mois plus tard. Leur objectif de vendre le jour même des titres en présumant qu'ils allaient s'effondrer et ainsi dégager une plus-value en les achetant moins cher le mois suivant était très bien pensé compte tenu de la conjoncture économique.

Le problème est que dans la bourse, rien n'est acquis. C'est pile à ce moment-là que **Porsche** annonça détenir 75% du groupe Volkswagen. Cette information signifiait que Volkswagen était une entreprise solide qui ne pouvait pas faire faillite et qu'il était impossible que ses actions s'effondrent puisque 75% d'entre elles étaient détenues par une entreprise sérieuse avec une vision sur le long terme.

Personne ne s'y attendait et le titre s'envola de 146%. La demande se retrouva bien supérieure à l'offre et les vendeurs à découvert se firent piéger. Le mois d'après, ils ont dû payer leurs milliers d'actions au prix fort et on estime qu'ils ont perdu plus de 15 milliards d'euros.

Les places financières peuvent interdire cette pratique pendant une certaine période. Effectivement, si tout le monde vend au même moment, le cours des actions va s'écrouler et des entreprises risquent de faire faillite. Ce procédé a été notamment interdit lors de la crise liée au coronavirus, pour éviter qu'elle s'amplifie.

Les produits dérivés *(les options et les futurs)*

Ces produits ont été créés pour permettre aux entreprises de se protéger contre les risques du marché. Celui qui a une activité est souvent dépendant d'une matière première dont le prix peut varier au cours de l'année, il s'agit de l'**actif sous-jacent** *(matière première, taux de change, actions, obligations etc..)*. C'est pourquoi il existe les **options** permettant à l'une des deux parties d'avoir la possibilité de payer dans x mois au prix du marché ou bien au prix d'il y a x mois.

Par exemple, un producteur de confiture est dépendant du prix du sucre. Pour éviter de changer fréquemment le prix de sa confiture, il peut acheter une **option call** pour disposer du droit d'acheter du sucre *(c'est l'actif sous-jacent de notre exemple)* pendant une période donnée à un prix convenu en échange d'une prime de risque. Comme c'est une option, le producteur n'est pas obligé de l'utiliser, si le prix du sucre diminue alors il n'exercera pas son option et l'investisseur aura gagné sa prime de risque. L'**option put** est exactement la même chose mais à l'envers. Imaginons, je possède 100 actions chez Apple mais j'ai peur que cette action diminue. Plutôt que de revendre ces actions et prendre le risque que le cours augmente, je vais acheter une **option put** qui me permettra de revendre ces 100 actions à une échéance fixée au prix d'aujourd'hui en échange d'une prime de risque. Si l'action baisse, j'utilise mon option et si elle augmente, je ne l'utilise pas.

En plus de ces **options**, on retrouve au sein des produits dérivés les **futurs**. C'est un engagement entre deux parties pour exécuter une opération à un certain prix et à un certain moment. On achète un futur si on anticipe une hausse de l'actif sous-jacent et on le vend si on anticipe sa baisse. Contrairement aux options, ici les deux parties sont obligées de respecter les termes du contrat, il n'y a pas l'option de ne pas s'en servir. Néanmoins, les contrats à terme peuvent être achetés ou vendus tout au long de leur durée de vie *(ils sont standardisés donc c'est facile)* et surtout un investisseur peut « déboucler » sa position de vente avant l'échéance.
Par exemple, si un producteur de blé pense que le prix du blé va baisser, alors il peut s'entendre avec un acheteur qui s'engage à acheter son blé dans 3 mois au prix d'aujourd'hui. Au bout de ces 3 mois, l'acheteur pourra acquérir le blé du producteur et réaliser une plus-value ou une moins-value.
Aujourd'hui, la majorité des acheteurs clôturent leurs positions avant l'échéance pour éviter de recevoir ou de livrer l'actif sous-jacent. Pour cela, ils vendent sur le marché des produits dérivés la même quantité de sous-jacent *(donc la quantité de blé)* achetée au producteur. Ces acheteurs spéculent sur l'augmentation du prix des matières premières ce qui peut donner lieu à une forte augmentation du prix des produits alimentaires. Par exemple, en 2008, les pays du tiers monde ont vu le prix de ces produits être multiplié par 3 !

Les produits dérivés sont donc des produits d'assurance, ils permettent un transfert du risque des producteurs aux spéculateurs. Les contrats à terme permettent une rentabilité théorique très forte grâce à l'effet de levier.
Aujourd'hui, le marché des produits dérivés représente tellement d'argent que l'on arrive aux limites de l'entendement humain. D'après une étude de 2016, ce marché représentait à ce moment 1,2 "quadrillion" de dollars, soit 1 200 000 000 000 000 000 $. L'investisseur **Buffet** compare d'ailleurs ces produits dérivés à une « arme de destruction massive ». On peut aussi citer l'ancien banquier **Jérôme Kerviel** qui a fait perdre 5 milliards d'euros à la Société Générale à cause de spéculations sur des contrats à terme. Ces investissements sont assez complexes avec beaucoup de produits différents *(options binaires, forwards, swaps, CDS...)*.

Fonds négociés en bourse *(ETF et trackers)*
Plus connus pour le nom d'ETF *(Exchange Trated Fund)* ou de trackers, ils permettent à n'importe qui d'acheter une action qui va être corrélée à un actif *(indice boursier, des monnaies, des matières premières etc....)*. Ainsi il est possible d'acheter une part d'ETF de l'indice boursier du CAC 40 plutôt que d'acheter une action de chacune des 40 entreprises du CAC 40.
C'est comme un fonds de placement mais avec beaucoup moins de frais (0,25% en moyenne). Un autre gros avantage des ETF est qu'il y a une gestion automatique du fonds qui permet de limiter le risque. Si le CAC 40 baisse de 10%, vous n'allez perdre que 9% généralement. Ça dépend des ETF et de comment ils sont gérés mais c'est le concept.

II: Comprendre les termes économiques

Prix d'appel : technique qui consiste à proposer un produit à un prix très attractif. L'objectif est d'attirer du trafic grâce à ce produit et ainsi espérer vendre d'autres produits plus chers.

Obligation : c'est le même principe qu'une action sauf que celui qui achète une obligation ne détient pas une partie du capital de l'entreprise mais une partie de sa dette. En échange, il va recevoir des intérêts jusqu'au jour où l'entreprise remboursera entièrement sa dette. J'utilise le mot entreprise mais les pays proposent eux aussi aux particuliers d'acheter leurs dettes.
Vous avez donc exactement le même rôle qu'une banque, vous prêtez de l'argent contre des intérêts. Choisir de s'endetter auprès des marchés financiers plutôt que des banques peut s'avérer judicieux lorsque les banques demandent trop de garanties. Plus un pays risque de faire faillite et plus les investisseurs demanderont un taux d'intérêt élevé. La Grèce a par exemple payé des taux d'intérêt allant jusqu'à 30% en 2011 contre environ 1,5% en 2020.
C'est exactement la même chose pour les entreprises / particuliers, une entreprise très riche ou bien un particulier avec un salaire élevé n'aura pas de difficulté à emprunter de l'argent à la banque. Comme le risque est faible que l'entreprise / particulier ne puisse pas rembourser, le taux d'intérêt est lui aussi faible.
L'opération de se faire racheter ses dettes s'avère souvent plus rentable que de s'endetter de nouveau auprès des banques, voire même que d'utiliser l'épargne de l'entreprise. Effectivement, les flux financiers peuvent faire l'objet de taxes diverses, c'est pourquoi Apple préfère bien souvent passer par les marchés financiers plutôt que toucher à ses milliards d'euros qui sont sur ses comptes bancaires en Irlande.

Bons du Trésor : depuis 2013, les bons du Trésor à taux fixe et intérêts annuels ont été remplacés par les **OAT** (*obligations assimilables du Trésor*). Ce sont les emprunts que la France émet sur le marché financier pour pouvoir faire fonctionner le pays.

Portefeuille : ensemble d'actifs financiers détenus par un investisseur. Ça peut être des actions, des produits, du cash etc...

Créance douteuse: Prêt ayant peu de chances d'être remboursé. Les subprimes (*je vais revenir plus tard sur la crise des subprimes*) en font partie parce que ce sont des crédits accordés à des emprunteurs peu fiables, ces derniers devaient donc payer un taux d'intérêt élevé.

Création monétaire par le crédit : la banque crée de l'argent pour prêter aux entreprises / particuliers. Une fois que ces crédits sont remboursés, ils sont détruits. Les taux d'intérêt permettent de rémunérer la banque et celle-ci ne peut pas créer de la monnaie pour elle-même.

Variation des monnaies : il s'agit de la variation des devises entre elles *(euros, dollars…)*. Pour l'exportation il est plus intéressant d'avoir un euro faible puisque si 2€ = 1$ *(donc si un dollar vaut plus qu'un euro)* alors une voiture que l'on vend 20 000 euros va coûter seulement 10 000 dollars pour un Américain. Pour l'importation, le contraire est plus intéressant.

Système de Ponzi : système imaginé par **Charles Ponzi** qui a participé à une fraude dans une banque qui proposait un taux d'intérêt énorme. Les clients se sont donc précipités pour ouvrir un compte alors qu'il s'agissait en réalité d'une arnaque. L'argent des nouveaux clients servait à financer les taux d'intérêt pour les anciens clients et cela jusqu'à ce que les clients décident de retirer leur argent. **Bernard Madoff** a lui aussi utilisé ce système et a été condamné à 150 ans de prison. Pour l'anecdote, il s'est lancé dans un business de chocolat chaud au sein de sa prison américaine.

La courbe de Laffer : la courbe de Laffer est une modélisation économique développée par l'économiste **Arthur Laffer.** Cette modélisation se base sur la relation entre le taux d'imposition et les recettes de l'État. À un moment, plus l'imposition sera importante et paradoxalement moins les recettes seront élevées. Effectivement les entreprises vont être tentées de faire de l'évasion fiscale voire de délocaliser leurs activités dans un autre pays. Aussi, il y a le risque d'une baisse de la productivité puisqu'il devient inutile d'augmenter le chiffre d'affaires si on ne peut pas toucher ensuite le bénéfice correspondant.

L'impôt : prélèvement obligatoire effectué par l'État et les administrations sur les ressources des personnes vivant sur le territoire, pour être affecté aux services d'utilité générale.

La taxe : c'est un prélèvement lié à l'utilisation d'un service / ouvrage public. Mais cette relation avec le service en question est secondaire, ce qui la distingue de la redevance. Ainsi on doit payer la taxe même si on ne l'utilise pas.

La redevance : prélèvement lié entièrement à un service *(ex: TV)*.

Les cotisations sociales : cotisation pour la sécurité sociale qui se distingue de l'impôt parce qu'elle a une contrepartie, elle est affectée au financement de la protection sociale.

Prélèvement obligatoire : versements obligatoires, sans contrepartie, pour les administrations.

La monnaie scripturale : c'est de la monnaie en crédit qui disparaît quand on rembourse nos crédits, c'est la monnaie la plus utilisée aujourd'hui. La **monnaie fiduciaire** constitue l'ensemble des pièces et billets physiques.

Le fonds d'investissement *aussi appelé fonds de placement*
Un fonds d'investissement est une société publique ou privée pouvant appartenir à des banques, à des organismes de financement ou encore à des personnes individuelles. Il est géré par un gestionnaire de fonds. Le principe est simple, des investisseurs mettent de l'argent dans ce fonds d'investissement et le gestionnaire va acquérir des actions, des obligations, des OAT etc... Et si le gestionnaire est bon, tout le monde s'enrichit.
Les fonds d'investissement ne sont pas réservés aux personnes pouvant investir de grosses sommes, certains gestionnaires proposent de regrouper des petits investisseurs. L'avantage d'être plusieurs est de bénéficier de l'effet de levier généré grâce à la somme importante cumulée par les épargnants. Chaque fonds d'investissement est spécialisé dans un domaine et présente un risque différent. Les fonds à revenu fixe proposent un revenu régulier d'intérêts / dividendes. Ce revenu est modeste mais présente un risque faible.

Système de holding
Une société holding permet de détenir des parts de sociétés. Si une société holding possède 51% des actions de l'entreprise Apple, alors l'actionnaire majoritaire de cette holding devient l'actionnaire majoritaire d'Apple. Même si dans les faits, cet actionnaire ne détient qu'une part minime du capital d'Apple.
La part de capital nécessaire pour être l'actionnaire majoritaire d'une entreprise peut être divisée par 2 chaque fois qu'on ajoute un niveau de holding. On peut donc avoir 51 % d'une entreprise A, qui détient elle-même 51 % d'une entreprise B et ainsi de suite.
Par exemple la holding de **Bernard Arnault** compte 11 étages ce qui lui permet d'être actionnaire majoritaire de LVMH en ne possédant que 5% de son capital. Il faut en revanche trouver des partenaires qui acceptent de ne détenir que les minorités restantes. Une holding peut être financée par des emprunts bancaires, par des partenaires, par des entreprises etc...

Deux exemples de holding très importantes :
● **Vivendi** détient Canal+, Universal Music Group, NBC Universal
● **Groupe industriel Marcel Dassault** détient Dassault Systèmes, Dassault Aviation et Socpresse.

La holding est souvent choisie en cas de changement de directeur. Pour qu'un nouveau dirigeant devienne l'actionnaire majoritaire *(c'est important pour ne pas se faire dicter la stratégie à suivre par les autres actionnaires)* il faut qu'il puisse avoir au moins 51% des actions de l'entreprise. Donc le système de holding permet de « tricher » et ainsi de limiter les coûts. Lorsqu'une holding est propriétaire à 95% d'une entreprise, celle-ci peut alors bénéficier de déductions d'impôts *(le versement des dividendes à la holding est exonéré d'impôt sur les sociétés (IS))*. Elle aura par la suite moins de bénéfice imposable dans son bilan.
On distingue les sociétés holdings « **passives** », qui ont simplement des participations, et les sociétés holdings « **animatrices** » qui participent à la gestion des entreprises.

OPA *(Offre Publique d'Achat)*
Une entreprise X déclenche une OPA pour acquérir une entreprise Z, c'est-à-dire tenter d'acheter les actions des actionnaires de l'entreprise Z pour devenir actionnaire majoritaire de l'entreprise Z. Cette OPA se déroule pendant un temps limité.

Il y a les OPA **amicales** : les entreprises X et Z se connaissent et se sont mises d'accord pour cette opération. Et il y a les OPA **hostiles** qui se font sans l'accord de l'entreprise cible. Certains raiders *(personnes individuelles)* lancent des OPA hostiles en espérant que la mise en place d'une défense anti OPA par l'entreprise visée soit trop coûteuse, poussant cette entreprise à accepter de payer le « raider » pour stopper l'attaque.
Pour éviter les OPA agressives, on peut réduire le contrôle des actionnaires, fidéliser les actionnaires, utiliser des dispositifs juridiques…

Enfin, je vais finir cette partie en parlant du toyotisme.
Le toyotisme est une forme d'organisation du travail qui se fonde sur des règles précises de management. C'est l'ingénieur industriel japonais **Taiichi Ohno** qui est considéré comme le père du système de production de Toyota. Ce modèle d'organisation, initialement prévu pour la production automobile, a été adapté à tout type d'entreprise. Aujourd'hui, de nombreuses entreprises essayent de séduire les investisseurs en affirmant appliquer cette méthode au sein de leur organisation.
Pour comprendre à quel point cette méthode est importante, voici cette anecdote : plutôt que de donner de l'argent à la banque alimentaire de New York, **Toyota** proposa de mettre à disposition de l'association son expertise pour améliorer cette organisation. L'attente moyenne pour un dîner passa alors de 1h30 à seulement 18 minutes !

Cette organisation se fonde sur plusieurs règles, en voici quelques-unes :

- Prendre des décisions de gestion en pensant au long terme, même si c'est au détriment des objectifs à court terme.
- Prendre son temps pour des prises de décisions par consensus. Lorsque la décision est prise, il faut l'implanter rapidement.
- Implanter des contrôles visuels pour rendre visibles les problèmes. Le moteur de l'amélioration continue, c'est l'identification des problèmes.
- Bâtir une culture qui encourage les employés à s'arrêter pour prendre le temps de résoudre les problèmes de qualité lorsqu'ils surviennent.
- Produire en flux tiré *(produire uniquement les produits / services / quantité demandés)*.
- Documenter les processus /méthodes de travail afin de standardiser les façons de procéder. La standardisation permet l'amélioration continue et la responsabilisation des employés.
- N'utiliser que des technologies fiables et éprouvées.
- Encourager la collaboration entre les employés pour créer des équipes fortes. Le succès dépend du travail d'équipe et non de quelques individus.

III: Les grandes crises économiques

Avant tout, voici trois définitions très utiles

Crise financière : lorsque les particuliers / entreprises ne peuvent pas rembourser leurs emprunts, les banques vont manquer de liquidités *(elles ne peuvent pas créer de l'argent à l'infini)* et elles ne pourront plus accorder de nouveaux prêts ni rembourser leurs propres emprunts *(eh oui, les banques aussi s'endettent !)*.
À ce moment-là, on dit que la banque n'est plus solvable. C'est-à-dire que ceux qui ont un compte chez cette banque ne peuvent plus retirer leur argent. Une crise de liquidité annonce presque toujours une crise financière : s'il n'y a plus d'argent en circulation alors les investisseurs ne peuvent plus acheter d'actions et faute de demande, le prix de ces actions chutent.
Les crises financières les plus importantes se transforment par la suite en crises économiques et leur impact sur les particuliers et les entreprises est très violent.

Crise économique : la crise la plus dangereuse, elle touche toutes les couches de la population et concerne l'ensemble des acteurs économiques, les ménages, les consommateurs, les entreprises, les administrations publiques. Elle peut immobiliser des pays entiers *(crise de la dette publique grecque en 2008)*.

Crise monétaire : une crise économique qui touche la monnaie d'un pays. Cette crise apparaît quand le taux de change connaît de fortes variations.

Voici une explication de 3 grandes crises.

1907: Panique des banquiers

C'est une crise financière qui eut lieu aux États-Unis lorsque le marché boursier s'effondra brusquement. Cette crise démontre à elle seule toute l'importance de la régulation des marchés financiers et des pratiques boursières.
Tout d'abord, un séisme se déclencha à San Francisco ce qui obligea les banques de New York à investir *(en prêtant de l'argent)* afin que la ville puisse se reconstruire. C'est alors que la famille **Heinze** décida de lancer une opération « corner ». Le corner consiste à pousser un titre à la hausse afin d'obliger **les vendeurs à découvert** à payer leurs positions très cher. Comme ces derniers se sont engagés à acheter les actions déjà vendues au prix du marché dans un mois, ils peuvent participer malgré eux à faire monter le prix des actions s'ils sont nombreux à devoir acheter au même moment. Pour réussir un corner, il faut détenir un maximum de titres de la compagnie visée pour en devenir le faiseur de prix. Cette pratique est depuis interdite, considérée comme un abus de marché.

Le plan de la famille Heinze est simple. Comme elle est persuadée qu'il y a de nombreux vendeurs à découvert sur l'entreprise **United Copper,** elle veut inverser la tendance en achetant massivement des actions. Ainsi, le prix de l'action va augmenter et les vendeurs à découvert devront les acheter très cher, ce qui fera encore plus augmenter son prix. À ce moment, la famille vendra ses actions !

Pour réussir, cette famille a fait de multiples emprunts chez des banques peu scrupuleuses au courant de son plan. Dans un premier temps, l'opération est un succès ! Grâce à toutes les actions achetées en très peu de temps par la famille Heinze, l'action passe de 40$ à 60$. Le problème, c'est que la famille a sous-estimé le nombre d'actions en vente et elle n'arrive pas à maintenir à elle seule une forte demande comparée à l'offre. Les autres actionnaires ne comprennent pas ce qui se passe mais ont bien conscience que le prix est bien trop élevé, ils en profitent donc pour vendre leurs actions et le prix passe alors de 60$ à 10$. La famille est incapable de rembourser les banques et cela entraîne la chute de plusieurs institutions financières par effet domino : la société de courtage *(celle qui met en relation les vendeurs avec les acheteurs potentiels)* de cette famille fait faillite. Suivie très vite par le pourvoyeur de fonds de la famille qui tombe en cessation de paiement *(faillite)*.

La panique gagne alors toute la communauté financière new-yorkaise : les banques sont devenues de plus en plus méfiantes et ont rapatrié leurs avoirs déposés chez d'autres banques. Aussi, les particuliers veulent retirer leur argent de peur que les banques fassent faillite ce qui participe à aggraver encore plus la situation. Plus personne ne voulait prêter de l'argent, le marché du crédit était bloqué. La secousse se fit même sentir à l'étranger *(Allemagne, Suisse, Mexique..)*.

Cette crise a été aggravée par l'absence de banque centrale pour coordonner une action commune afin de réinjecter des liquidités dans le système.

La crise de 1929

À partir des années 1920 on constate une forte croissance notamment aux États-Unis. C'est l'apogée de la production industrielle et le cours des actions augmente très vite. Beaucoup d'investisseurs y voient l'opportunité de faire de grosses plus-values en peu de temps et investissent massivement dans les actions, participant à l'augmentation de celles-ci *(+120% entre 1926 et 1929 !)*. Beaucoup de titres sont alors achetés à crédit *(on contracte des prêts pour acheter des actions)*.

Les jours précédant le 24 octobre 1929, certains acheteurs commencent à tout vendre et font d'énormes plus-values. Comme il y a une augmentation de l'offre, le cours des actions commence à chuter légèrement et le jeudi 24 tout le monde décide de vendre au même moment de peur que le cours ne baisse encore plus. Le problème est qu'à ce moment-là, il n'y a aucune demande, seulement une forte offre. Fatalement, les prix de ces actions s'écroulent, c'est le fameux **jeudi noir**. Certaines banques décident alors d'acheter des actions pour des millions d'euros afin de sauver la situation en équilibrant l'offre et la demande pour stopper la chute des prix. Le 28 novembre **(lundi noir)** la même situation se reproduit mais les banques décident de ne pas intervenir, la chute est donc encore pire que la veille. Et c'est encore pareil pour le 29 novembre **(mardi noir)**. Les personnes ayant contracté des prêts pour pouvoir acheter des actions avec l'espoir de faire une plus-value sur la vente de ces actions un an plus tard ont tout perdu et ne peuvent pas rembourser leurs emprunts. Comme certaines banques font faillite, les ménages décident de retirer leur argent, aggravant encore plus la situation.

Les banques manquent alors de liquidités et ne peuvent plus accorder de crédits, les entreprises ont donc du mal à innover sans prêt et font faillite à leur tour.
Cette crise devint une crise économique qui perdura jusqu'en 1937 et le chômage fut multiplié par 10.

La crise économique de 2007

Dans les années 2000 aux États-Unis, des millions de ménages pauvres font des emprunts à la consommation, ce sont des emprunts à risque *(subprimes)* puisque ces ménages n'ont pas beaucoup d'argent et sont donc susceptibles de ne pas réussir à les rembourser.
Les banques acceptent mais leur demandent un **taux d'intérêt variable** *(celui imposé aux banques par la Réserve fédérale, on en reparlera par la suite)*, une **prime de risque** à payer pour compenser le risque qu'elles prennent de ne pas être remboursées et **leur maison en caution**. À ce moment-là, le prix de l'immobilier est en hausse *(facilité de faire des prêts = forte demande dans l'immobilier)*, par conséquent les banques sont confiantes, elles se disent que si elles ne se font pas rembourser, elles saisiront les maisons pour les vendre.

Les problèmes ont commencé lorsque le taux d'intérêt de la Réserve fédérale des États-Unis *(l'équivalent de notre Banque centrale)* a commencé à augmenter. Effectivement, la Réserve fédérale juge à ce moment-là qu'il n'est plus utile de favoriser les investissements *(la bulle internet est finie tout comme les effets des attentats de 2001)*. La croissance étant déjà suffisamment forte, le taux est donc passé de 1% fin 2004 à 5% en 2008. En parallèle *(et ça a son importance)* la demande pour acquérir des biens immobiliers commence à chuter et par conséquent le prix de l'immobilier diminue.

Cette somme d'événements en apparence indépendants va provoquer le drame. Rappelez-vous, les particuliers qui ont souscrit à des subprimes avaient des prêts à taux **variable**. Comme la Réserve fédérale a multiplié son taux par 5, environ 15% de ces personnes à faibles revenus ont été incapables de s'adapter et la justice a donc mis leur maison à la vente aux enchères.
Souvenez-vous également, la demande sur le marché immobilier est à la baisse et d'un coup l'offre explose *(énormément de maisons sont mises aux enchères par la justice)* ! Beaucoup d'offres pour peu de demandes : le marché immobilier s'effondre et les prix s'écroulent. Les établissements de crédit n'arrivent pas à se faire rembourser la totalité de la somme qu'ils ont prêtée et perdent énormément d'argent. Beaucoup font faillite et entraînent avec eux d'autres banques *(de nombreux établissements de crédit appartiennent à des banques)*. Les actions des grosses banques commencent à chuter et les particuliers décident de retirer leur épargne par méfiance sur la solidité de celles-ci. Bien sûr, cela n'arrange pas leur situation.
Le gouvernement américain décide de laisser la banque d'affaires **Lehman Brothers** faire faillite, certains experts estiment que c'est à ce moment-là que la panique se généralise.

Normalement, cette crise n'aurait pas dû toucher avec autant d'intensité d'autres pays comme la France. Et c'est là où ça devient complexe : beaucoup de sociétés de crédit américaines ont vendu ces créances à risque *(les subprimes)* à des fonds d'investissement appartenant à des banques européennes.

C'est simple : une banque américaine accorde un prêt à un ménage pauvre américain. Ce prêt est très rentable car il rapporte beaucoup d'argent tous les mois à la banque grâce au taux d'intérêt **et** à la prime de risque que le ménage paye. Cependant la banque américaine se doute que tout ça va mal finir, elle va donc transformer cette créance *(le prêt)* en titre financier grâce à une structure **ad hoc**. Une structure ad hoc c'est une société / fonds d'investissement créé dans un but précis. Dans notre exemple, la structure ad hoc va acheter un lot de créances *(ex: 1000 subprimes)* et va le transformer en titres financiers émis sur le marché. Cette technique économique s'appelle la **titrisation**. Souvent ces titres sont mélangés avec des obligations et actifs financiers plus sûrs et obtiennent la meilleure notation financière (**AAA**) même s'ils ne la méritent pas du tout.

Si j'achète ces titres, je vais recevoir les paiements des créances - *c'est-à-dire les mensualités des prêts payées par les ménages pauvres américains* - sous forme d'intérêts. Ces titres sont très attractifs pour les investisseurs européens car ce sont de bons placements. Beaucoup savaient que la Réserve fédérale américaine allait augmenter ses taux un jour et donc que les subprimes allaient rapporter encore plus d'argent chaque mois. C'est ainsi que le 9 août 2007, **BNP Paribas** annonce que 3 de ses fonds d'investissement sont « contaminés » par de nombreux titres provenant des subprimes américains. Tout le monde commence à avoir peur. On se méfie des banques et de leur état de santé réel et comme aux États-Unis, beaucoup vont retirer leur argent par manque de confiance.

Pour éviter une paralysie générale du marché interbancaire *(avec à la clé la faillite des banques)*, la BCE décide d'accorder des prêts à tous ceux qui en font la demande. En 2 jours, 330 milliards de dollars sont injectés dans le système bancaire international. C'est à ce moment que la crise économique laisse place à une **crise des dettes**.

En France, de 2007 à 2012, la dette a augmenté de 600 milliards d'euros, 65% de ceux qui nous prêtent de l'argent sont des « non résidents » *(fonds de pension / fonds d'assurance / fonds d'investissement souverains / banques / fonds spéculatifs étrangers)*.

Des pays comme la Grèce ont été obligés d'emprunter à d'autres pays des sommes importantes à des taux d'intérêt très élevés : la Grèce avait un taux d'intérêt de 18% *(6 fois + que l'Allemagne)* parce qu'on n'était pas sûr qu'elle puisse rembourser un jour. Cette situation entraînera la **crise de dette publique grecque** avec une baisse de l'euro fin 2009.

Aujourd'hui le **Japon** est le pays le plus endetté au monde. Sa dette équivaut à 250% de son PIB, néanmoins celle-ci est détenue par sa population et sa Banque centrale. Donc le pays décide seul du taux d'intérêt de sa dette *(entre 0 et 1%)*.

IV : le fonctionnement des banques

Sachez que la Banque Centrale Européenne a la capacité de créer **autant de monnaie qu'elle souhaite**, il s'agit d'une simple écriture comptable pour elle.
Toutefois, il s'agit d'une « **monnaie banque centrale** ». C'est-à-dire que cet argent ne peut pas se retrouver dans l'économie réelle, vous ne le verrez jamais circuler autour de vous puisqu'il est exclusivement destiné au marché interbancaire. Son rôle est d'orienter l'activité des banques en les poussant à accorder des prêts ou bien au contraire en freinant leurs opérations.

Les banques nationales ont elles aussi le pouvoir de création monétaire mais elles doivent respecter plusieurs conditions dont celle d'avoir suffisamment de fonds propres pour pouvoir couvrir des pertes inattendues. Ainsi, dans la zone euro, chaque banque doit avoir des réserves auprès de la banque centrale, ce **taux de réserve minimal** est fixé à **1%**. Cela signifie que si je place 100 € à la Caisse d'Épargne alors cette banque doit placer et maintenir 1€ dans son compte courant à la banque centrale. Ce sont les **réserves obligatoires**. De la même façon, si la Caisse d'Épargne accorde un prêt de 100 € à un client alors elle va devoir mettre sur son compte courant de la BCE la somme de 1 €. Effectivement, le compte du client aura été crédité de 100€ et il faut respecter ce taux de 1%.
La banque commerciale va donc faire ses transactions quotidiennes *(accorder des prêts, ouvrir des comptes, en clôturer d'autres etc...)* et à la fin de la journée, le service de gestion des liquidités de la banque va se retrouver dans deux situations possibles : il y a trop de réserves ou bien pas assez. Dans le cas où les réserves sont excédentaires, il faut s'en débarrasser parce que ce surplus ne rapporte pas de taux d'intérêt. La banque peut choisir de le placer sur un compte facilité de dépôt que la BCE rémunère via un petit taux d'intérêt *(le taux de rémunération des dépôts)* d'environ 0,5%. Ou bien elle peut prêter ce surplus d'argent aux autres banques sur le marché **interbancaire**. Effectivement, dans le cas où une banque n'a pas assez de réserve, elle doit emprunter de la « monnaie banque centrale » en échange d'un taux d'intérêt : le **taux directeur imposé par la BCE**. Comme dit précédemment, c'est de cette façon que la banque centrale a un impact direct sur la santé des banques. Lorsque celle-ci augmente son taux directeur, les banques peuvent plus difficilement emprunter de la « *monnaie banque centrale* » et elles vont donc réduire les prêts accordés. Ce procédé peut servir à éviter les bulles spéculatives ou bien à faire en sorte que les banques n'accordent pas des crédits trop risqués *(ex subprimes)*.
Par exemple, la banque « **Kreditanstalt** » a été ruinée par ses investissements risqués en Argentine. Or elle détenait 70 % de la capacité bancaire autrichienne donc le pays a été directement touché avec une série de liquidations de banques dans les pays de l'Europe de l'Est.

Le problème aujourd'hui, c'est que les banques sont très fragiles et le FMI pointe régulièrement du doigt cette sous-capitalisation des banques. Ayez à l'esprit qu'elles ne peuvent pas créer de la monnaie pour se financer elles-mêmes, cet argent est uniquement destiné à leurs clients privés et c'est pour cette raison que **les banques peuvent faire faillite.** Cette situation pousse d'ailleurs certaines banques à créer de faux clients privés pour pouvoir se faire des prêts à elles-mêmes et investir librement où elles le souhaitent, on appelle cela le **shadow banking.**

Certes, le règlement européen oblige les États à garantir tous les comptes de dépôts de ses citoyens à hauteur de 100 000 € chacun mais c'est impossible à faire dans la pratique. Une banque comme BNP Paribas a un bilan similaire au PIB français. Avec plus de 10 millions de clients français ayant en moyenne 20 000 € sur leur compte, il faudrait que l'État puisse garantir 200 milliards d'euros rien que pour cette banque. BNP n'ayant que 112 milliards d'euros de fonds propre, elle serait incapable de rembourser ses clients français en cas de problème surtout qu'elle a des dizaines de millions d'autres clients dans les autres pays. Il existe bien un **Fonds de Garantie des Dépôts et de Résolution** (FGDR) chargé de vous indemniser si personne ne peut vous rembourser mais ce fonds pèse moins de 4,7 milliards d'euros.

C'est pour cela qu'en plus des 1% des réserves obligatoires, la BCE impose des règles dites prudentielles qui obligent les banques à respecter un ratio de solvabilité au moins égal à 10,5 % *(avant Bâle 3, ce ratio était fixé à 8 %)*. Donc si une banque détient 100 € de fonds propres, elle ne pourra pas prêter plus de 952,38 € ce qui est déjà beaucoup trop pour certains économistes. Ainsi il y a quelques années un membre du F.M.I a soumis l'idée d'obliger les banques à ne prêter que sur leurs fonds propres *(si j'ouvre un compte avec 100 € chez la Caisse d'épargne alors celle-ci peut prêter la somme de 100 €)*. Le problème d'un tel cas de figure est qu'il serait plus difficile pour les particuliers d'obtenir des prêts *(immobiliers, étudiants, de consommation etc...)*.

Aujourd'hui le pouvoir des banques est énorme. Les États sont incapables d'indemniser les clients des grandes banques si celles-ci font faillite et il est donc dans l'intérêt de tout le monde qu'elles soient en bonne santé. Ainsi entre 2008 et 2017, selon la Cour des comptes européenne, l'Union européenne a validé 1 459 milliards d'aides d'État en capital en direction du secteur bancaire. En 2020, la BCE a même proposé aux banques d'emprunter de l'argent à taux négatif *(elles sont donc payées pour emprunter de la monnaie banque centrale)*.

Le recours des banques aux marchés financiers peut sembler nécessaire pour leur survie mais c'est faux. Ainsi, il est intéressant de savoir qu'en France les activités de marché *(spéculations, titres, actions)* ne sont que la 3ème source de revenus des banques. Avant tout, elles gagnent de l'argent avec la marge sur les intérêts *(différence entre intérêts perçus sur les prêts et les intérêts versés sur les comptes épargne)* et les commissions perçues *(les services payants comme les conseils, les options, les assurances etc..)*. Néanmoins certaines banques continuent à prendre de gros risques sur les marchés financiers et en cas de perte d'argent *(la volatilité de la finance de marché est inévitable)* elles espèrent que leurs autres activités suffiront à éponger les dettes.

C'est pourquoi beaucoup souhaitent une **séparation des banques** en banques **de dépôt** et **banques d'investissement**. Une première étape a été franchie dans ce sens en 2013 avec la loi de séparation bancaire adoptée en 2013 cantonnant dans une filiale à part les activités dites « spéculatives » menées pour « compte propre », c'est-à-dire sans lien avec les clients.

V: Le pouvoir de la finance dans le monde

La finance est souvent pointée du doigt comme étant à l'origine de tous les problèmes de notre société. **François Hollande** affirmant d'ailleurs début 2012 « *mon véritable adversaire, c'est le monde de la finance* ». Certains sont convaincus que les banquiers sont les vrais dirigeants de ce monde et d'autres parlent même d'organisations secrètes sous l'autorité de la famille Rothschild !
Plusieurs citations historiques ont favorisé de telles convictions. En 1773, **Bauer**, un membre de la famille Rothschild a dit « *donnez-moi le contrôle sur la monnaie d'une nation et je n'aurai pas à me soucier de ceux qui font les lois* ». Une autre déclaration connue est celle de **Karen Hudes**, une ex-employée de la Banque mondiale, qui a déclaré : « *L'élite utilise un noyau d'institutions financières centré autour de la FED pour dominer le monde grâce à la dette comme moyen d'asservissement* ». Elle a d'ailleurs été licenciée de la Banque mondiale après avoir affirmé que la corruption y est très courante chez cette institution.

En plus de ces citations, des éléments factuels viennent confirmer ce pouvoir de la finance sur les autres institutions.
Par exemple, la création et le mode de fonctionnement de la **Réserve fédérale** *(la banque centrale des États-Unis)* sont une aberration. Ainsi, en 1913, le président **Wilson** promulgua la loi de la **Réserve fédérale** (FED). Cette Réserve fédérale est une institution **privée** *(donc pas du tout fédérale)* permettant d'émettre de l'argent *(elle n'a aucune réserve)* à la manière de la Banque centrale européenne. Cette FED est constituée de **12 banques régionales** *(Federal Reserve Banks)* supervisées par un **conseil des gouverneurs** dont le président et le vice-président sont nommés par le Président des États-Unis. Il y a aussi un **comité fédéral d'open market** (FOMC). Or, il se trouve que ces 12 banques régionales sont détenues par des institutions privées *(celle de New York, la plus importante, était détenue à 72 % en 2019 par deux banques privées : **Citigroup** et **JP Morgan**)*.
Sans rentrer dans les détails du fonctionnement de la FED *(sujet néanmoins très intéressant !)* beaucoup s'accordent à dire que la FED est contrôlée par les principales banques privées américaines et que celles-ci défendent leurs propres intérêts au détriment de l'intérêt général. La FED a d'ailleurs été mise en cause dans plusieurs affaires où elle est accusée d'avoir laissé de grandes banques pratiquer des activités illégales *(elle a fermé les yeux sur des pratiques douteuses de Goldman Sachs, il y a aussi l'affaire de la « baleine de Londres » de JP Morgan ou encore l'accusation envers des membres du conseil d'administration de délit d'initié)*.

À la **Banque centrale européenne**, c'est sensiblement la même chose. Ainsi, avant d'être directeur de la BCE, **Mario Draghi** a travaillé chez **Goldman Sachs** comme vice-président pour l'Europe au moment où la banque conseillait la Grèce dans l'utilisation de produits dérivés pour masquer ses déficits budgétaires. Concernant la **Commission européenne**, elle a été présidée par l'ancien Premier ministre du Luxembourg **Jean-Claude Juncker** alors que ce pays est considéré comme un paradis fiscal. Avant lui, c'était **José Manuel Durão Barroso**, ce dernier a notamment autorisé les banques à se payer sur les clients en cas de difficultés / de faillite avant de rejoindre…la **Goldman Sachs** ! Et la liste est très longue, n'épargnant aucune institution.

Ce « **capitalisme de connivence** » donne l'impression que les organes de pouvoir sont totalement « infiltrés » par le monde de la finance.
Effectivement, la finance est de loin le milieu préféré des hauts fonctionnaires pour pratiquer le **pantouflage** et c'est pourquoi le corps de l'Inspection générale des finances est particulièrement touché. Cette situation a d'ailleurs été pointée du doigt par l'OCDE comme étant l'une des causes majeures de la crise financière de 2008 puisqu'elle conduit à des conflits d'intérêts qui peuvent fragiliser les économies.
Au sujet de la crise de 2008, certaines enquêtes ont été lancées pour identifier les responsabilités aboutissant aux faillites bancaires. De toutes ces enquêtes, une seule a abouti à la mise en détention de banquiers. Ça se passe en Islande et c'est le procureur spécial **Olafur Hauksson** qui s'est chargé de cette enquête aboutissant à plus de 25 condamnations *(dont un an de prison pour l'ancien directeur général de Landsbanki, la deuxième banque islandaise)*. Néanmoins, comme il le dit lui-même « *il est difficile de s'attaquer aux dirigeants d'une banque si celle-ci est encore active et si l'Etat y compte une participation* ». Il faut dire que le rapport de force est disproportionné entre d'un côté les politiques et de l'autre les banques privées. Comme celles-ci sont essentielles au fonctionnement d'un pays, elles peuvent facilement influencer les lois, à la manière des grosses entreprises qui font du chantage à la délocalisation.

Autre sujet, les **cabinets de conseil** ont de plus en plus d'influence dans l'action publique contemporaine et certains dictent même aux États leurs grandes stratégies. Ainsi *McKinsey* a été payée 3,4 millions € par la France pour imaginer le plan de vaccination. Beaucoup s'accordent à dire aujourd'hui que cette influence grandissante est sur le point de surpasser celle des banques.

Dans cette bataille qui s'engage, je vais vous dire qui est mon adversaire, mon véritable adversaire. Il n'a pas de nom, pas de visage, pas de parti, il ne présentera jamais sa candidature, il ne sera donc pas élu, et pourtant il gouverne. Cet adversaire, c'est le monde de la finance.

(François Hollande)

Citation de notre ami François Hollande :)

VI: Zoom sur l'évasion fiscale

Les trusts *(80% de l'évasion fiscale transite par cette méthode)*
Le trust est né en Normandie, au moment des croisades. À l'époque, les croisés avaient l'habitude de confier la gestion de leurs biens à une personne de confiance avant de partir en croisade. À leur retour, ils reprenaient possession de leurs biens. Aujourd'hui, le principe est le même, une personne A confie sa fortune à une personne B *(un trust)* vivant dans un paradis fiscal qui va faire fructifier cette fortune *(en réalité c'est souvent A qui dit à B quoi faire, A ne prête que son nom)* et qui reversera à A les bénéfices réalisés.
Aux yeux de la loi, la personne A n'a pas de patrimoine conséquent et elle ne peut donc pas être taxée. Par conséquent, si la personne A souhaite vendre un tableau, elle n'a qu'à demander à son trust *(la personne B)* de le vendre. Et si ce trust s'occupe de la fortune d'un Français et qu'il le vend à un autre trust s'occupant d'un autre Français alors la France ne pourra prélever aucune taxe sur la vente.
La fiducie est très similaire au système du trust. La différence se fait au niveau de la notion de patrimoine. Ici, le patrimoine que la personne A donne à la personne B ne rentre pas dans le vrai patrimoine de cette dernière. La personne B est seulement propriétaire dans l'intérêt d'autrui et non pas dans son propre intérêt.

La méthode de la société offshore
Une société offshore est une société enregistrée à l'étranger, dans un pays où le propriétaire n'est pas résident. Souvent, ces entreprises se trouvent dans des paradis fiscaux où le secret bancaire est très respecté et elles n'ont aucune activité économique, ce sont des coquilles vides. L'intérêt est de pouvoir ouvrir et gérer des comptes bancaires en toute discrétion afin d'échapper aux taxes. Effectivement, il est très compliqué de savoir à qui appartiennent ces sociétés écrans surtout qu'elles ont souvent recours à des prête-noms. Cette méthode est principalement utilisée pour les activités criminelles telles que le blanchiment d'argent mais certains particuliers / entreprises s'en servent aussi pour faire de l'évasion / optimisation fiscale.

Selon un rapport publié par l'ONG Tax Justice Network, **l'évasion fiscale** a coûté 17 milliards d'euros en France en 2020. Aussi, il y a eu cette même année 365 200 contrôles qui ont permis de récupérer 7,8 milliards d'euros selon le ministère de l'Économie et des Finances.

En 2019, le montant de la **fraude sociale** détectée en 2019 était de « seulement » un milliard d'euros d'après le rapport de la Cour des comptes. L'ancien ministre **Olivier Dussopt** estime le montant total de cette fraude à 6 milliards contre 20 milliards selon la Cour des comptes ou encore 4 milliards par l'observatoire des non-recours aux droits et aux services.
Cette fraude sociale concerne surtout le revenu de solidarité active *(RSA)*, la prime d'activité, les aides au logement, le minimum vieillesse et la sécurité sociale *(il y a 2,4 millions d'assurés sociaux de plus que de résidents en France en 2020)*. En parallèle, on estime à environ 10 milliards d'euros les aides sociales non

distribuées *(méconnaissance de ces aides, honte de les demander, complexité des démarches etc…).*

L'évasion fiscale est donc bien plus grave que la fraude aux aides sociales. Elle atteint les 400 milliards d'euros dans le monde en 2020 selon Tax Justice Network et régulièrement de grands scandales éclatent, comme par exemple celui des **Pandora papers**. Il s'agit d'une fuite de documents montrant la volonté de milliers de personnes importantes à faire de l'évasion fiscale dont 600 Français, trente-cinq chefs d'État, trois cents responsables publics etc…

En tout, ce sont plus de 10 000 milliards de dollars qui ont été placés de façon à échapper largement aux impôts et le Consortium international des journalistes d'investigation qui a travaillé dessus conclut que « les acteurs puissants qui pourraient aider à combattre cette évasion profitent au contraire des failles du système ». Surtout, il n'y a pas de vraie volonté politique de mettre fin à cette évasion et les inspecteurs des finances sont trop peu nombreux face à la complexité de certains montages *(affaires des luxleaks, des swissleaks…)*.
On en arrive à des situations improbables. Ainsi, Google a payé 20 millions d'impôts en France en 2020 contre plus de 40 millions d'euros pour LeBonCoin ! Et il ne s'agit pas ici d'optimisation fiscale poussée à son maximum puisque Google a dû payer 965 millions d'euros à la France en 2019 pour fraude fiscale. Les décisions de justice étant longues, Bercy propose parfois des accords à l'amiable. On estime qu'en 2019, Bercy a fait cadeau aux entreprises / particuliers de 1,6 milliard d'euros.

En France, nous avons longtemps eu un « **verrou de Bercy** ». Ce dernier n'a pris fin qu'en décembre 2018 et consistait à donner plein pouvoir au ministère du Budget. Lui seul pouvait lancer des poursuites pénales en cas de fraude fiscale en transmettant le dossier à la CIF *(Commission des infractions fiscales)* et bien souvent il ne le faisait pas. C'est d'ailleurs pour cette raison que **Cahuzac** n'a pas été condamné pour fraude fiscale mais pour blanchiment de fraude fiscale. Comme il était ministre du Budget, il aurait dû décider s'il était nécessaire d'engager des poursuites contre lui-même. Depuis la fin de ce verrou, les dossiers sont automatiquement transmis à la justice et on constate sur l'année 2019 une hausse de 100% de ces dossiers par rapport à 2018, année où ce verrou existait.

En parallèle des politiques nationales, l'Union Européenne a créé un instrument censé lutter contre l'évasion fiscale des multinationales et des grandes fortunes : **la liste noire**. Cette liste sanctionne plusieurs pays non coopératifs *(cela peut être via le gel de fonds européens)* et en 2021, 9 pays en font partie : les **Samoa américaines**, les **Fidji**, **Guam**, les **Palaos**, **Panama**, le **Samoa**, **Trinité-et-Tobago**, les **îles Vierges américaines** et le **Vanuatu**.

À noter que le fait de posséder un compte bancaire déclaré dans une banque domiciliée dans un paradis fiscal *(ex : la Suisse)* change peu de chose en France puisqu'on paye quand même des impôts dessus.

VII: Les startups et les grandes entreprises

En France, on considère qu'il y a environ 10 000 start-up et que ce nombre augmente de 20% chaque année. Les plus connues sont : Blablacar, Criteo, Veepee, Deezer, Sarenza, Free, Meetic..

Une **startup** repose sur une innovation qui lui permettrait un potentiel de croissance exponentiel. Pour y arriver, elle doit trouver le meilleur modèle économique possible et se développer. En parallèle, une **petite entreprise** de type PME opère dans un domaine mature et ne propose pas d'innovation transcendante. Sa croissance est donc linéaire (*restaurant*).

Bien souvent, les startup mettent du temps à être rentables et 90% d'entre elles font faillite dans les quelques années qui suivent leur création. Néanmoins, les perspectives de rentabilité en cas de réussite sont énormes et pour survivre jusque-là, elles font généralement des levées de fonds auprès d'investisseurs. À ce sujet, l'année 2020 a été un record avec 5,4 milliards d'euros de fonds levés par des startup françaises. En 2015 nous étions à moins de 2 milliards d'euros.

L'État a aussi créé le label **La French Tech** en 2014 pour aider l'écosystème des startups françaises. C'est une marque qui réunit toute la communauté d'entrepreneurs et ceux qui les aident. Ce label est piloté par le ministère de l'Économie qui dispose d'un budget pour accélérer le développement des startups et de certains programmes d'aide. Les pouvoirs publics proposent de nombreuses subventions publiques pour pousser les startups à se lancer (*la bourse French Tech, l'aide régionale / départementale, l'ACCRE, NACRE, l'ARCE, ACREI, AIMA, la Banque Publique d'Investissement, l'ADI, l'UE…*). Lors de sa première élection, le président Macron a voulu faire de la France la « nation des startups » et pour cela, il a lancé un fonds de 10 milliards d'euros.
En parallèle, il existe plusieurs structures sur lesquelles les startups peuvent parfois s'appuyer : incubateurs, couveuses, pépinières…

Une licorne est une startup valorisée à plus d'un milliard de dollars. À l'échelle mondiale, il en existe 160 dont une vingtaine en France.
95% des dirigeants de startups ont un niveau bac+5, très peu sont donc 100% autodidactes malgré ce que beaucoup pensent. Aussi, environ 10% de ces dirigeants sont des femmes.

Début 2017, **Xavier Niel** (Free) a créé un espace de 34 000m2 situé en plein Paris, cet endroit surnommé **Station F** rassemble le plus grand écosystème entrepreneurial au monde avec 3 000 startups. Il a aussi créé **l'École 42** qui propose une auto-formation en informatique.

VIII : Comprendre la dette

Nos dettes publiques et privées sont si élevées que de nombreuses personnes ont du mal à réaliser comment c'est possible. Voici des explications pour vous aider à y voir plus clair.

La dette publique est l'ensemble des emprunts contractés par les administrations publiques : l'État, la sécurité sociale, les organismes d'administration centrale et les collectivités territoriales. Depuis l'appartenance de la France à l'Union économique et monétaire européenne en 1999, on nous impose, pour éviter les phénomènes de passager clandestin *(un acteur qui profite de l'action collective sans y participer)* de respecter des critères définis en 1992 par le **traité de Maastricht** :
- un déficit public annuel qui ne devrait pas excéder 3 % du PIB
- une dette publique qui devrait rester inférieure à 60 % du PIB.

Aujourd'hui, la France fait l'objet d'une procédure de déficit excessif car elle ne respecte pas ces critères. Par exemple, notre dette publique représente plus de 117% de notre PIB fin 2021.

Le **déficit public** prend en compte le déficit des collectivités territoriales, de la sécurité sociale et de l'État. En parallèle, nous avons le **déficit budgétaire** qui ne prend en compte que le budget de l'État. Celui-ci était de 69 milliards € en 2016.

En France, nous sommes en **déficit public** *(de 220 milliards € en 2021)*. C'est-à-dire que le **solde primaire** *(la différence entre recettes et dépenses, appelée également solde budgétaire ou solde public)* des finances publiques est **négatif**. On a plus de dépenses que de rentrées d'argent et on comble ce trou avec de l'endettement. Cela implique de payer un taux d'intérêt sur un montant plus élevé mais ce taux d'intérêt n'augmente pas forcément. Il varie en fonction de la situation du pays, plus celui-ci est en difficulté et plus son taux d'intérêt sera élevé, ça se passe exactement comme pour un particulier.

Le paiement des intérêts de la dette s'appelle **charge de la dette**. En France, celle-ci était de 42 milliards € en 2019 et 30 milliards en 2020, elle varie souvent. Néanmoins, le risque est réel que cette charge augmente au point que la France ne s'endette que pour pouvoir payer le coût de ses prêts. On parle alors d'effet **« boule de neige »**.

En 1980 notre dette publique était de 100 milliards d'euros
En 1988 notre dette publique était de 300 milliards d'euros
En 1996 notre dette publique était de 700 milliards d'euros
En 2003 notre dette publique était de 1000 milliards d'euros
En 2010 notre dette publique était de 1500 milliards d'euros
En 2019 notre dette publique était de 2 813 milliards d'euros

En cas de déficit public, nous pouvons soit nous endetter, soit augmenter les impôts *(on dit souvent que le déficit public est l'impôt de demain)*, soit diminuer les dépenses, soit faire les trois en même temps. À ce sujet, sachez que notre dette augmente non pas parce qu'on dépense plus d'argent, nos dépenses sont seulement en légère hausse, mais parce que nos recettes fiscales ont beaucoup diminué *(- 500 milliards en 30 ans)* et depuis 1970 la France a payé plus de 1 300 milliards d'euros d'intérêts sur ses prêts, c'est plus de 60% de notre dette !
Ainsi en 2019, sans la charge de la dette de 42 milliards €, nous serions presque à l'équilibre entre dépenses *(1 348 milliards €)* et rentrées d'argent *(1 275 milliards €)*.

Pour savoir comment nous nous sommes retrouvés dans cette situation, revenons en arrière. Avant, la Banque de France était obligée de prêter gratuitement de l'argent à l'État pour financer les projets du pays. Mais maintenant c'est fini, d'abord par **la loi du 3 janvier 1973** proposée par **Georges Pompidou** et ensuite par **le traité de Maastricht de 1992**. La France est obligée de s'endetter auprès des marchés financiers en proposant des bons du Trésor avec des taux d'intérêt dessus. Selon le directeur général de **l'Agence France Trésor**, les 2/3 de la dette sont détenus par des personnes situées hors de la zone euro et 1/3 par des Français *(fonds de pension, banques, gestionnaires d'actifs, particuliers, assurances etc...)*.

Officiellement, la raison est d'empêcher les États d'emprunter à outrance. Le Brésil, la Bolivie ou même le Zimbabwe *(ce pays a créé des billets de 1000 milliards de dollars zimbabwéens tellement l'inflation était importante à force de créer de l'argent artificiellement)* ont dû changer de monnaie pour cause d'hyperinflation à force d'en créer gratuitement. Dorénavant, emprunter de l'argent à un coût !

Si la France le souhaite, elle peut très bien ne jamais rembourser ceux qui lui ont prêté de l'argent. Dans ce cas-là, des millions d'investisseurs vont perdre leur argent et plus personne ne lui fera confiance. Elle ne pourra donc plus emprunter sur les marchés et les pays étrangers lui demanderont de rendre des comptes.
Autre possibilité moins improbable, la **Banque Centrale Européenne** peut décider de racheter la dette française pour ensuite l'annuler. Même si elle n'a pas assez de fonds propres, la BCE peut créer de la monnaie interbancaire *(autant qu'elle le souhaite)* pour racheter aux banques la dette publique des États et la faire annuler. La loi européenne oblige les pays de la zone euro à recapitaliser la BCE si celle-ci fait des pertes mais dans l'absolu on peut changer cette loi, la France possédant 14% du capital de la BCE, elle peut pousser certaines décisions.
Dans les faits, la BCE a déjà demandé à la **Banque de France** d'acheter une partie de la dette publique française (24 % en 2020) mais jusqu'à présent il n'est pas encore question de l'annuler.

Cette dette publique est très inquiétante parce qu'elle montre la fragilité des États. C'est justement parce que nous avons une telle dette publique que nous sommes incapable de supporter la faillite de l'une de nos grandes banques.

Vous connaissez donc l'origine de notre dette publique et le problème qu'elle pose, passons cette fois-ci à la **dette privée**.

La dette privée était de **3 000 milliards d'€** en 2019. Elle comprend la **dette des ménages** *(1 300 milliards)* et la **dette des entreprises** *(1 700 milliards)*. Cela représente 134% du PIB.
Si elle est si élevée, c'est qu'il est parfois plus rentable pour les entreprises de s'endetter plutôt que d'utiliser leurs liquidités. Effectivement le **coût de la dette** *(taux d'intérêt)* est souvent inférieur au **coût de l'utilisation des capitaux propres** puisque ces capitaux peuvent être taxés si on les déplace alors que les intérêts de la dette peuvent être déduits des résultats de l'entreprise afin de baisser le montant des impôts. C'est pour cela qu'Apple préfère souvent s'endetter plutôt que de toucher à ses milliards d'euros dans ses comptes en Irlande.

Le problème est que beaucoup d'entreprises sont trop endettées pour pouvoir continuer à investir afin de rester compétitives. Elles ne peuvent pas non plus résister aux petits chocs économiques et fonctionnent à flux tendus. Il en est de même avec les particuliers, une population endettée est une population qui ne peut pas consommer beaucoup et l'activité économique du pays est alors limitée.

La dette mondiale est de 164 000 milliards d'euros, les 2/3 proviennent du secteur privé.

En 2019, les 3 entreprises avec le chiffre d'affaires le plus important étaient :
523 milliards $: Walmart
407 milliards $: Sinopec
384 milliards $: State Grid

Celles avec le bénéfices le plus important étaient :
88 milliards $: Saudi Aramco
81 milliards $: Berkshire Hathaway
55 milliards $: Apple

En France, voici les entreprises avec le plus de chiffre d'affaires en 2017 :
L'entreprise Axa: CA de 149,5 milliards € (Bénéfice 7 milliards d'€)
L'entreprise Total: CA de 149 milliards € (Bénéfice: 8,5 milliards d'€)
L'entreprise BNP Paribas: CA de 117 milliards €. (Bénéfice: 8,7 milliards d'€)
L'entreprise Carrefour: CA de 91 milliards € (Déficit de 0,5 milliard d'€)
L'entreprise Crédit Agricole: CA de 84 milliards € (Bénéfice 4 milliards d'€)
L'entreprise EDF: CA de 78 milliards € (Bénéfice 3,5 milliards d'€)

IX: En France comment ça fonctionne

Les différentes taxes et ce qu'elles rapportent :

En France les prélèvements obligatoires (*impôts* + *taxes* + *85% cotisations sociales*) représentent 45,4% de notre PIB selon l'OCDE fin 2020, soit plus de un milliard d'euros. Ce taux varie en fonction des sources, mais selon les différentes études nous sommes premier ou second *(derrière le Danemark)* de l'Union Européenne. La moyenne en zone euro était de 41,8% en 2020. Fait amusant, l'ancien président **Giscard d'Estaing** estimait à l'époque qu'au-delà de 40% on basculerait dans le socialisme.

Tout d'abord, nous sommes champions d'Europe sur les **cotisations sociales**. Les cotisations sociales sur les salaires ne sont pas réellement des impôts, elles financent les systèmes de protection sociale pour que nous puissions nous-même en bénéficier plus tard. C'est donc un « salaire différé » que l'on peut bénéficier à certains moments de notre vie *(à la retraite, en cas de chômage, en cas de congé maternité, d'arrêt maladie etc…)*. On estime que 4/5ème de cet argent est attribué aux dépenses de santé, des retraites et du chômage. Seulement 1/5ème est alloué aux minima sociaux *(RSA, l'AAH, l'ASPA, l'ASS etc…)*.
En 2020, la France dépensait 31% de son PIB dans la protection sociale selon Eurostat *(soit 800 milliards €)*, contre 20% en moyenne chez les pays européens.

Concernant les **impôts** et les **taxes**, nous sommes dans la moyenne européenne sur certaines catégories. C'est le cas de la **TVA** qui est de 20% en France ou encore de l'impôt sur les revenus qui était de 8,6% en 2017 en France contre 8,4% en 2016 dans l'OCDE. À ce sujet, sachez qu'en 2020 seulement 45% des français payaient cet impôt pour un montant total de 76,9 milliards d'euros.

Voici l'origine des revenus principaux de la France :

Cotisations sociales : 474 milliards d'euros en 2019. Ces cotisations collectées par l'Urssaf financent les prestations sociales *(retraite, chômage, assurance maladie, allocation familiale, arrêt maladie, congé maladie etc…)*.
TVA : 155 milliards d'euros en 2021.
ISR : Impôt sur le revenu 77 milliards d'euros en 2020.
ISS : Impôt sur les sociétés 48 milliards d'euros en 2020.
Taxe d'habitation : 45 milliards d'euros en 2019. Elle a depuis été supprimée.
Taxe foncière : payée par les propriétaires. 14 milliards € en 2019.
TICPE : Taxe intérieure de consommation sur les produits énergétiques. 17 milliards d'euros en 2019.
Taxes sur le tabac : 15 milliards d'euros en 2020.
IFI : impôt sur la fortune immobilière. 1,6 milliard d'euros en 2020.
Contribution économique territoriale : Impôts locaux, 25 milliards € en 2019.
Etc…

Ces prélèvements obligatoires vont à différentes catégories d'administrations publiques *(État, Union européenne, programme telle que la sécurité sociale etc...)*. Ainsi, pour l'année 2021, les ressources nettes du **budget** général de l'**État** sont estimées à **278 milliards d'euros**. La TVA étant de **155 Mds**, elle représente plus de la moitié du budget de l'État. Néanmoins, l'État reverse une partie de ce montant à l'UE et aux collectivités, après ces prélèvements, ses ressources étaient de **231 milliards d'euros** pour l'année 2021.

La TVA rapporte plus de deux fois plus à la France que l'impôt sur le revenu. Donc ceux qui ne paient pas cet impôt participent quand même à l'économie du pays via cette taxe. Il arrive même qu'ils y participent plus que les autres puisque les chiffres montrent qu'ils sont plus dépensiers et épargnent moins.
Cette TVA est tellement importante que Bercy fait une véritable chasse à ceux qui essayent de frauder. Elle estime qu'en 2020, 98% des plateformes internet étrangères ne l'a payaient pas, ce qui représente un manque à gagner de 1 milliard d'euros en plus de mettre en difficulté la compétitivité des entreprises françaises. Depuis 2021, une loi oblige ces plateformes d'e-commerce *(ex : Aliexpress)* à inclure la TVA dans les paiements.

Selon la fondation Ifrap, il existait en France 376 taxes et impôts en 2019. Dans certains cas, le coût de gestion de ces taxes / impôts est même supérieur à ce que ça rapporte !

Parlons maintenant **d'inflation**. Pendant longtemps, nous n'étions pas en situation d'inflation en France. On constatait une hausse du prix de certains biens *(notamment des biens immobiliers / loyers)* mais pas de hausse de salaire, élément pourtant nécessaire pour se retrouver en situation d'inflation sur le long terme. La BCE échoue d'ailleurs à maintenir un taux d'inflation à 2%, ce qui est son objectif. Si en 2020 nous étions à 0,5 % en France, en 2022 nous avons dépassé les 5%.
En règle générale, si le pouvoir d'achat diminue, alors les prix des biens diminuent forcément aussi. Les entreprises veulent vendre leur produit / services et sont donc obligées de s'aligner sur les budgets des français. Un pouvoir d'achat trop faible implique moins de rentabilité chez les entreprises, moins d'emplois, moins d'innovations et une baisse des salaires. C'est donc un cercle vicieux car auto-entretenu. En revanche, une inflation trop forte qui ne s'accompagne pas d'une hausse de salaire signifie la faillite de certaines entreprises.

Parmi les grandes dépenses de la France, nous avons :

Protection sociale : 800 milliards € en 2020, donc 1/3 du PIB !
Action et comptes publics : 197 milliards € en 2020.
Enseignement scolaire : 74 milliards € en 2020.
Charge de la dette : 38,2 milliards € en 2021.
Défense : 46 milliards € en 2020.

Les chiffres sont tous différents d'une source à l'autre, je fais donc un mix avec les infos les plus probables. Aussi je ne donne que les principales dépenses, chaque ministère ayant un budget de plusieurs milliards d'euros.

L'industrie française connaît une désindustrialisation depuis la fin de la Seconde Guerre mondiale. Ainsi on constate une diminution de la part de l'industrie *(textile, sidérurgie, automobile..)* dans le PIB français. Cette diminution s'explique en partie parce que nos besoins changent et que les entreprises étrangères sont très compétitives. Surtout au niveau du prix.

Aujourd'hui, l'évolution économique moderne fait que les services *(secteur tertiaire)* occupent une place de plus en plus importante dans notre société. Si à l'époque nous sommes passés du secteur primaire au secteur secondaire, aujourd'hui nous vivons une deuxième étape et ce sont les services qui représentent l'activité prépondérante dans notre économie.

En France, en 2019, 75 % des personnes en emploi sont en CDI contre 12 % en CDD ou contrat intérimaire. Les 13 % restants sont soit indépendants, soit en contrat d'apprentissage.

Aussi, un français sans revenu ayant minimum 25 ans est automatiquement éligible au RSA *(540€ mensuels)*. Et à 65 ans, il aura cette fois-ci droit à l'Allocation de solidarité aux personnes âgées *(903€ mensuels)*. Ces aides sont là pour lutter sans condition contre l'extrême pauvreté dans notre pays, elles garantissent à tous un revenu minimum contrairement à beaucoup d'autres pays.

Avons-nous un problème avec le travail en France ?

En France nous avons 5 semaines de congés obligatoires et 11 jours fériés. Soit 36 jours de repos obligatoires en tout. Les Autrichiens et les Maltais en ont 38 et les Américains seulement 20 *(10 jours fériés + 10 jours de congés payés)*.

La durée légale du travail chez nous est de 35h par semaine mais les entreprises peuvent proposer des contrats avec plus d'heures, le maximum légal étant 48 heures. Pour les cadres, la durée de travail est décomptée en nombre de jours dans l'année et non en heures, dans les faits ils travaillent un peu plus d'heures chaque jour que les autres salariés.

À travers le monde, les inégalités dans la durée du temps de travail sont flagrantes. En nombre d'heures par an, nous étions en 2020 à 1402 heures ce qui est bien en dessous de la moyenne de l'OCDE *(1 687 heures par an)*. Au Mexique c'est 2124 heures et en Allemagne 1332 heures. Attention à ces chiffres puisqu'ils prennent en compte les temps partiels et énormément de femmes choisissent ce type de contrat. Ainsi en France, 30,6 % des femmes salariées sont à temps partiel, elles représentent 80 % des salariés à temps partiel !

En France, le taux de syndicalisation est de 11%. En Espagne, il est de 15%, en Allemagne 18%, au Royaume Uni 25% et en Islande 72%. La moyenne est à 23% dans l'Union européenne *(2019)*. Dans les pays nordiques, les allocations de chômage et d'autres prestations sociales sont versées par le syndicat, c'est pour cette raison qu'il est si important d'y adhérer.

Chez nous, les entreprises de + de 50 personnes doivent avoir un comité d'entreprise avec un ou plusieurs délégués syndicaux. Leur rôle est de renseigner les employés sur leurs droits et formuler des propositions / revendications.

Il existe des syndicats dans des branches professionnelles précises comme les cheminots, les étudiants, les patrons ou encore les professeurs. Certains défendent tous les employés *(CGT, CFDT, Force ouvrière etc..)* et d'autres tous les patrons *(ex : Medef).*

Ces organisations syndicales sont financées principalement par les employeurs à travers une taxe qui est ensuite redistribuée entre les organisations. C'est pour cette raison que le **Medef** a décidé de renoncer en 2019 à 4,4 millions d'euros d'aide de l'État *(12 % de son budget annuel).* Son président **Geoffroy Roux de Bézieux** espère qu'en 2023 100 % des recettes proviendront des cotisations des entreprises et non plus des charges imposées par l'État à ces entreprises. Alors que dans certains pays, ce sont les syndiqués qui cotisent pour financer leur syndicat, chez nous les cotisations des syndiqués ne représentent que 3 à 4 % de leur financement en moyenne.

De plus en plus, nous passons d'une culture des horaires à une culture des résultats. Les employés refusent de faire du présentéisme et le COVID a contribué à largement démocratiser le télétravail.

Pour être plus compétitif dans les embauches, **Netflix** laisse carte blanche aux employés pour leurs vacances *(pas de limite de jours).* On peut également citer le concept **d'ignorance sélective** prôné par l'entrepreneur américain **Timothy Ferriss** qui ne travaille que 4 heures par semaine.

Zoom sur le chômage

En 2021, il y a environ 3 millions de chômeurs en France et on estime *(les chiffres diffèrent beaucoup d'une étude à une autre)* que 20% de chômeurs rémunérés ne cherchent pas de nouvel emploi. Depuis la réforme du chômage de 2021, le calcul du chômage est corrélé à nos revenus des 24 derniers mois. Le montant est d'environ *(il y a plein de règles)* 60% de notre ancien salaire avec un minimum de 910 euros et un maximum de 7 650 euros par mois *(le plus haut d'Europe !).*

Cette aide n'est pas dégressive *(sauf pour ceux qui touchent plus de 2500 € de chômage)* et dure deux ans.

En 2022, il y a eu 350 000 postes vacants, ces emplois concernent majoritairement la restauration, le BTP ou encore l'hôtellerie. L'une des raisons est qu'entre 2000 et 2012, le nombre de diplômés bac + 5 en France a augmenté de 75 % alors que la demande pour de tels profils du côté des entreprises augmente peu. Il y a donc un déséquilibre sur le marché de l'emploi.

Une étude a estimé qu'en 2030, 50% des emplois actuels seront probablement confiés à des machines et que 85% des emplois de 2030 n'existent pas encore aujourd'hui. Aussi, on estime que la lutte contre le changement climatique représente un potentiel d'un million de nouveaux emplois en France dans les prochaines années.

X: Les chiffres clés du commerce extérieur français en 2019

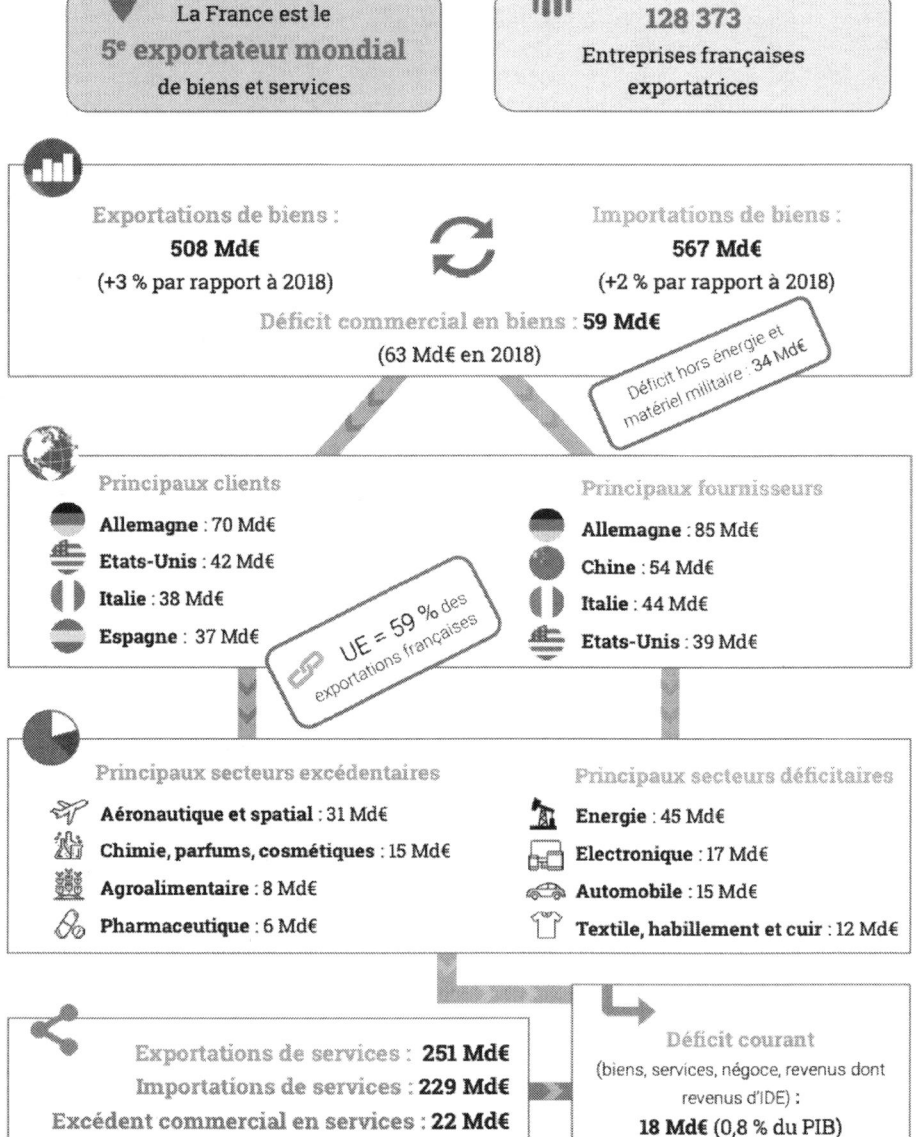

La France est le
5ᵉ exportateur mondial
de biens et services

128 373
Entreprises françaises
exportatrices

Exportations de biens :
508 Md€
(+3 % par rapport à 2018)

Importations de biens :
567 Md€
(+2 % par rapport à 2018)

Déficit commercial en biens : **59 Md€**
(63 Md€ en 2018)

Déficit hors énergie et matériel militaire : 34 Md€

Principaux clients
- **Allemagne** : 70 Md€
- **Etats-Unis** : 42 Md€
- **Italie** : 38 Md€
- **Espagne** : 37 Md€

Principaux fournisseurs
- **Allemagne** : 85 Md€
- **Chine** : 54 Md€
- **Italie** : 44 Md€
- **Etats-Unis** : 39 Md€

UE = 59 % des exportations françaises

Principaux secteurs excédentaires
- **Aéronautique et spatial** : 31 Md€
- **Chimie, parfums, cosmétiques** : 15 Md€
- **Agroalimentaire** : 8 Md€
- **Pharmaceutique** : 6 Md€

Principaux secteurs déficitaires
- **Energie** : 45 Md€
- **Electronique** : 17 Md€
- **Automobile** : 15 Md€
- **Textile, habillement et cuir** : 12 Md€

Exportations de services : **251 Md€**
Importations de services : **229 Md€**
Excédent commercial en services : **22 Md€**

Déficit courant
(biens, services, négoce, revenus dont revenus d'IDE) :
18 Md€ (0,8 % du PIB)

Sources : Douanes françaises, Banque de France, OCDE

La France exporte de l'électricité à hauteur de 2 milliards d'euro par an, malgré ça elle est tout de même déficitaire sur le secteur de l'énergie parce qu'elle achète énormément de pétrole aux États pétroliers.

L' Union européenne

L'Union européenne est une organisation qui réunit 27 pays membres. C'est une sorte d'assurance pour pays : on paye chaque année mais en cas de problème, on bénéficiera d'une vraie aide financière de sa part. En 2019, la France a versé **23 milliards d'euros** *(c'était seulement 2 milliards en 1992)* mais comme elle a reçu des subventions en parallèle *(pour l'agriculture, les hôpitaux...)* elle n'a vraiment payé que **8 milliards**. Le budget total de l'UE était de **148 milliards €** en 2019.
L'Union européenne ne veille pas que sur les pays membres, elle aide également des pays extérieurs *(en Afrique, au Moyen-Orient etc..)*. Pour devenir membre, il faut remplir de nombreuses conditions économiques et politiques. Le temps où certains pays comme la Grèce pouvaient falsifier leurs chiffres est à priori révolu.

L'Union européenne se base sur un réel déni de démocratie puisqu'en 2005 les Français ont voté non à 55%, au référendum sur le traité établissant une constitution pour l'Europe. Ce passage en force lui est régulièrement reproché.

La Commission européenne et le Conseil de l'Europe sont entourés par des lobbies. Bruxelles est d'ailleurs appelée la **capitale européenne du lobbying**. Ces lobbies s'intéressent aux **députés européens**, aux **experts « indépendants »** *(ceux de l'industrie gazière sont plus de 2/3 à être payés par le privé)* et aux **commissaires européens** *(certains ont des promesses d'emploi dans le privé et ne proposent donc pas de lois contraignantes, un commissaire du climat est ainsi parti chez Volkswagen et un commissaire de la concurrence est allé chez Uber).*
Ces lobbies dépensent environ 1,5 milliard d'euros par an pour influencer la création des normes européennes et leur surveillance. Cette influence engendre ensuite un problème démocratique parce que depuis la Ve République, la Constitution **française** prévoit que le **droit international** *(et donc le droit européen)* a une autorité supérieure à celle des lois nationales. Les traités, règlements, directives et décisions européennes l'emportent sur toute disposition contraire du droit national et en 1964, la Cour de justice de l'Union européenne a réaffirmé cette décision dans un arrêt.
Il y a donc une baisse de notre souveraineté nationale au profit de l'Europe : les politiques élus par le peuple obéissent aux directives de la Commission européenne, elle-même étant influencée dans une certaine mesure par les grands groupes tels que Total, BNP Paribas ou encore Volkswagen via le lobbying. En 2015, la France a dû payer 2,2 milliards d'euros d'amende parce qu'elle ne respectait pas toutes les règles dictées par l'UE.

D'un autre côté, c'est grâce à l'UE que nous bénéficions de la libre circulation des biens / personnes entre les frontières et que 300 millions d'Européens utilisent une même monnaie unique *(pas de frais de change dans la zone euro)*. La libre concurrence a été renforcée, permettant de casser des monopoles *(comme France Telecom dans le passé)* et certains programmes très intéressants ont vu le jour tels que Erasmus qui ne coûte « que » 1,5 milliard d'euros. Aussi, les rapports rédigés par les institutions de l'UE nous aident à identifier des pistes d'amélioration.

« Big Pharma » et le lobby pharmaceutique

Big Pharma désigne les principaux laboratoires pharmaceutiques au monde : **Novartis**, **Roche**, **Pfizer**, **Johnson & Johnson** et **Sanofi**. Ces entreprises ont réalisé un chiffre d'affaires de plus de 50 milliards d'euros en 2019.

Le marché de la santé a une spécificité qui lui est propre : l'élasticité prix/demande est très faible, c'est-à-dire qu'un médicament très cher sera autant acheté qu'un autre moins cher s'il n'y a pas d'autre alternative. Ainsi, **Martin Shkreli**, l'homme le plus détesté des États Unis selon des sondages, a racheté les droits du médicament « Daraprim » pour augmenter son prix de 5 400% en 2015. Il a été condamné à 7 ans de prison et 64 millions d'euros pour 7 chefs d'accusation *(fraude en valeurs mobilières, tromperie auprès des investisseurs etc...)*.
Cette spécificité peut pousser certains laboratoires à privilégier la rentabilité au détriment de la santé publique *(ex : développer un traitement sur le long terme plutôt qu'un vaccin)*. Dans un rapport de 2018, l'analyste financier **Salveen Jaswal Richter** expliquait lui-même à ses clients que guérir les patients n'était pas un modèle économique durable car non rentable.

D'autres méthodes existent, comme celle de créer des maladies tant la distinction entre le normal et le pathologique est complexe *(être juste triste ou faire une dépression ?)*. Ainsi, sur les 5000 médicaments disponibles dans nos pharmacies, les estimations sur la part de médicaments inutiles vont de 33% jusqu'à 97% ! L'industrie pharmaceutique a par exemple réussi à convaincre les médecins de définir l'hypertension à 14 au lieu de 16 auparavant afin de vendre 4 fois plus d'antihypertenseurs.
On peut également citer la méthode consistant à pousser à l'achat des traitements les plus chers. En France, jusqu'en 2020, un médecin pouvait écrire sur l'ordonnance *« non substituable »* pour interdire aux pharmaciens l'usage de **médicaments génériques** *(ce sont des copies moins chères de médicaments, comme le **paracétamol** qui est le générique du **doliprane**)*. Aujourd'hui, on estime que pour cinq des médicaments les plus remboursés par la sécurité sociale, il existe des alternatives moins chères. C'est le cas par exemple pour **l'Enbrel**, un médicament prescrit pour traiter des maladies inflammatoires. Comme son brevet est tombé dans le domaine public, il existe désormais des génériques *(ex : le Benepali)* 15% moins cher mais jamais prescrits par les médecins. Idem pour le Lantus, il existe **l'Abasaglar** environ 20% moins cher, on peut aussi mentionner **l'Avastin**, un médicament 6 fois moins cher que le Lucentis.

Pour arriver à cette situation, Big Pharma se repose sur les médecins afin que ces derniers prescrivent les soins les plus coûteux à leurs patients. Pour cela, les médecins sont influencés au sein même des hôpitaux par des visiteurs médicaux représentant l'industrie pharmaceutique. Ils distribuent des cadeaux *(voyages, invitations etc...)* tout en encourageant à des pratiques rentables, le collectif **Regards citoyens** a évalué le montant de l'ensemble des cadeaux reçus par les professionnels de la santé à 250 millions d'euros annuels. Vous pouvez d'ailleurs regarder si votre médecin traitant a bénéficié d'avantages quelconques sur le site « transparence.sante.gouv.fr ».

En France, c'est le Comité économique pour les produits de santé (CEPS), un organisme de l'État, qui fixe le prix des médicaments en signant des conventions avec les laboratoires pharmaceutiques. Il rassemble principalement des hauts fonctionnaires nommés par la **Sécurité sociale** *(via notamment la Caisse nationale d'assurance maladie)*, par **Bercy** et par les **complémentaires de Santé**. La Haute Autorité de Santé (HAS) émet également un avis médical sur les médicaments. Toutefois, la Cour des comptes a estimé en 2011 puis de nouveau en 2017 que les critères de fixation des prix ne sont pas suffisamment clairs et transparents. Pire, certains médicaments commercialisés se sont avérés dangereux comme la **Dépakine** ou le **Mediator**.

Actuellement, le **lobby pharmaceutique** est le lobby le plus important. Ce marché représente **920 milliards d'euros** dans le monde en 2019.
Comme les politiques ne sont pas des experts, il est important qu'ils puissent s'appuyer sur les déclarations des professionnels qui travaillaient dans un domaine. Mais avec le temps, ces lobbies ont gagné en importance et exercent une vraie emprise sur les lois qui sont votées. Le métier de lobbyiste est d'ailleurs totalement assumé aujourd'hui, certains se font appeler directeur des relations institutionnelles ou responsable des affaires publiques.

Plusieurs types de lobbying existent. D'un côté, il y a celui qui défend les intérêts de son marché et se bat, par exemple, contre une législation restrictive. C'est le cas du lobby du tabac *(même si le produit de base est néfaste)* qui lutte contre la hausse des prix provoquée par de nouvelles taxes. On peut aussi mentionner le lobby du barbecue aux États-Unis, qui a réussi à avancer de 3 semaines le changement d'heure d'été afin de vendre plus de barbecues. De l'autre côté, nous avons des lobbys indésirables, avec l'objectif de maintenir une situation permettant de faire gonfler artificiellement les prix pour garantir une grosse marge *(c'est le cas avec la hausse des prix de certains médicaments ou bien des situations de monopole)*.

Les lobbys ne sont donc pas dépourvus d'utilité, le lobby environnemental en est d'ailleurs un très puissant. Aussi, on commence à parler de plus en plus de lobby citoyen, preuve que les groupes de pression peuvent prendre des formes très diverses.

Enfin, notons que les ingérences étrangères sont une nouvelle forme de lobbying qui prend de plus en plus d'ampleur. Début 2022, l'instigateur de la commission spéciale du Parlement européen sur les ingérences étrangères s'est alarmé du recrutement de nombreux décideurs politiques d'Europe par Moscou et Pékin. Nul doute que ces recrutements sont un moyen d'avoir accès à des contacts très bien placés pour être avantagés sur certaines affaires.

Le spécisme

Le **spécisme** est le fait d'accorder certains droits à des espèces particulières. On part du principe qu'elles ne se valent pas toutes, on crée une hiérarchie entre elles : les animaux de compagnie *(chat)* et de consommation *(poule)*. Dans les faits, ce terme est utilisé par les « antispécistes » pour critiquer le mode de vie des personnes mangeant de la viande.

À la base, tous les êtres vivants sont spécistes. L'écosystème animal est régi par la loi du plus fort : il y a d'un côté les prédateurs et de l'autre les proies. Il ne faut pas tomber dans le piège d'idéaliser le règne animal et les populations *(surtout des pays développés)* ont tendance à oublier, par naïveté, que la nature a toujours été cruelle. On retrouve entre autres des actes de « viols », « séquestrations », « cruauté », « infanticides » ou encore « cannibalisme ». Les animaux ne tuent pas que pour se nourrir ou se défendre, loin de là. L'une des vidéos qui m'a marqué est une compilation d'attaques de loups sur des brebis, sans pour autant les manger. La scène est d'une rare violence, voici le lien pour les curieux : **https://www.youtube.com/watch?v=Qt4NpGl7M4w**.
Fait amusant, certaines espèces différentes peuvent s'entraider pour chasser, donnant lieu à des collaborations inter-espèces étonnantes *(loups et singes par exemple)*. Preuve de la complexité de la hiérarchie entre les espèces animales.

Chez les humains, nous avons progressivement inclus le principe d'humanisme, ce qui a permis de réduire les inégalités entre nous *(fin de l'esclavage, apparition de la notion de liberté et des droits fondamentaux pour tous)*. En France, tous les humains ont les mêmes droits, il n'y a pas de hiérarchie. Si nous l'avons fait avec les humains, pourquoi donc ne pas le faire avec les animaux ? Après tout, pourquoi traiter différemment les espèces animales ? Arrêtons de manger de la viande ou bien mangeons tout, sans distinction.

Cette question nécessite plusieurs éléments de réponse. Déjà, comme nous l'avons vu au début du livre, tous les animaux ne sont pas égaux : certains communiquent entre eux ou encore prennent conscience de leur reflet dans le miroir. Eh bien il semble que la facilité de domestication des animaux joue un rôle dans cette hiérarchie que nous faisons. C'est le cas des chiens qui ont été domestiqués pour la première fois il y a 15 000 ans. Il est donc compréhensible que l'homme soit plus réticent à manger un animal qui est devenu, au fur et à mesure des croisements, un animal fidèle, facilement dressable et intelligent.

Si la morale nous interdit de tuer des animaux de compagnie tels que le chien, d'autres facteurs rentrent en compte. Ainsi, nous n'avons aucune difficulté à tuer des moustiques, probablement parce que ce sont des êtres vivants de taille très petite, qui n'émettent pas de son *(autres que le bruit de leurs ailes)* avec une espérance de vie déjà très courte *(environ 7 jours)* et qui nous empêchent de dormir / nous causent des démangeaisons. En 2019, l'essayiste et militant antispéciste **Aymeric Caron** *(depuis député)* estimait pourtant que le moustique a le même droit de vivre qu'un être humain *(avant de revenir sur ses paroles face à la polémique)*. Il aurait été plus pertinent de comparer la valeur de la vie du moustique avec celle d'un animal « noble » tel que le cerf plutôt qu'avec un être humain, mais une telle citation à le mérite d'ouvrir le débat.

La science nous apprend que les insectes ne ressentiraient pas la douleur. Sur le plan neurobiologique, leur système nerveux est très différent du nôtre et on a ainsi vu un criquet se faire dévorer par une mante religieuse tout en continuant à manger. Toutefois, il convient de se méfier de telles conclusions scientifiques. Elles se fondent *(entre autres)* sur le fait que les invertébrés ne possèdent pas de nocicepteurs *(récepteurs sensoriels de la douleur)* mais certains contestent ces résultats. Rappelons-nous que pendant longtemps, les scientifiques ont cru que les poissons ne ressentaient pas la douleur avant que certaines études *(dont une de l'université de Liverpool en 2019)* ne prouvent le contraire.

La beauté d'un animal est un vrai critère de cette hiérarchie que nous faisons. Dans les faits, on attache bien plus d'importance à un animal jugé « beau » plutôt qu'à un autre. Par exemple, la chasse au cerf est bien plus décriée par les associations écologistes que la chasse au sanglier ou au pigeon ramier. Cette hiérarchie des espèces est notamment dénoncée par l'écologiste **Stefano Mammola** qui estime que la conservation de la faune est basée sur un concours de popularité qui privilégie les animaux à plume ou à fourrure aux dépens des invertébrés. Ainsi ce sont par exemple l'ours brun et le loup qui bénéficient le plus des subventions de l'UE alors qu'ils sont tous les deux classés comme préoccupation mineure selon IUCN. Pour certains insectes en danger, les budgets alloués ne sont pas adaptés.

Autre sujet très différent mais pas moins intéressant, la réintroduction de certains animaux *(comme l'ours ou le loup)* pose un vrai problème pour les bergers. L'objectif de cette réintroduction est de proposer une autre forme de régulation que celle des chasseurs, néanmoins cette méthode présente beaucoup de défauts. Ainsi en 2013, six chiens patous qui protégeaient leurs troupeaux ont été massacrés par des loups, preuve que les moyens de protection mis en place ne font pas de miracle. Il est aussi paradoxal de constater que ceux qui défendent la réintroduction de ces prédateurs et militent contre la chasse acceptent en parallèle la mort cruelle *(et pas forcément rapide)* de nombreux autres animaux qui vont servir de proie à ces nouveaux prédateurs.

IV: Des mots de vocabulaire
(pour enfin gagner au Scrabble)

Ce sont des mots de vocabulaire que j'ai entendus / lus sans en connaître le sens, des mots souvent mal prononcés ou dont on confond le sens ainsi que du vocabulaire connu de tous mais trop peu utilisé au quotidien.

A

Abnégation : Sacrifice de son intérêt pour la communauté (*Faire preuve d'abnégation*)

Abutyrotomofilogène : Un simplet *(je l'aime beaucoup ce mot !)*

Adage : Une maxime ancienne et populaire

Agélaste : Une personne qui ne rigole jamais (*Elle est agélaste*)

Altermondialiste : Quelqu'un d'opposé au «mondialisme néolibéral» *(contre le libéralisme économique, il veut favoriser une économie plus sociale, mieux répartie)*

L'**Altruisme** : Agir au bénéfice de quelque chose sans y chercher un avantage

En **Amont** : Avant /// En **Aval** : Après

Amphigourique : Quelque chose de confus, pas clair (*Un discours amphigourique*)

Angélisme socialiste / capitaliste : Refus d'admettre certaines réalités sociales

Anglicisme : Mot anglais utilisé dans le langage français *(bullshit - backup etc..)*

Antagonisme : État d'opposition (*antagonisme est flagrant entre PSG et l'OL*)

Anthropocentrique : Penser que l'Homme est au centre de l'Univers *(vision anthropocentrique)*

Anxiogène : Provoque de l'anxiété (*Situation anxiogène*)

Apanage : Avoir le monopole, l'exclusivité de quelque chose (*Avoir l'apanage de..*)

Apatride : Toute personne qu'aucun État ne considère comme son ressortissant.

Appétence : Un désir, une satisfaction *(J'ai une appétence pour…)*.

Aprosexie : Incapacité de se concentrer (*elle souffre d'aprosexie*).

Arborescente : Qui prend l'aspect d'un arbre

Asociale : Incapacité à s'adapter à la vie sociale

Un conflit **Asymétrique** : Un conflit inégal

Autodidacte : Individu qui s'est instruit / formé par lui-même

Avant gardiste : Une personne qui a de l'avance sur son temps

Avoir de l'aversion pour quelqu'un/quelque chose => le détester

L'**Apartheid** : Nom donné à la politique de séparation des communautés conduite en Afrique du Sud par la minorité blanche à l'encontre de la majorité noire

L'**Archétype** : C'est le modèle le plus répandu (*vous êtes l'archétype du profiteur => les profiteurs sont typiquement comme vous*)

À l'instar de : À la manière de quelqu'un, de quelque chose, à leur exemple. *À l'instar de ses parents, il sera enseignant.*

B

Biais de confirmation: Privilégier les informations confirmant ses idées

C

Sortir du **Carcan intellectuel** : Ouverture d'esprit, penser différemment

Chronophage : Qui demande beaucoup de temps

Chrysanthèmes : Ce sont les fleurs utilisées lors des décès

Claustrophobe : Peur maladive des espaces clos

Un air de **Condescendance** : Attitude de supériorité méprisante de quelqu'un qui, tout en accordant une faveur, fait sentir qu'il pourrait la refuser

Coercitif : Quelque chose de contraignant (*Une mesure coercitive*)

Convalescence : Période entre une situation difficile et la reprise de l'activité normale (*La difficile convalescence de la droite*)

Connivence : Entente secrète inavouée (*Agir de connivence avec quelqu'un*)

Consensus : Un accord approuvé par une majorité de personnes sans opposition formelle (*Politique consensuelle*)

Coprolite : Excrément fossilisé

Cosmopolite : Mélange de plusieurs identités et sentiment d'être un citoyen du monde au-delà des nations (*ville cosmopolite*)

C'est **cosy** : Décoration confortable, douillette, agréable

Cryptozoologie : Étude des animaux dont l'existence n'a pas été prouvée (*Yéti, Loch Ness, kraken..*)

Unité **Cynophile** : Unité avec des chiens

D

Décimer : Ça vient d'une pratique militaire romaine. Lorsqu'une armée n'était pas assez combative on la divisait en groupes de 10 et on organisait un tirage au sort. Le perdant était exécuté par les 9 autres personnes du groupe. Crassus l'a utilisée sur ses légions battues par les troupes de Spartacus

Le **Dénominateur commun** de tout ça : L'élément commun de tout ça

Dispendieux : Nécessite beaucoup de dépenses (*un projet dispendieux*)

La **Dissonance cognitive :** Lorsque l'esprit humain justifie ses incohérences (*ex : manger bio mais prendre de la coke*)

Dolce Vita : Cela veut dire « La Douceur de vivre » en italien. C'est le titre d'un film qui fait référence à la vie à l'italienne (profiter de la vie, paresser etc..)

E

Effervescence : Grande agitation, les personnes sont excitées

Émancipatrice / **Émancipateur :** Libérateur (*Idéologie émancipatrice*)

Empathie : Avoir la capacité de comprendre et d'éprouver les sentiments d'une autre personne (*être doté d'empathie*)

Emphatique : Utilisation de l'exagération, qui dépasse la pensée (*Discours emphatique*)

Endomorphe : Grassouillet

Épiphénomène : Phénomène mineur provenant de quelque chose de beaucoup plus complexe. La chute d'un stylo est un épiphénomène de la gravitation

Éthylophile : Qui est accro à l'alcool (*Il est éthylophile*)

Exacerber : Intensifier quelque chose (*L'inquiétude est exacerbée par la crise*)

Exécrable : Quelque chose de terrible, cela peut être un dîner, une humeur…

Mettre en **Exergue** : Mettre en évidence

Extrapoler : Tirer des conclusions / généraliser à partir de données incomplètes

F

Les **Facilités de langage :** On prend des raccourcis pour que ce soit plus facile à comprendre. On utilise des expressions, on schématise, c'est souvent péjoratif

Factuel : On s'en tient au fait, on n'interprète rien (*Erreur factuelle*)

Féminicide : Meurtre d'une femme parce que c'est une femm.

Film de série Z : Film tellement nul que ça en devient drôle *(nanars)*

Formicophilie : Avoir le désir d'être grignoté par des insectes

Forniphilie : Avoir le désir de transformer son partenaire en meuble

I

Iconoclaste : Attitude d'hostilité envers les traditions (*Un discours iconoclaste*)

Avoir **l'idolâtrie** de quelque chose : Adoration pour quelque chose

Inaltérable : Que rien ne peut changer (*Un espoir inaltérable dans la guérison*)

Incessamment sous peu : Expression comique pour dire qu'on fait au plus vite

Incommensurable : Si grand que l'on ne peut pas le mesurer

Indubitablement : De façon indubitable, dont on ne peut douter

Inextricable : Quelque chose de complexe (*Un problème inextricable*)

Infantilisme : Le fait de se conduire comme un enfant quand on a cessé de l'être (*Faire ça c'est de l'infantilisme*)

Inhérent : Quelque chose lié de manière intime/nécessaire (*Communication inhérente au couple*)

Insalubre : Très sale (*Logement insalubre*)

Irrémédiable : De façon définitive

L

Être **laconique** : Répondre en très peu de mots

Lapalissade : Une vérité évidente « ce que j'ai fait, je l'ai fait »

Liberticide : Quelque chose qui porte atteinte à la liberté (*Des mesures liberticides*)

Libre arbitre : Faculté de faire des choix librement sans aucune influence

M

Manichéen : Opposition du bien et du mal sans intermédiaire *(conflit, discours..)*

Mécénat : Le fait d'aider / promouvoir l'art par des commandes ou des aides financières privées. Le mécène peut être une personne physique ou morale

Méritocratie : Lorsque l'on obtient le pouvoir grâce au mérite (*Un pur produit de la méritocratie scolaire*)

Mésomorphe : Être musclé *Je suis mésomorphe*

Message subliminal : Des messages envoyés à une personne sans qu'elle en soit consciente. Des techniques subliminales sont utilisées dans la publicité et la propagande. Une vidéo contient 24 images par seconde environ, chaque image ne s'affiche que 0,04 seconde donc individuellement, elle n'est pas perçue consciemment par le spectateur. Des messages subliminaux ont été utilisés dans des émissions, des vidéos politiques, des publicités etc…

Microcosme *parisien* : Un milieu social/professionnel qui forme une unité repliée sur elle-même sur le plan culturel, social, artistique etc…

Moratoire : Suspension d'une action (*Je propose un moratoire sur la chasse*)

Mucoviscidose : Maladie héréditaire non contagieuse. Elle se soigne

Multiculturalisme : Coexistence de différentes cultures *(ethniques, religieuses…)* au sein d'un même ensemble (ex: pays). C'est l'opposé de l'interculturalisme qui implique une culture commune au sein d'une même population / communauté

N

Narcissique : Autocentré, nombriliste, individualiste

Neverland : Nom du ranch de Michael Jackson en Californie, c'est aussi un film.

Néophyte : Personne sans expérience, qui débute

Nirvana : Groupe de rock américain qui signifie aussi libération dans le bouddhisme. Atteindre le nirvana équivaut à atteindre le bonheur, le « but »

Le **néo-féminisme** : Philosophie qui soutient l'idée d'une complémentarité entre hommes et femmes plutôt qu'une supériorité d'un sexe sur l'autre

Népotisme : Tendance d'une personne haut placée à favoriser ses proches

O

Organigramme : L'organisation d'une organisation avec ses dirigeants etc..

Orient Express : Train de luxe qui reliait plusieurs capitales dans le passé

Opaque : Dur d'en comprendre la signification, trop sombre

P

Pandémie : Épidémie sur une très grande zone géographique

Panophobie / Pantophobie / Omniphobie : La peur de tout (*Je suis panophobe*)

Paraplégique : Paralysie des deux membres inférieurs

Parcimonie : En petite quantité, en faisant le minimum (*Applaudir avec parcimonie*)

Paréidolie : Ressemblance d'un objet avec une forme familière (*il y a tout un business avec des objets ayant la forme de Jésus sur internet*)

Péninsule : c'est une partie de terre émergée rattachée à une masse continentale Elle est davantage rattachée aux terres attenantes qu'une presqu'île

Pétrodollar : Ce sont les dollars provenant des ventes de pétrole brut

La **philanthropie** : Philosophie ou doctrine de vie qui met l'Humanité au premier plan de ses priorités. Un philanthrope cherche à améliorer le sort de ses semblables par de multiples moyens

Pierre angulaire : Un élément essentiel

Pléthorique : En trop grande quantité *Des classes pléthoriques*

Pondéré : Modéré dans ses gestes et ses propos (*il faut pondérer*)

Pourvoyeur : Quelqu'un qui fournit quelque chose (*un pourvoyeur de…*).

Probité : L'intégrité, la droiture (*la probité des candidats, je veux plus de probité..*)

Procrastination : Vouloir tout remettre à plus tard (*être procrastinateur*).

Prédilection : Préférence marquée pour quelque chose (*Un domaine de prédilection, une prédilection pour ce genre de musique*)

Prépondérant : Avoir un rôle très important (*Jouer un rôle prépondérant*)

Promiscuité : Situation qui empêche l'intimité (*vivre dans la promiscuité*)

Promptitude : Agir vite, être rapide (*Obéir avec promptitude*)

La **proprioception** (ou sensibilité profonde): Désigne la perception, consciente ou non, de la position des différentes parties du corps.

Un **prosélyte** : Personne gagnée par une cause soudaine (*Elle est atteinte de prosélytisme*)

Pseudo-événement : C'est un terme péjoratif qui signifie que ce n'est qu'un micro-événement contrairement à ce qui est annoncé

Psychorigide : Une personne avec un comportement strict

Pusillanime : Peureux (*Tu es pusillanime*)

Q

Quintessence : Ce qui est l'essence même de quelque chose

R

Rédhibitoire : Quelque chose qui nous repousse (*Un prix rédhibitoire*)

Régalien : Un droit attaché aux anciennes prérogatives royales, c'est quelque chose qui dépend de l'État (*La justice est une mission régalienne de l'État, le droit de grâce est un droit régalien*)

Résultat probant : Un résultat concluant, qui prouve quelque chose

Rétrograde : Qui est opposé au progrès / attaché aux valeurs du passé *(humour rétrograde)*

Roboratif : Quelque chose qui donne des forces, qui fortifie

S

Salvateur : Qui sauve, quelque chose de bénéfique (*Une victoire salvatrice*)

Saugrenu : Étrange et pour le moins ridicule (*Quelle idée saugrenue*)

Savoyard : Un Savoyard est un habitant de la Savoie, c'est également un dialecte de la langue franco-provençale utilisée en Savoie

La **ségrégation** raciale : Une séparation organisée entre des groupes différenciés par la couleur de la peau à l'intérieur d'un même pays

Sophisme : Suite d'arguments faux malgré une apparence de vérité. Ex : Un problème comporte toujours au moins une solution donc s'il n'y a pas de solution, il n'y a pas de problème

Sous-jacent : Quelque chose qui ne se manifeste pas clairement

Le **statu quo** : Une situation qui n'évolue pas, qui reste figée

Statuer : Décider à propos de quelque chose (*Il est temps de statuer*)

Des théories **subversives** : De nature à troubler l'ordre social /politique

Symbiose : C'est une association intime et durable

Syncrétisme : Combinaison de doctrines initialement incompatibles (*Un tel syncrétisme politico-religieux est absurde*)

Une **synergie** : Mise en commun de plusieurs actions concourant à un effet unique et aboutissant à un effet positif (*Profiter des synergies entre deux entreprises*)

T

Tabernacle : Au Québec il s'emploie fréquemment comme un juron populaire

Tangible : Qui ne peut pas être mis en doute, qui est sûr (*Des preuves tangibles*)

Technocratie : C'est un mode de gouvernement où les décideurs *(fonctionnaires, experts, hommes politiques..)* sont des personnes déconnectées de la réalité du terrain. Bien souvent, ces personnes font prévaloir les données techniques / économiques sur les facteurs humains

Tétraplégique : Paralysie touchant simultanément les quatre membres

Transgression: L'action de ne pas respecter une obligation, une loi, un ordre

Typologie : Système de classification d'un ensemble de données.

U

Utopie : Bonne idée mais impossible à réaliser *« je ne veux plus de meurtres »*.

Unisson : On est tous d'accord et soudés ensemble. Pas d'avis divergents.

Verbatim : C'est une citation textuelle (mot à mot) d'une allocution

Le **zugzwang** : Concept lié aux jeux de société. C'est réussir, contraindre notre adversaire à jouer un coup qui amènera à une dégradation de sa situation *Je viens de te faire un zugzwang.*

L'épicurisme : Recherche du bonheur pour atteindre la tranquillité de l'âme. Il faut éviter les sources de plaisir non naturelles et non nécessaires.

L'hédonisme : Doctrine philosophique où l'Homme cherche à maximiser ses plaisirs afin de trouver le bonheur.

Un **sexiste** défend / pratique la discrimination envers les femmes.
Un **machiste** / macho pense que l'homme est supérieur à la femme.
Un **misogyne** hait / méprise les femmes.
Un **phallocrate** est un partisan de la domination de l'homme sur la femme.

Physiologique : Le fonctionnement d'un organisme vivant *(ses fonctions, ses réactions etc...).*

Psychanalyse : Meilleure connaissance de soi grâce à l'introspection et à l'exploration de l'inconscient. Signification des rêves etc...

Psychothérapie : Traitement apporté à un individu souffrant de troubles psychologiques.

Psychologique : L'étude scientifique des comportements *(sentiments, comportements etc...).*

Église : Il s'agit d'un lieu de culte de la religion chrétienne.

Cathédrale : Il s'agit d'une église (car c'est un lieu de culte) confiée à un évêque qui gère un diocèse *(une région géographique et administrative).*

Basilique : Il s'agit d'un titre honorifique donné par le pape à une église. Une basilique est considérée comme « une église remarquable ».

La différence entre les termes cyclone, ouragan, hurricane et typhon n'est pas scientifique mais géographique. Le **Cyclone** est utilisé dans l'océan Indien, autour de l'Australie et dans le Sud du Pacifique. **L'Ouragan** et **Hurricane** sont utilisés dans le Nord de l'océan Atlantique et dans le Nord-Est et Sud-Ouest de l'océan Pacifique et le **Typhon** est utilisé pour la région du Nord-Ouest du Pacifique.

La **tornade** est quelque chose de différent, elle n'est pas liée à la géographie parce que contrairement aux précédents termes, elle ne naît pas d'un état dépressionnaire mais provient des nuages orageux. Les noms des ouragans sont choisis en amont, vous pouvez donc connaître dès maintenant le nom qui sera donné au prochain en regardant sur internet.

Recyclable : un produit recyclable peut être de nouveau utilisé pour la fabrication d'un produit. Il existe un logo pour informer les consommateurs. Il ne peut pas se décomposer tout seul : livre…

Biodégradable : un produit biodégradable se décompose sans effet néfaste pour l'environnement, comme par exemple une banane.

Biosourcé : un produit biosourcé est obtenu à partir de matières premières renouvelables : végétale, animale, résiduelle, algale…

Une **vision holistique** : prendre en compte quelque chose dans sa globalité plutôt que de ne traiter qu'une petite partie de celle-ci.

V: Des citations
(pour épater son rendez-vous Tinder)

📣 Surcouf
« Vous vous battez pour l'argent nous pour l'honneur. Chacun se bat pour ce qu'il n'a pas »

📣 Einstein
« La statistique est la forme scientifique du mensonge »

📣 Albert Camus
« Mal expliquer les choses c'est ajouter au malheur du monde »

📣 Inconnu
« La bave du crapaud n'atteint pas la blanche colombe »

📣 Nicolas Boileau
« Ce qui se conçoit bien s'énonce clairement, et les mots pour le dire arrivent aisément »

📣 Karl Marx
« La religion est l'opium du peuple »

📣 Gandhi
« Soyez le changement que vous voulez voir dans ce monde »
« La vie est un mystère qu'il faut vivre, et non un problème à résoudre »

📣 Confucius *(philosophe chinois)*
« Choisissez un travail que vous aimez et vous n'aurez pas à travailler un seul jour de votre vie »

📣 Arnaud Amaury chef de croisade lors du massacre de Béziers *(1209)*
"Tuez-les tous, Dieu reconnaîtra les siens"

📣 Charles Bukowski écrivain allemand
« Le problème avec le monde c'est que les gens intelligents sont pleins de doutes alors que les imbéciles sont pleins de certitudes »

📣 Coluche
« Pour critiquer les gens il faut les connaître, et pour les connaître, il faut les aimer »
« C'est pas parce qu'ils sont nombreux à avoir tort qu'ils ont raison »

Emmanuel Carrère (écrivain, réalisateur FR).
« Il vaut mieux mourir vivant que vivre mort »

Corneille
« À vaincre sans péril on triomphe sans gloire »
« Aux âmes bien nées la valeur n'attend pas le nombre des années

Henry Ford
« L'échec n'est qu'une opportunité de recommencer de façon plus intelligente »

Nelson Mandela
« L'éducation est l'arme la plus puissante pour changer le monde »

Confucius
« Qui ne se préoccupe pas de l'avenir lointain, se condamne aux soucis immédiats »

Voltaire
« La politique est le moyen pour des hommes sans principe de diriger des hommes sans mémoire »

Jacques Brel
« Mettez 11 imbéciles d'un côté et 10 philosophes de l'autre, les imbéciles l'emporteront. C'est ça la démocratie ! »

Sékou Touré (*dirigeant de Guinée qui décida de l'indépendance dans son pays*)
« Nous préférons la liberté dans la pauvreté à l'opulence dans l'esclavage »

Inconnu
« L'homme fabriquera toujours un mensonge réconfortant plutôt qu'une vérité dérangeante »

Confucius
« Quand un homme a faim, mieux vaut lui apprendre à pêcher que de lui donner un poisson »

Don Winslow
« Le pouvoir de faire le bien vient avec le pouvoir »

Jean-Paul Sartre
« Dans la vie on ne fait pas ce que l'on veut mais on est responsable de ce que l'on est »

Michel Rocard
« La politique est dégueulasse, parce que les hommes qui la font la rendent dégueulasse »

🍑 Churchill lorsqu'on lui a demandé le secret de sa longévité
« No Sport »

🍑 Picasso
« Chaque enfant est un artiste, le problème c'est de rester un artiste quand on grandit »

🍑 Socrate
"Je ne sais qu'une chose, c'est que je ne sais rien » *(citation qui pousse à être curieux et à en savoir toujours plus. L'acquisition de culture générale ne s'arrête pas à la fin des études, plus celle-ci est étendue et moins ce monde nous paraît étranger).*

🍑Michel Rocard 1er ministre de gauche
« La France ne peut pas accueillir toute la misère du monde mais doit en prendre sa part »
Cette citation servait de justification à la politique de fermeté vis-à-vis de l'immigration et non comme un encouragement à l'accueil des immigrés contrairement à ce que la plupart pensent.

🍑 Kaamelott
« Ce qu'il y a de bien avec les opinions tranchées, c'est que ça relance le débat ».

🍑 Jacques-Bénigne Bossuet a été le premier à formuler cette idée
« Dieu se rit des hommes qui déplorent les effets dont ils chérissent les causes ».

🍑 Jean Jaurès
« Le courage c'est d'aller à l'idéal et de comprendre le réel »

🍑 Confucius
« L'homme de bien exige tout de lui-même, l'homme de peu attend tous des autres »

🍑 Goethe
« Nos désirs sont les pressentiments des possibilités qui sont en nous »

🍑 Flaubert
« L'Humanité est ainsi, il ne s'agit pas de la changer mais de la connaître »

🍑 Philippe Néricault
« La critique est aisée et l'art est difficile »

🍑 Patrick Le Lay PDG de TF1 de 1988 à 2008
« Ce que nous vendons à Coca-Cola, c'est du temps de cerveau humain disponible ». Cette déclaration illustre bien le marché publicitaire, notre temps libre est une ressource qui a de la valeur.

Umberto Eco

« Les réseaux sociaux ont donné le droit à la parole à des légions d'imbéciles qui avant ne parlaient qu'au bar (…) Aujourd'hui ils ont le même droit de parole qu'un prix Nobel ».

Les principales figures de style

- **Oxymore** : On utilise dans une même expression deux mots de sens contraire.
- **Allégorie** : On emploie une chose / animal pour représenter un concept *La mort = la faucheuse.*
- **Périphrase** : On remplace un mot par le terme qui le définit: *Le billet vert = Le dollar.*
- **Hyperbole** : La phrase vise à exagérer la réalité *Je meurs de faim.*
- **Litote** : On veut atténuer la situation : *On va être embêtés => On va tous mourir.*
- **Euphémisme** : On emploie des termes qui atténuent une réalité brutale : *Seniors.*
- **Pléonasme** : Répétition de mots de sens similaires *Au jour d'aujourd'hui.*
- **Contrepèterie**: Phrase à double sens en inversant des lettres : *BouDin (doux bain).*
- **Le truisme** : C'est quelque chose d'évident, on parle pour ne rien dire.
- **La métaphore** : On remplace une réalité par une image qui lui ressemble : *C'est une déesse.*
- **L'aposiopèse** : On reste un moment silencieux avant de continuer à parler.
- **Onomatopée** : Injonction pour simuler un bruitage *Ouaf ouaf, Boom.*

Les constructions de phrases que j'ai apprécié lire

« Ce qui est choquant, c'est le caractère généralisé, c'est le côté infantile "pas vu, pas pris", c'est la normalisation de l'absence de morale, de toute dignité »

« C'est un présupposé communément admis au sein du débat sur… »

« Les politiques font peser sur les individus la charge de réduire notre dette / combattre la pollution alors que ce sont ces mêmes politiques qui nous ont mis dans cette situation »

« Quand bien même il l'approuverait, je ne saurais accepter ce nivellement vers le bas »

« Au prétexte que ce serait faire l'apologie de… il ne faudrait pas casser les modèles de raisonnement ? »

Bravo vous êtes arrivé à la fin !
J'espère que vous avez appris *(et retenu !)* de nombreuses choses !

Si vous souhaitez me contacter voici mes coordonnées: alexandre97@hotmail.fr

Voici un beau message que j'ai reçu et qui illustre bien la raison pour laquelle j'ai écrit et publié ce livre !

« Bonjour,

Désolée, je vais commencer par raconter ma vie.
Ça fait longtemps que je me plains et souffre de ne pas être assez cultivée. Cela est de ma faute je me suis certainement pas intéressée aux choses en général. Je suis Assistante Commerciale dans une PME et parfois les discussions autour de la machine à café avec mes cadres directeurs sont une épreuve pour moi. Je me souviens d'un jour où chacun leur tour racontait ce qu'ils avaient regardés à la Tv , l'un c'était un reportage sur Arte, l'autre sur Lci bref et moi j'ai dit bah la soirée spéciale "Plus belle la vie". (J'assume mais voilà pourquoi je manque de culture...). Donc en confinement je me suis dit de suite que j'allais profiter de ce temps libre pour me cultiver mais j'avais besoin d'une culture synthétisée sur tous les sujets bref les bases.
Et votre livre est une pure merveille c'est tout ce que j'attendais. Dans le passé, j'avais acheté le livre "La Culture générale pour les nuls", pas captivant du tout, beaucoup trop d'informations tue l'information...je me suis arrêtée à la 10ème page et ne l'ai plus jamais ré-ouvert.

Alors merci du fond du cœur, je reprends le travail demain et je me sens avec plus de confiance en moi. J'ai essayé d'apprendre par cœur certaines choses mais si ma mémoire me fait défaut je lirai de nouveau avec grand plaisir votre livre. Je l'ai déjà conseillé à plusieurs de mes proches. Et je ne manquerai pas de publier un avis positif +++ sur le net.

Je vous souhaite une très bonne soirée.

Une lectrice satisfaite. »

N'hésitez pas à me donner vos retours vous aussi et à mettre un commentaire sur Amazon, ça m'aide beaucoup :)

THE END